青海广播电视大学省级人文社会科学重点研究基地学术成果丛书
主编 李晓云 李秋梅 副主编 辛全洲 那小红

撒拉族土族民间文化研究

李晓云 李秋梅 王存霞 郑 琰
王生珍 王盛国 宋瑞萍　　　　著

上海大学出版社
·上海·

图书在版编目(CIP)数据

撒拉族土族民间文化研究 / 李晓云等著. —上海：上海大学出版社,2018.8
ISBN 978-7-5671-3232-0

Ⅰ.①撒… Ⅱ.①李… Ⅲ.①撒拉族-民族文化-文化研究-中国②土族-民族文化-文化研究-中国 Ⅳ.①K283.2②K283.1

中国版本图书馆 CIP 数据核字(2018)第 199950 号

责任编辑　刘　强
封面设计　柯国富
技术编辑　金　鑫

撒拉族土族民间文化研究

李晓云　李秋梅　王存霞　郑　琰　王生珍　王盛国　宋瑞萍　著

上海大学出版社出版发行
(上海市上大路99号　邮政编码200444)
(http://www.shupress.cn　发行热线 021-66135112)
出版人　戴骏豪

＊

南京展望文化发展有限公司排版
江苏句容市排印厂印刷　各地新华书店经销
开本 890mm×1240mm　1/32　印张13.5　字数327千
2018年8月第1版　2018年8月第1次印刷
ISBN 978-7-5671-3232-0/K·189　定价 58.00元

丛书编委会

顾　问	高海宾
主　任	祁永寿
副主任	段宏伟　辛全洲
主　编	李晓云　李秋梅
副主编	辛全洲　那小红
编　委	宋　辉　杜建春　王照侠　鲁海城
	贾民力　吕春峰　徐　军　王淑桂
撰　稿	李晓云　李秋梅　管恒善　王生珍
	王　嫚　那小红　李学峰　王存霞
	杨　福　宋瑞萍　王盛国　文　湘
	郑　琰　王桂英　卜　红　王联英
	杨生顺

序 言
风景这边独好

朱恒夫

"大美青海"这一广告语因现代传媒的作用,几乎是无人不知了。"大美"是说青海不是一般的美,而是有着罕见的美、令人震撼的美,然而,到底美在何处,却很少有人能够说出个一二三来。我因这几年常去青海工作,比起到那里短期出差、旅游的人,看的、想的要多一些,所以,对"大美"这一形容词的内涵的理解也许要稍深一些。

我以为,青海之"大美",在于它的纯净。

青海的水,尤其是接近三江源区域的水,是那样的明洁,不杂一点儿尘滓;就是那"青海湖",风平浪静之时,其色与蓝天一样,青青苍苍。

青海的山,尽管大多没有葱郁的树木,甚至连草也没有,但裸呈的峻岭,没有半点儿污秽。

青海的空气,没有多少工业文明时代的气味,干干净净,只是在青草生长的季节,夹杂着牲畜与泥土的味儿。

除了这些,还有更纯净的,就是青海的人。

他们的内心,没有过度的欲望,生活充实,精神愉悦,即使有苦恼,瞬间便会被信念化解掉。

他们与社会、与他人、与自然,和谐共处,把自己当作万物中的一个,完全融入大千世界的事物之中。

他们热爱现实中的一切,为社会的进步,为家园的美好,竭诚地奉献自己的智力与体力。

青海广播电视大学的领导与老师们就是这样的青海人。

他们结合自己的教学工作,对青海的经济、文化等进行了较为全面而深入的调查,并在此基础上提出了富有建设性的意见。于是,便有了《思想政治教育的有效途径——青海高校省情教育教学实践研究》《青海省经济发展田野考察报告》《玉树藏族民间文化变迁研究》《撒拉族土族民间文化研究》等系列科研成果。

这些著作不仅引领着我们走进青海深处,了解其民族构成、风土人情、生产方式、艺术传统等,还让我们看到了青海在政治、经济、教育、文化、艺术等领域的勃勃生机和光明前景。

我们在阅读这些著作时,那翔实的资料、周密的论述、启人心智的观点,能够让人感受到作者严谨的科学态度和对家乡青海的挚爱之情。

因而,若要对青海之"大美"有更多、更深的了解,阅读这一套丛书,是极其有益的。

目　　录

绪　论 …………………………………………………………… 1
　一、撒拉族文化的生成语境 …………………………………… 2
　二、土族文化的生成语境 ……………………………………… 5
　三、撒拉族土族文化的特征 ………………………………… 10

建　筑　篇

第一章　撒拉族建筑文化 ……………………………………… 17
　第一节　撒拉族建筑的类型及特征 ………………………… 17
　　一、聚落特征 ………………………………………………… 18
　　二、居住建筑 ………………………………………………… 19
　　三、宗教建筑 ………………………………………………… 25
　　四、礼制建筑 ………………………………………………… 34
　第二节　撒拉族建筑的营造技艺 …………………………… 39
　　一、民居建筑的营造 ………………………………………… 40
　　二、宗教建筑的营造 ………………………………………… 59
　第三节　撒拉族建筑的装饰艺术 …………………………… 75
　　一、建筑装饰类型 …………………………………………… 76
　　二、建筑装饰主要部位 ……………………………………… 82
　　三、院内装饰 ………………………………………………… 88

四、纹饰图案 ………………………………………… 95

第二章　土族建筑文化 …………………………………… 111
　第一节　土族建筑的类型 ………………………………… 111
　　一、宗教建筑 ……………………………………………… 111
　　二、民居 …………………………………………………… 128
　　三、标志性建筑 …………………………………………… 135
　　四、土族文化传播建筑 …………………………………… 136
　　五、作坊 …………………………………………………… 143
　第二节　土族建筑的审美特征 …………………………… 147
　　一、古朴自然的建筑色彩 ………………………………… 149
　　二、紧凑和谐的建筑形制和布局 ………………………… 160
　　三、主从明确的建筑装饰 ………………………………… 171
　第三节　土族建筑文化的特征 …………………………… 185
　　一、生成环境 ……………………………………………… 186
　　二、宗教性 ………………………………………………… 188
　　三、多元性 ………………………………………………… 196

体 育 篇

第三章　撒拉族传统体育文化 …………………………… 213
　第一节　撒拉族传统体育的起源和发展 ………………… 213
　　一、起源于游牧狩猎与征战 ……………………………… 214
　　二、受宗教文化影响较大 ………………………………… 215
　　三、与生产活动密切相关 ………………………………… 216
　　四、受生活环境的一定影响 ……………………………… 218
　　五、与周围民族的不断交融 ……………………………… 219

第二节　撒拉族传统体育项目 …………………………… 219
　一、骑射类 …………………………………………… 220
　二、角力类 …………………………………………… 221
　三、水上项目 ………………………………………… 224
　四、游戏类 …………………………………………… 227
　五、舞蹈类 …………………………………………… 236
第三节　撒拉族传统体育项目的特征 …………………… 241
　一、宗教性 …………………………………………… 241
　二、民俗性 …………………………………………… 242
　三、历史性 …………………………………………… 242
　四、多样性 …………………………………………… 242
　五、群众性 …………………………………………… 243
　六、娱乐性 …………………………………………… 243

第四章　土族传统体育文化 …………………………… 244
第一节　土族传统体育项目 ……………………………… 244
　一、骑射类 …………………………………………… 245
　二、角力类 …………………………………………… 248
　三、球类 ……………………………………………… 251
　四、棋牌类 …………………………………………… 254
　五、游戏类 …………………………………………… 255
　六、舞蹈类 …………………………………………… 260
第二节　土族传统体育的文化渊源 ……………………… 277
　一、纳顿的文化渊源 ………………………………… 277
　二、六月会的文化渊源 ……………………………… 279
　三、於菟舞的文化渊源 ……………………………… 281

四、轮子秋的文化渊源 …………………………………… 283

　　五、安昭的文化渊源 ……………………………………… 283

　第三节　土族传统体育文化的基本特征 …………………… 285

　　一、独特性 ………………………………………………… 285

　　二、集体性 ………………………………………………… 285

　　三、区域性 ………………………………………………… 286

　　四、宗教性与祭祀性 ……………………………………… 287

　　五、艺术性与观赏性 ……………………………………… 287

　　六、依附性 ………………………………………………… 288

　　七、生产劳动性 …………………………………………… 289

婚　俗　篇

第五章　撒拉族土族婚礼的主要仪式 ………………………… 293

　第一节　撒拉族婚礼的主要仪式 …………………………… 293

　　一、提媒 …………………………………………………… 293

　　二、送定茶 ………………………………………………… 294

　　三、送彩礼 ………………………………………………… 294

　　四、迎亲 …………………………………………………… 295

　　五、证婚 …………………………………………………… 295

　　六、挤门 …………………………………………………… 296

　　七、对委奥依纳 …………………………………………… 297

　第二节　土族婚礼的主要仪式 ……………………………… 297

　　一、提亲 …………………………………………………… 298

　　二、议彩礼 ………………………………………………… 298

　　三、定婚 …………………………………………………… 299

　　四、娶亲 …………………………………………………… 299

五、迎亲 …………………………………………………… 300
　　六、回门 …………………………………………………… 302

第六章　撒拉族土族婚俗中体现的文化意蕴…………………… 303
　第一节　撒拉族婚俗中体现的文化意蕴 …………………… 303
　　一、宗教文化 ……………………………………………… 303
　　二、伦理道德文化 ………………………………………… 304
　　三、舅舅文化 ……………………………………………… 305
　　四、媒妁文化 ……………………………………………… 306
　第二节　土族婚俗中体现的文化意蕴 ……………………… 306
　　一、媒妁文化 ……………………………………………… 307
　　二、艺术审美文化 ………………………………………… 308
　　三、汉民俗文化 …………………………………………… 309
　　四、伦理道德文化 ………………………………………… 311

第七章　撒拉族土族的婚礼歌 ………………………………… 313
　第一节　撒拉族的哭嫁歌 …………………………………… 313
　　一、表现形式 ……………………………………………… 313
　　二、民俗文化内涵 ………………………………………… 316
　第二节　土族婚礼歌 ………………………………………… 317
　　一、概述 …………………………………………………… 317
　　二、体现的民俗文化 ……………………………………… 318
　　三、哭嫁歌 ………………………………………………… 324

第八章　撒拉族土族婚姻习俗与现行《婚姻法》的关系……… 328
　第一节　撒拉族土族婚姻习俗的特征 ……………………… 328

一、注重仪式,早婚现象比较严重 …………………… 328

   二、近亲结婚的现象普遍存在 ………………………… 330

   三、妇女地位依然低下,买卖婚姻、包办婚姻依然存在
   ……………………………………………………………… 331

   四、用独特的民族习惯来解除婚姻关系 ……………… 332

第二节 撒拉族土族婚姻习俗与现行《婚姻法》的冲突…… 333

   一、冲突的内容 ………………………………………… 334

   二、冲突的表现形式 …………………………………… 337

第三节 撒拉族土族婚姻习惯法与现行《婚姻法》的
       调适 …………………………………………………… 343

   一、完善撒拉族土族地区民族地方立法 ……………… 343

   二、注重对撒拉族土族地区的普法教育,尤其是现行
   《婚姻法》的普及工作 …………………………………… 344

   三、将撒拉族土族的婚姻习惯合理运用到民间调解当中
   ……………………………………………………………… 345

第四节 撒拉族土族婚姻习惯法与现行《婚姻法》之间的
       关系重构 ……………………………………………… 346

刺 绣 篇

第九章 土族刺绣的发展及分类 ……………………………… 351

 第一节 土族刺绣的起源 ……………………………………… 351

 第二节 土族刺绣艺术的类型 ………………………………… 354

   一、生活绣品 …………………………………………… 354

   二、装饰绣品 …………………………………………… 360

   三、宗教绣品 …………………………………………… 362

   四、礼仪绣品 …………………………………………… 365

第十章 土族刺绣的造型艺术 ·········· 366
第一节 土族刺绣艺术的工艺技法 ·········· 366
一、工具及布料 ·········· 366
二、技法 ·········· 369
第二节 土族刺绣的纹饰解读 ·········· 377
一、纹饰类型 ·········· 378
二、美学特征 ·········· 388

第十一章 土族刺绣艺术的传承与保护 ·········· 392
第一节 土族刺绣艺术传承人 ·········· 392
一、李发秀——国家级非物质文化遗产项目土族盘绣传承人 ·········· 392
二、麻宝琴——土族盘绣省级传承人 ·········· 393
三、马有莲——土族盘绣省级传承人 ·········· 395
四、朱二奴——河湟刺绣代表性传承人 ·········· 395
第二节 土族刺绣艺术的保护 ·········· 396
一、保护与利用 ·········· 396
二、政策支持 ·········· 400

参考文献 ·········· 404

后记 ·········· 414

绪 论

青海是一个多民族、多宗教的省份。据 2010 年第六次全国人口普查统计，全省常住人口为 5 626 722 人，各少数民族人口为 2 643 206 人，占 46.98%。其中，撒拉族 107 089 人，占 1.9%；土族 204 412 人，占 3.63%①。这两个民族都有本民族独特的语言，均属于阿尔泰语系。在漫长的历史长河里，撒拉族、土族与周边民族和睦相处，世代友好，创造出了丰富灿烂、独具特色的民族文化。其文化遗产及其当代文化都承载着世界上独一无二的文化现象，建筑文化、体育文化、婚俗文化、刺绣文化等，均是世界文化宝库中的瑰宝，在建筑学、人类学、艺术学等许多方面都具有十分重要的价值。

---

① 青海省统计局青海省第六次人口普查办公室编：《青海省 2010 年人口普查资料（上册）》，中国统计出版社 2012 年版，第 45 页。

一、撒拉族文化的生成语境

撒拉族生活在我国青藏高原边缘,是青海特有的少数民族之一,主要聚居在青海省循化撒拉族自治县及其毗邻的化隆回族自治县甘都乡和甘肃省石山保安族东乡族撒拉族自治县的一些乡村。还有少数散居在青海省西宁市及其他州县,在甘肃省夏河县、新疆维吾尔自治区的伊宁县、乌鲁木齐市等地,也有少量分布。20世纪 50 年代民族识别后于 1954 年确认为"撒拉族"。据 2010 年第六次全国人口普查统计,撒拉族共 130 607 人,其中居住在青海省的有 107 089 人①,青海撒拉族约占全国撒拉族总人口的 81.99%。撒拉族有自己的语言,即撒拉语,属于阿尔泰语系突厥语族西匈奴语支乌古斯语组,但是没有本民族文字。也正因为如此,所以这是一个缺少用文字记载历史的民族,元明时期的正史中几乎找不到比较完整的历史记载。

撒拉族的先民是从中亚迁徙到循化来的撒鲁尔人。撒拉族的形成经历了一个漫长的过程。传说,撒拉族祖先尕勒莽与国王有隙,遂率其部众,牵了一峰白骆驼,驮着家乡的水、土和《古兰经》离开撒马尔罕,向东迁徙,辗转到达循化,见地平水好,草场广袤,森林莽莽,遂定居了下来。后来吸收当地藏族、回族、汉族等民族成分,逐渐形成单一民族,迄今已有约 700 年的历史。今循化街子地区仍保留着为尕勒莽和阿合莽建造的"拱北"。"拱北"附近一泓泉水称"骆驼泉",是对撒拉族祖先远徙而来的纪念。在东迁时携带的阿拔斯王朝时期的《古兰经》手抄珍本,被撒拉族人民保存至今。

在青海境内,循化是撒拉族最大的聚居区,这里自古以来便是

---

① 青海省统计局青海省第六次人口普查办公室编:《青海省 2010 年人口普查资料(上册)》,中国统计出版社 2012 年版,第 47 页。

多民族杂居地,历史上曾居住过不同的部落、部族和民族。《循化志》中曾这样描述:"白石峙于东南,黄河环其西北,前则漓水(大夏河)如带,后则积石为屏,蔽障河兰(河州、兰州),牵制鄯廓(青海海东乐都、化隆一带),诚西陲之要地也。"①循化撒拉族自治县地处东经102度至102度49分、北纬35度25分至35度56分之间,东西长68千米,南北宽57千米,总面积2 100平方千米。东与甘肃省积石山县和甘肃省临夏县接壤,南临甘肃省夏河县和青海省同仁县,西靠青海省尖扎县,北同青海省化隆回族自治县及民和回族自治县为邻。循化撒拉族自治县是青海省海拔最低、空气湿度最大、气候最好的县城,县境地貌系中海拔山地,北部为黄河川道,中部与东北部为低山丘陵,南部为中高山区。黄河宽谷地带向南海拔逐渐升高,垂直差异明显,根据地表特征,由低到高可分为河谷、中东部中低山、中西部中高山、南部高山四种地貌类型②。众多山川和河流构成了整个循化地区多山多沟的自然风貌。

历史上,撒拉族社会的基本经济单位是"阿格乃""孔木散"内的独立小家庭。"阿格乃"也作"阿格勒",意即"兄弟""本家子",是父系血缘关系基础上的近亲组织,由兄弟们分居后组建的小家庭组成。"孔木散"则是"一个根子"或"远亲"的意思,是远亲的血缘组织。若干个"阿格乃"组成"孔木散",若干个"孔木散"组成"阿格勒"(村庄)③。然而目前因为经济形式、政治体制的转变,这一社会组织形式已经很少,但对撒拉族的社会影响仍然存在。

撒拉族的经济成分传统上有农业、畜牧业、园艺业、商业等,其

---

① 〔清〕龚景瀚编:《循化志》,青海人民出版社1981年版,第35页。此书据甘肃省图书馆所藏清嘉庆刻本翻印。
② 循化撒拉族自治县志编纂委员会编:《循化撒拉族自治县志》,中华书局2001年版,第116页。
③ 韦仁忠:《民族社会学视域中的撒拉族婚俗》,《科技信息(学术研究)》2007年第31期。

中农业占有重要的地位。撒拉族先民入居循化后,在经济生产方面不拘一格,宜牧从牧,宜林从林,或狩猎工副,或耕地从农,并积极向当地兄弟民族学习,择善而从。早期,撒拉族主要居住地街子地区是农业区,苏只地区是牧业区,孟达地区是狩猎区和副业区,清水地区是农副业区。解放前,街子地区的农业,苏只地区的畜牧业,清水地区的人们所擅长的伐木业及孟达地区人们靠山吃山所从事的打柴、制作木制农具等,都具有鲜明的地区特点。明朝时,撒拉族为河州"招茶中马十九族之一",与中原王朝进行茶马互市。明初制定"金牌信符"制度后,撒拉族领有金牌一面,每年纳马大约360匹①。到了明嘉靖时,撒拉族领获金牌两面,纳马数目则翻了一番。清雍正时随着茶马互市制度作用的大大削弱,撒拉族向中央王朝纳贡马匹的制度也逐渐废止。民国时期,中央政权向撒拉族进行的征兵和缴纳兵款成为撒拉族人民最沉重的负担。频繁的征兵和兵款,不仅影响了该地区经济社会的发展进步,而且逼得许多撒拉族人倾家荡产,缺衣少穿,生活窘迫,被迫流落他乡异地,社会矛盾尖锐,历史上撒拉族人民奋起反抗,先后发生了苏四十三反清等多次起义斗争。

中华人民共和国建立后,根据国家政策,在撒拉族中废除了封建特权,通过民主改革和社会改革,逐步建立起了撒拉族本民族的自治政权,实现了当家作主的权利,从而有力地促进了该地区经济社会和生产的发展,人民生活水平显著提高。尤其是改革开放和西部大开发之后,循化撒拉族的文化、教育、卫生事业更是蓬勃发展,乡镇企业、商业贸易、建筑运输、园艺业、服务业等异军突起,成为带动撒拉族经济发展的主要力量,撒拉族的经济结构正在发生着深刻的变化。

---

① 杨绍猷、莫俊卿:《明代民族史》,四川民族出版社1996年版。

撒拉族是全民信教的民族。早在蒙元西征中亚之前，撒拉族先民就皈依了伊斯兰教，其建立的部落联盟或游牧帝国都是以伊斯兰教为国教的，原来所信奉的萨满教等多神信仰传统都不同程度地被"汗国"所推行的伊斯兰教打破，仅在沙漠、牧区与乡村的部落社会底层内残存①。这种文化上的全面伊斯兰化，使得分散的部落社会的多神信仰、血缘联结的传统被普遍性、个体性的信仰精神所取代。人们对部落的效忠被转移到各自所属的宗教共同体。撒拉族信奉伊斯兰教，有格的木、伊黑瓦尼、嘎地林耶门宦等分支派别。中华人民共和国建立以后推行"民族区域自治"政策，1953年底，"撒拉族"被首批识别为十个信奉伊斯兰教的穆斯林民族之一，并于次年成立了"循化撒拉族自治县"。到1980年"寺管会"与伊斯兰教协会等官方宗教组织的成立和公民有宗教信仰自由法律条文的确立，使得宗教在行政设置上退出国家与地方的政权体系。中华人民共和国成立之前，以西宁东关清真大寺为海乙寺的青海地方宗教共同体亦被打破，循化等各县清真寺的宗教活动开始独立进行，并以各工(乡)海乙寺展开多个中心的宗教活动，宗教事务更多意义上成为民间或公民个人的生活事件。

二、土族文化的生成语境

土族是我国人口较少的民族之一，为青藏高原世居民族。据2010年第六次全国人口普查统计，我国土族共289 565人，居住在青海省的约占全国土族总人口的70.59%。

由于土族历史上只有语言，没有文字，所以关于土族的来源，存在多种说法，目前史学界比较集中、比较有代表性的观点有两

---

① [塔吉克斯坦]阿西莫夫、[英]博斯沃思主编：《中亚文明史第4卷(上)——辉煌时代：公元750年至15世纪末——历史、社会和经济背景》，华涛译，中国对外翻译出版公司2010年版，第49—53页。

种:一种认为土族是吐谷浑的后裔,即"吐谷浑说";另一种认为土族是以蒙古族为主体融合周边相邻民族而形成的,即"蒙古说"。目前较为一致的观点是:综合了这两种观点,认为"土族是以鲜卑慕容部吐谷浑人为源,以不同历史时期融入的蒙古人为重要补充,并吸收汉、藏等民族成分及其文化因素而形成的一个新的民族共同体"①。关于土族族名,各地区也不统一,互助、大通、天祝一带的土族自称"蒙古尔"、"蒙古尔昆"(即蒙古人)、"察罕蒙古尔"(即白蒙古,蒙古人也这样称呼土族),民和三川地区的土族则自称"土昆",甘肃省卓尼县的土族则自称"勺哇绕"。当代人熟知的"土族"这一族名源于部分土族人自称"土人",汉文史书上称土族为"西宁州土人""土民",汉族、回族等兄弟民族称他们为"土人""土民""土护家"等。中华人民共和国成立后,为了甄别民族,根据土族人民的意愿,统一称为土族②。

历史上,土族没有本民族文字,长期使用汉文和藏文。1979年,在党和国家关怀下,创制了以拉丁字母为形式的土族文字,结束了土族没有文字的这一历史。但是,新的土族文字目前主要在互助方言区试行使用,推广成效不太理想。

青海土族主要分布在青海省的互助土族自治县、民和回族土族自治县、大通回族土族自治县、黄南藏族自治州同仁县和海东市乐都区,部分散居于海北藏族自治州的门源县以及海西蒙古族藏族自治州等地,其中互助土族自治县是我国唯一的土族自治县。

互助土族自治县是青海省海东市下辖县,位于青海省东部、海东市北部,东连乐都县、西接大通县、南达湟水北岸、北抵浩门河沿岸。地理位置介于东经101度46分至102度45分、北纬36度30

---

① 刘应均、唐占宇:《土族轮子秋》,青海民族出版社2015年版,第25页。
② 《土族简史》编写组:《土族简史》,青海人民出版社1982年版,第1页。

分至37度9分之间,境内海拔在2 100—4 384米,祁连山支脉龙王山横贯东西,将全县截为南北两部分。全县东西长86千米,南北宽64千米,总面积3 321平方千米。地势北高南低,县境地势高低悬殊、山川岭谷纵横交错,地貌比较复杂,高山地带占全县面积的63%,中山地带占全县面积的7.2%,低山丘陵地带占全县面积的22.7%。互助县地处湟水谷地北侧和大通谷地西南侧山地、沟谷地,属大陆性气候。湟水河自西向东流经境南,大通河自西北向东南流经县境东部,年均气温3.4℃,年降水量400－600毫米。龙王山以南至湟水北岸统称前山,龙王山以北至浩门河沿岸称为后山。前山地势北高南低,气候南温北寒、温差很大。在湟水沿岸鲜花吐艳、蜂蝶飞舞的炎热夏日,北部的龙王山顶还能看到皑皑白雪。境内山川相间,沟壑交错,河水两岸地势较平坦,土壤肥沃。后山石山耸立、沟壑纵横、灌木丛生、林木蔽日、气候温和,是土族山乡的森林地带,多产松、柏、杨、柳、桦、榆等木本植物,还有珍禽异兽、珍贵药材。

互助土族自治县是土族最多、最为集中的地方,是土族的主要聚居地之一。全县除少数几个乡村外都有土族分布,由于在历史上长期遭受压迫,现在除广华、白崖、塘巴等地的土族居住在平川外,其余大部分土族居住在海拔3 000米以上的浅山、脑山地区,也就是该县的五十、东沟、东山、丹麻、加定、松多、红崖子沟、台子、东和、威远等乡镇。这些地方海拔高,气候寒冷,多雨雪、霜冻。居住在这些地方的土族主要经营农业,兼有少量的畜牧业。由于山地较多,气候较为寒冷,居住在山地的土族生产方式机械化程度低,信息闭塞。

民和回族土族自治县是青海省海东市下辖县,位于青海省东部边缘,东北与甘肃相连、南隔黄河与甘肃积石山相对,西北及北部与循化县、化隆县、乐都区相邻。该县以汉族为主,回族占总人口的46%,土族占12%。民和回族土族自治县地理位置介于东经102度26分至103度4分、北纬35度45分至36度26分之间。全县南北较长,约为96千米;东西较窄,约为32千米。总面积为1890平方千米,平均海拔高度2100—2500米。这里是黄土高原向青藏高原的过渡地带,气温较之其他土族集居地要温暖一些,属高原大陆性气候,年均气温7.9℃,年降水量500毫米。祁连山系的大阪山和拉脊山余脉构成县境地架,地势西北高、东南低,西南部多为高山。境内沟壑纵横,山峦重叠,地形复杂,湟水、黄河自西向东流经县境北部和南部,形成湟水、黄河两大谷地,地貌特征大致可概括为"八条大沟九道山,两大谷地三大垣"。

民和回族土族自治县的土族居住比较集中,多居住在该县的中川、官亭、赵木川一带,这里是一个群山环抱的小盆地,气候适宜、土壤肥沃。黄河由西向东从县境南端流过,湟水从县境北边由西向东流向甘肃,形成了湟水、黄河两个小的河川谷地,是全县粮食作物和瓜果蔬菜的主要产区。土族居住的黄河北岸地区,习惯上称为三川,这里气候温和,土地平坦,耕地连片,适于农作物生长和园艺作物的栽培。土族占总人口的五分之一,还有少数分布在峡口、前河、甘沟、杏儿、川口等乡镇。

大通回族自治县位于青海省的东北部,属西宁市辖县。交通便利,县城距西宁仅35千米。地理位置介于东经100度51分至101度56分、北纬36度43分至37度23分之间。该县东邻互助土族自治县,西接海晏县、湟中县,南与西宁接壤,北与祁连县和门源回族自治县相依,海拔2280—4622米,三面环山,中部谷地,平坦开阔。地势西北高、东南低,宝库河、黑林河、东峡河汇流成北川河注入湟水。大通地处青藏高原和黄土高原的过渡地带,属高原大陆性气候,年日照时间长,年降水量450—800毫米,年均气温4.7℃,夏季凉爽宜人。这里是一个山清水秀、资源丰富的地方。

该县土族人口约占总人口的五分之一,聚居于青林、青山、多林、逊让、宝库、西山、城关、极乐、桦林、向化斜沟、东峡、元朔、景阳、后子河等15个乡镇100多个自然村。大通土族主要聚居在北川河上游"上四堡"一带,即多林乡、宝库乡、西山乡、青林乡、逊让乡等地,均属山区,气候较为寒冷,由于交通不便,生产技术机械化程度较低,主要种植青稞、燕麦、洋芋等高寒农作物。

同仁县位于青海省东南部,隶属于青海省黄南藏族自治州,位于九曲黄河第一湾,东邻甘肃省夏河县,西连贵德县,南接泽库县,北与循化、尖扎县接壤。地理位置介于东经101度38分至102度27分、北纬35度1分至35度47分之间,全县总面积1.89万平方千米。该县主要居住着藏族、蒙古族、汉族、回族、土族、撒拉族、保安族等民族。据2010年第六次全国人口普查数据,同仁土族只有9737人,占全县总人口的10.52%,主要分布于同仁县隆务河中游的吾屯、年都乎、郭麻日、尕沙日等村庄。这里海拔2400—2480米,水土肥沃,是同仁境内自然条件较好的地区。居住在这里的土族人兼通汉语、藏语,通用藏文,主要经营农业,也经营园艺。明清时期这里被称作"四寨"或"四屯"(季屯今年都乎村、李屯今尕沙日村和郭麻日村、吾屯今吴屯上下二庄、脱屯今保安下庄),当地藏族称之为"四寨子"。吾屯土族人擅长泥塑,年都乎土族人擅长绘画,郭麻日、尕沙日土族人擅长雕刻,这些艺术就是"热贡艺术",因此这里也被称作"热贡艺术"之乡。

青海土族人口虽少,但其分布区域相对辽阔,分布地区海拔范围介于1800—4200米之间,气候类型复杂多样。气候环境的不同决定了生活方式和耕作方式的不同。民和土族居住在平川,气候较好,交通较为便利,人口密度较大,周围居住着自古以来善于耕作的汉族和善于经商的回族,生产方式方法上比较细腻。互助土族居住区较之民和高寒,而且不像民和那样集中,大都居住在山区,然而在某一村中土族又较为集中,民族成分中土族比重较大,但是居住山区,交通不便,耕作方式上较为粗放。大通土族居住区气候条件与民和相似,但散居在山区,且大部分集居区土族比重都在30%以下,交通不便,耕作方式粗放。同仁地区的土族集中居住在保安四屯,气候比之其他三个地区寒冷,虽住平川,但居住地人口密度较小,农耕技术较为粗放。

土族的生存条件和地理环境,对土族的民族性格以及历史文化的形成有着深远的影响。土族作为中国历史上一支由辽东到青海并建立过自己政权的民族,其西迁的过程也是其从游牧到半农半牧的过程,因此土族文化在本质上是畜牧文化与农耕文化相结合的产物。

早期的土族,主要信仰原始的萨满教。元末明初,藏传佛教传入土族地区并得到迅速发展,特别是藏传佛教格鲁派的发展尤为迅速,土族地区出现了许多格鲁派寺院,互助的白马寺、佑宁寺、华严寺、金刚寺、曼头寺、章嘉寺、天门寺、松番寺、曲隆寺、吉藏寺、却藏寺等;大通的广惠寺、平安寺、松布尕寺、祁家寺、诺木齐寺等;民和的朱家寺、文家寺、卡的喀寺、赵木川寺、白家寺、赵家寺等;乐都的金角寺、扎的寺、山城沟寺等;同仁的吾屯寺、年都乎寺和甘肃天祝的天堂寺等。其中佑宁寺最大,号称"湟北诸寺之母"(青海湟水北部地区)。现在,大部分土族信仰藏传佛教(格鲁派),但是由于土族处于汉族和藏族连接地带,长期与其他民族共处一方土地,因此在土族信仰中还有萨满教、道教等成分。

三、撒拉族土族文化的特征

纵观撒拉族、土族历史文化发展历程,我们发现,撒拉族虽然没有本民族文字,而土族民族文字创建甚晚,人口也不多,但是它们都创造出了丰富多彩的民族文化,而且源远流长,意蕴深厚,独具特色。

  第一,青海是一个多民族聚居区,各民族之间形成了"你中有我,我中有你"的互融关系。千百年来,他们在青藏高原这片广袤的土地上和谐相处,共荣共生,在文化上互相学习、取长补短,使得青海文化呈现出一种多元混合的特征,撒拉族文化、土族文化也不例外。从族源上看,撒拉族是一个独一无二的民族,是一个以撒鲁尔人为主体,以伊斯兰文化为纽带,接受汉文化熏陶,吸收周边许多民族成分而形成的一个人口虽少但凝聚力极强的民族。明代中叶,只有一万多人。他们在青海循化地区,与藏族、回族、汉族、蒙古族等民族长期杂居,通过与汉族、回族、藏族、蒙古族等其他民族通婚的方式得以不断繁衍壮大,因此形成了撒拉族独特的文化结构和心理素质。他们既传承了伊斯兰文化的两世兼顾、终极关怀的理念,又弘扬了突厥文化中的开拓进取精神,还吸收了蒙古族文化的豪放之风、藏族文化中的睿智豁达和汉文化的厚德载物风范,其文化中深深烙下了其他民族的文化印迹。撒拉族民族语言属于阿尔泰语系突厥语族西匈语支的乌古斯语组,而撒拉族人长期与邻近的回族、汉族、藏族等民族来往,撒拉语中吸收了较多的汉语和藏语词汇,有些人还通汉语或者藏语,石头坡村的部分撒拉族老人会说藏语,甚至还有人能讲几段《格萨尔》史诗。撒拉族民居建筑、宗教建筑都十分注重装饰,木雕、砖雕、石雕异常精美,尤其是一些古清真寺,如清水清真寺、孟达清真寺、张尕清真寺等著名清真寺,都是中国古典式建筑,斗拱飞檐,极为壮观;木雕、砖雕、石雕图案,既有代表伊斯兰教的宝瓶、《古兰经》经书等,也有中国传统文化的暗八宝、梅兰竹菊等,还有藏传佛教中常见的莲花。同时,这些木雕、砖雕图案的选取很注意对伊斯兰教教义的遵循,绝大部分都是花草,很少有动物形象,即使有动物形象,也会将动物的眼睛去掉,因为"穆罕默德创立伊斯兰教,其最核心、最重要的是关于安拉独一的观念和人们对安拉内心的信仰、神秘的体验和情感,因而严格禁止一切形式的偶像崇拜。由于伊斯兰教产生之前的阿拉伯人大多数是偶像崇拜者,要把他们统一在伊斯兰教的旗帜下,就必须废止过去五花八门的偶像崇拜。这些偶像绝大部分是神化了的人物和动物。因此,毁弃偶像并禁止画制人物动物像便成为必要"[1]。土族本身是以鲜卑慕容部为源,同时又补充融入了蒙古族、汉族、藏族等民族成分而形成的一个民族共同体,其文化中自然而然地混入了这些民族的文化因素,打上了这些民族的文化烙印,比如说土族民居建筑屋顶四角放置白石头,这就是蒙古族(也有说是藏族)民居习俗。从土族的宗教信仰看,土族当中存在着多种宗教信仰并存、多种宗教相互融合的现象。如在丧葬活动中请多种神职人员参与:喇嘛诵经超度,阴阳道士选坟择日,请法师驱魔降妖。同仁地区每年举行的"六月会"本身就是土族和藏族共同的节日活动,活动中要祭祀山神、二郎神等,弥漫着浓郁的佛教、苯教、萨满教等多种宗教文化气氛。

第二,撒拉族文化和土族文化虽然都具有多元混合的特质,但是这两个民族并没有被周边其他民族同化,而是创造出了许多本民族独有的文化,使得其文化具有强烈的民族特点和民族个性。这种民族性特征正是民族文化的灵魂所在。比如撒拉族的《骆驼舞》、土族的《庄家其》等,它们都用独特的舞蹈艺术,演绎了民族文化的变迁。《骆驼舞》又名《骆驼戏》,撒拉语叫"对委奥依纳",这个舞蹈一般是在撒拉族男女青年举行婚礼时表演的。场地在男方家中庭院,表演者共4人:两个阿訇(撒拉族先祖尕勒莽和阿合莽,叙说的时候则成为一个人)、一个人扮演当地居民蒙古族人(也有

---

[1] 宗研:《伊斯兰教为什么禁止画制人物动物像》,《西北大学学报(哲学社会科学版)》1993年第3期。

版本说是盲人);还有两个反穿皮袄者,这两人反穿皮袄,一人搭着另一个人装扮成骆驼。道具有一本《古兰经》、一个火把、一杆秤、一个水瓶、一个褡裢和一根拐杖。阿訇身着中亚风格长袍,头缠中亚人的泰丝达尔头巾,右手持拐杖,左手拿着《古兰经》。他们都不是专业表演者,动作造型也很简单:手持《古兰经》、拐杖的阿訇首先登场,另一阿訇手牵骆驼紧随其后,他们绕行场地一周以表现撒拉族先民东迁时的艰难困苦;随后,一蒙古人打扮的当地居民上场,双方见面用阿拉伯语问候并握手。自此开始对白,蒙古人询问东迁的经过,阿訇一一回答。说唱全部用撒拉语进行,内容就是撒拉族先民东迁的历史。表演者每说唱一段后,就绕场一周,或走到场上一角,或走到场地中央,以示先民们所到之处。整个"舞蹈"没有音乐伴奏,也没有多少舞蹈动作。这种独特的"舞蹈"艺术,虽然动作简单,却把撒拉族先民的历史一代一代地传承了下来,增强了撒拉族人对先民的缅怀之情,强化了撒拉族的民族意识。《庄稼其》是流行于民和土族中的一种面具舞。每年农历七月至九月,为了庆祝丰收、酬谢神灵,民和三川地区的土族都要举行"纳顿会"。这是世界上历时最长的狂欢节,节日期间将举行多种活动并上演多种舞蹈,《庄稼其》是其中之一,表演人物是一对老夫妻、儿子和儿媳,道具有耕牛、面具、农具、土族服饰等。基本情节是:在锣鼓伴奏下,老夫妻、小夫妻等人物戴着角色面具,扛着犁、轭等农具,跳着轻快的舞步上场,父亲开始数落儿子,并询问儿子有何打算。儿子不愿意种田,也不愿意出去做买卖,只想去赌博。在父母双亲的反对之下,儿子改口说愿意去做买卖,但是坚决不同意务农。父亲恳请观众中的老人帮忙劝说,希望儿子、儿媳能够务农。在老人们的劝说下,儿子回心转意,同意在家务农。于是儿子架轭、挂犁种田,父母旁观。但是儿子倒架轭、反挂犁,招来父亲一顿教训。父亲亲自做示范,手把手地教儿子犁地种田。最后,父亲把犁,焚香祝祷,祷告神灵后将地犁成了"田"字形,整个演出就结束了。这个舞蹈其实折射了土族先民从游牧文化向农耕文化转变的历程。

撒拉族文化、土族文化十分丰富,具有独特的民族风韵,如土族的"轮子秋""盘绣"以及撒拉族民歌"玉儿"(撒拉语音译词,是撒拉族传统情歌,也叫撒拉曲)等,均是世界文化宝库中的明珠。

第三,青海是多民族聚居区,有儒家文化、道家文化、佛教文化、伊斯兰文化和天主教文化等。撒拉族文化、土族文化无不烙印着浓厚的宗教印记。就民居而言,大部分建筑的木雕、石雕、砖雕都具有宗教意义。土族民居中布置有专门供奉神佛的经堂。屋顶常插嘛呢旗,院内树"古达尔",大门门楣上镶嵌"十相自在图",外墙绘制"拥忠"图案,内墙及壁柜上绘制表示吉祥的图案等,都是佛教文化的直接表述。循化地区的清真寺脊花都采用莲花图案装饰,撒拉族民居木雕、砖雕都有《古兰经》经书纹样,这些纹饰达到了艺术性与宗教性的完美融合。

面对丰富多彩的撒拉族文化、土族文化,面对新的时代变迁,作为青海儿女,如何将这些优秀文化传承光大,使其代代相传,生生不息,并使其传播四海,让世人知晓、了解其独特优秀的品质,品味其独特韵味,是摆在我们面前的一个迫切而具有重要意义的课题。鉴于此,我们怀着对青海大地深深的热爱之情,在深入调查研究的基础上,撰写了这本书。全书从建筑、体育、婚俗、刺绣四个角度展示了青海撒拉族和土族文化,掀开了撒拉族和土族文化之冰山一角,希冀能为生活、工作在青海的人们进一步了解、认识青海文化起到一个抛砖引玉的作用,为未曾来过这片土地的人们了解青海文化、了解撒拉族和土族文化打开一扇窗户,从而让青海文化走向社会、走向世界,让国人了解青海、让世人了解青海,为青海文化名省建设,为富裕、文明、和谐新青海的建设尽微薄之力。

建筑篇

第一章
撒拉族建筑文化

第一节 撒拉族建筑的类型及特征

撒拉族自元代定居循化以来,经过数百年的发展,成了中华民族大家庭中独具特色的一个民族。在与青藏高原各民族同生共荣、相互影响的过程中创造出了别具一格的建筑文化,呈现出"大杂居,小聚居"的分布格局,形成了颇具民族文化特色的撒拉族建筑艺术。

循化撒拉族的建筑形式类型多样,从不同角度可分出不同的类型:从时间角度而言,有古建筑和现代建筑之分;从使用价值和建筑性质来看,有居住建筑、宗教建筑、政权建筑、礼制建筑、防御建筑等。其中最有特色的是居住建筑、宗教建筑和礼制建筑。无论是哪一种建筑形式,均以其独特魅力而成为撒拉族文化中的明珠。

一、聚落特征

从聚落结构和布局上来看,撒拉族是"围寺聚族而居"的血缘性聚落①。撒拉族村落既是一种地缘组织,也是当地社会组织由血缘关系转化为地缘关系的标志②。在撒拉族社会中,首先是个人形成一个家庭,由属于同一父系血缘关系的兄弟、堂兄弟及其家庭形成一个"阿格乃";然后以"阿格乃"父系血缘关系为基础,形成血缘关系较远的"孔木散"。不同的孔木散形成一个村落,相邻的村落又形成一个"工",所有的工加起来就构成了整个撒拉族社会。而撒拉族是全民信奉伊斯兰教的民族,大小清真寺遍布撒拉族居住的各个村落。他们举族居住在循化县境内,街子清真寺为其祖寺,每一个工都有中心寺,工内每一个村落都有自己的支寺。1978年改革开放后,随着宗教信仰自由政策的实施,部分村子里还出现了同时建有两座清真寺的现象,当然,两座清真寺是分属不同教派的。

撒拉族的基本经济来源是农业,水源对聚落而言是生存的基本条件。因此撒拉族村落选址首先考虑水源问题,傍山依水、阳光充足之处自然是首选。正所谓"吉地不可无水","地理之道,山水而已"。循化境内有黄河、查加河、清水河三条河流,黄河由西而东穿过北部,而查加河与清水河则分别从南而北流入黄河,这三条河流形成一个"丌"字形结构。撒拉族村落主要沿着这三条河两岸分布,总体上亦构成一个"丌"字形结构。撒拉族先民尕勒莽和阿合莽率族人来到循化后首先选择了围绕骆驼泉而居,其后沿着河流

---

① 王军、李晓丽:《青海撒拉族民居的类型、特征及其地域适应性研究》,《南方建筑》2010年第6期。
② 韩中义:《撒拉族"孔木散"和"阿格勒"探讨》,马成俊、马伟主编:《百年撒拉族研究文集》,青海人民出版社2004年版,第321页。

逐渐向四周发展。这三条河流将其两岸的村落联系在了一起，形成以流域为主线的区域社会。一般来说，每条河流流域都有一个集，街子集、查加集在查加河流域，白庄集在清水河流域，而黄河流域则有苏只集、查汗都斯集、孟达集等。可以说，这三条河流对撒拉族社会的发展起到了十分重要的作用，是孕育撒拉族文化的摇篮。

不仅黄河、清水河、查加河等河流在撒拉族社会发展中起到了重要作用，而且在撒拉族聚居的村落与村落之间，往往也是通过水渠或排洪沟来进行区分的，工与工之间的人们的日常活动范围基本上是以水渠或排洪沟为界而进行的。

撒拉族村落由住宅区和农耕区两部分组成。同一个孔木散的人们围绕清真寺聚族而居形成住宅区，住宅区的外围则是农耕区。农耕区里种植着各种各样的农作物，还栽种杨树、柳树、榆树等树木。清真寺则修建在村落的中心位置，清真寺旁边一般是坟茔，既方便送葬，又便于阿訇和老人们去坟茔念《古兰经》。

二、居住建筑

居住建筑是各地区、各民族、各阶层的城市与乡村建筑，是所有建筑中数量最多的建筑，也就是我们日常所说的民居。

撒拉族民居已有 700 多年的历史，其间经历了初建、兴盛、衰败、现代变革等阶段。随着时间的流逝，其本来面目已然不在，但其基本格局仍可透过现存民居窥见一斑。就现存民居而言，尽管撒拉族民居有传统与现代之分，有山区与川地、林区之别，但其基本形式为四合院，木结构上栋下宇式，屋顶或为一面坡，或为平顶，堂屋出檐，夯土版筑院墙。撒拉族民居在其发展过程中，不断吸收其他民族建筑文化，并与本民族建筑文化融为一体，形成了独特的建筑风格。

(一) 传统民居

就建筑类型来看,撒拉族传统民居建筑有庄廓院和篱笆楼两种形式。

1. 庄廓院

庄廓又叫"庄窠","庄窠"是一个古汉语词,《元典章·户部五·民田》云:"或有庄窠房屋,便行悬挂佛像。"这里的"庄窠"就是指田园、庭院。到了近代,这一古语词成了青海东部农业区民居建筑的专有名词,成为一个地域方言词,现在多用"庄廓"一词。从语言学角度而言,"庄窠"是古语词在青海方言中的遗存。其实,遗存的不只是词,还有物——青海东部农业区各民族的民居建筑,撒拉族民居建筑只是其中之一,它与青海东部农业区其他民族的庄廓有相同之处,也有其自身的特点,具有浓郁的撒拉族文化特征。庄廓院作为撒拉族人具有代表性的民居建筑形式,一般是围绕清真寺而成"群"布置。整个建筑以户为单元,一户一庄廓,一个庄廓就是一户独立人家。面积约1亩,平面呈正方形或不规则长方形,四周版筑夯土墙高3—5米,占地约5分。整个建筑物由庄廓墙、大门、庭院、房屋及生产用地部分构成,具有封闭性和内向性的特点。撒拉人在修建房屋时,一般是先用夯土修筑成一个呈"口"字形的围墙,有的是正方形,有的是长方形,这就是庄廓。然后在庄廓内划分出建房用地和生产用地,然后在二分之一处或三分之一处盖房,整个庄廓内形成"前房屋,后果园"的格局。位于循化撒拉族自治县积石镇伊麻目村中部循宁公路北侧300米处的韩国玺民居庭院,是黄河两岸撒拉族传统民居遗存中保护最完整的建筑。该建筑始建于清朝末年,占地面积2740平方米左右,庄廓墙以黄土筑就,高6米,厚1.2米,呈方形。庄廓内东面是果园,西面是坐北朝南的四合院庭院建筑,果园与庭院各占二分之一。全院由北正屋、东屋、西屋、南屋等共27间平屋组成,建筑面积960平方米,大门开在南面。各个方向的建筑均为室带前廊做法，土木砖混结构，土平顶，正屋墙体以土坯砌筑而成，木材均为优质松木类，莲花纹雀替，室廊地面铺以厚木板。北屋三间为院中精华建筑，比东、西、南三面建筑都高，两边间出护包头，正间廊侧东西墙面装有高 1.3 米的满间花格支摘窗，制作形式十分精美。中一间金柱间装修四扇方格棋盘门，室廊以木板铺成。院内台阶以花岗石条砌成，院子地面以青砖铺成，是典型的清代建筑。庭院后面的果园里种植有薄皮核桃、杏树、梨树等。大门外西南面还有一棵古老的榆树，已有 300 多年的历史，十分茂盛。院落周边，大街小巷交织，四通八达，河渠缠绕，溪水长流，林园错落有致，景色迷人。

2. 篱笆楼

撒拉族篱笆楼是一种木石土一体的古老民居建筑，因其楼房墙体大部分用藤条编织而成而得名。篱笆楼产生于循化县的孟达地区，目前仅存于循化县孟达乡大庄村（图 1-1）。

图 1-1

大庄村地处黄河峡谷,坡大谷深,土地贫瘠。据史料记载,孟达地区早在元代就有撒拉族聚居,而大庄村在明代中期就建有清真寺。根据撒拉族人村落布局的特征可以推知,这里最早修建的篱笆楼也应该是围寺而筑的。但是,随着时间的推移、人口的增加,村落原来围寺而居的圆形结构逐渐发生了偏移。现在,全村有明、清至民国年代修建的篱笆楼18座。其中,牦牛巷马进明家的篱笆楼(图1-2)年代最为久远,是至今保存最完整、历史最久远、规模最大的篱笆楼,可谓篱笆楼中的精华。这座最古老的篱笆楼,历经明、清、民国500多年沧桑岁月,迄今原貌依旧。据说,最初建楼时木材都是从附近1千米处的原始森林中砍伐来的,大多是高原云杉。楼体原建形制为东、北、西"丌"字形中国古代三合院式庭院布局,坐北朝南,南面正中开有独体平顶大门。到了清光绪年间,西半座楼体被拆除,改在东南面建了5间配楼,因此我们所能看到的是东、南、北"丌"字形座布局,占地面积260多平方米。整个楼体建筑由东、南、北三面10间(东屋3间,南屋2间,北屋5间)以及上、下20间和大门组成。楼体通高5.3米,土平屋顶,封闭性较强。5间北屋为楼体的主体建筑,进深8.6米(内室6.5米,前廊2.1米),间阔2.7米,二层厨房顶开设边长60厘米的方形天窗①。东、南配楼结构形式类同北屋,进深面阔均少于北屋。2008年,马进明家的篱笆楼被公布为青海省省级文物保护单位。

在孟达地区,马胡三、马进财和马伊斯玛理几家人的篱笆楼也很有特色,均被公布为省级文物保护单位。

马胡三家的篱笆楼位于孟达村东北,东距黄河50米,占地面积633平方米,建筑面积350平方米,建于清代。坐北朝南,东向开门,东西向横建式14间(上、下)室带前廊两层篱笆北楼。土平

---

① 马进明、马晓红编:《撒拉族古建筑》,青海民族出版社2014年版,第96页。

第一章 撒拉族建筑文化 **23**

图 1-2

顶雕檐花栏,木板楼梯,旋轴棋盘门,有花格摘窗。

马进财家的古篱笆楼位于孟达村新庄巷东南黄河之滨,占地面积 381 平方米,建筑面积 350 平方米,清朝初年修建。整个院落坐北朝南,南向开门,自由式建筑布局,院内西北角建座地 6 间,西北角拐角篱笆楼,雕檐花栏,旋轴门窗,板阶楼梯,家院南西向有土夯高墙。

马伊斯玛理家的古篱笆楼位于孟达村东北角新庄巷,占地面积 340 平方米,建筑面积 289 平方米,清代中期修建。楼院为东西向三合院式建筑,西向开门。院内篱笆楼为东西横式,二层 5 间室带前廊土平顶做法,雕檐花栏木廊,旋轴棋盘门,花格直摘窗,家院东西向有高筑土夯墙。

从上面几家古篱笆楼可以看出,撒拉族古民居篱笆楼的建筑布局并不完全相同,会因各个家庭建筑地理环境的不同而形成不同的格局,但是总体特征是一致的:一户一院一门是其总体建筑形式;篱笆楼一般是北建,东、西、南则建配房,不定向开大门;篱笆楼、配房及大门形成合院式建筑布局,北高而东、西、南低,背靠式组建形体。北建篱笆楼是院屋主体建筑,会因土地面积的大小、家庭人口的多少、经济状况的好坏而形成不同的布局,有三合院式、四合院式,也有拐角式、角楼式、横字式,还有楼底门道式建筑布局。间数有多有少,用材长短粗细不一。园中一般都有花坛、马槽等,还种植有果类、花卉等。屋内陈设有古木床、面柜、碗架等。楼院四周沟渠纵横,核桃树、榆树、柳树等浓郁成荫,环境十分优美。

撒拉族篱笆楼与撒拉族人民的政治、经济、文化生活密切相关,见证了撒拉族文化发展历程。即使是到了今天,绝大部分现代化撒拉族民居建筑中,仍然采用篱笆楼平顶带前廊、楼体檐面雕制的建筑做法。今天的篱笆楼早已超越了当初撒拉族先民们单纯的居住功能,成为研究撒拉族文化的重要资料,成为撒拉族人对外展示民族文化的一道亮丽的风景线。

(二) 新式民居

随着社会的不断发展,新的建筑材料、建筑技术不断涌现,大众对居住的需求越来越高,撒拉族地区的民族建筑也在悄然变化着,一栋栋新式民居犹如雨后春笋,拔地而起。一方面,新式民居继承了传统民居文化;另一方面,随着新材料、新技术的引进,墙体材料、构造方式等都有了较大变化,比如新式民居以红砖、空心砖等砌筑庄廓内外围墙,解决了传统庄廓墙过厚的问题,同时以灰色系涂料对外墙面进行粉饰,与周边环境融为一体;为保持撒拉族民居特色,庭院内布置注重传统建筑与新兴建筑的结合,正房仍然采用砖木结构"虎抱头"式,厢房建筑则为砖木、砖混结构,逐步向多样化的现代化建筑形式发展;而屋顶则舍弃原来草泥混合形式而采用混凝土现浇形式;在屋顶面向院落一侧设外檐,以青红筒滴瓦进行装饰;大门以双扇铁门、木制攒尖门等样式构成;室内铺设地毯,布置电视、电话、电冰箱、吊灯、真皮沙发等现代家具;厨房布置朝着现代化方向发展,太阳灶、液化灶等灶具摆放整齐。

社会的发展决定民居建筑随之而变化。今天的撒拉族民居正朝着高层性、牢固性、文化性、艺术性、娱乐性、旅游性等多元化方向发展,在保持民族建筑文化特色的同时又融入了现代居住的理念,居住、会客、储物、炊厨以及出入口等空间明确区分开来。无论是平面形式、空间格局,还是建筑造型,都传递出完整和谐的空间感受,承载着浓郁的地域文化和民族文化。

三、宗教建筑

清真寺是伊斯兰教建筑体系中重要的宗教建筑。据史籍记载,伊斯兰教史上第一座清真寺是麦加的库巴清真寺,建于 622 年。唐朝初年,伊斯兰教传入中国,清真寺随之传入,唐初修建于广州的怀圣寺当为中国最早建造的四大清真寺之一。阿拉伯人称清真寺为"麦斯吉德",意为"礼拜的场所"。在中国文化中,"清真"二字原本是两个词,常见于文学作品之中,"清"为清丽、清远之意,"真"为天真、纯真之意,两词合用便是"纯净洁朴、无尘无染"的意思。刘义庆《世说新语》中有"清真寡欲,万物不能移也",陆游《园中赏梅》诗中"阅尽千葩百卉春,此花风味独清真",等等,均为此意。文人们还喜用"清真"来为自己的文集命名,甚而将其用于斋堂、道观等地方,中国历史上有"清真渊""清真观"等。明代的时候,开封一犹太教堂亦命名为"清真寺",但这些"清真"均非伊斯兰教之"清真"。"清真"与伊斯兰教产生关系当始于元代,如 13 世纪末杭州建有"真教寺",14 世纪 40 年代吴鉴作《清静寺碑记》,其中即有"真教""清静"之称。元末明初,回族伊斯兰教才更多地被称为"清真教",礼拜寺称"清真寺"。洪武元年(1368),朱元璋御笔亲撰《百字赞》,文中称中国境内的伊斯兰教为"仁复天下,道冠古今,降邪归一,教名'清真'"。明代中期以后,"清真"二字为伊斯兰教礼拜寺所专属。"清"为真主超然无杂、无所始终之意;"真"为真主永存常在、独一至尊之意。"清真"拥有了新的文化内涵。

(一)循化县伊斯兰教现状及清真寺分布情况概览

据统计,循化县境内信仰伊斯兰教的教徒为 91 450 人,占全县总人口的 70.5%。主要教派有格底目(老教)、伊赫瓦尼(新教)和尕德忍耶(当地称"老新教")为主的门宦教派。全县信仰尕德忍耶的约 2.49 万人,占伊斯兰教信教总人数的 27.23%,另有少量的虎夫耶门宦信徒。全县依法登记的伊斯兰教清真寺 114 座,其中多派联合开寺的有 85 座,新教 20 座,老教 9 座,宗教教职人员 411 人,清真寺分布情况为:道帏乡 3 座,白庄镇 22 座,清水乡 22 座,积石镇 24 座,街子镇 16 座,查汗都斯乡 27 座[①]。

(二)撒拉族清真寺的功能与选址

受信仰影响,撒拉族人的文化、生活均有其独立的系统,这种系统被保存在一种特殊制度之下。这种特殊制度之一,就是撒拉人聚居区均有清真寺。清真寺既承担着广大穆斯林宗教活动的职能,还肩负着面向广大信教群众开展政治、文化、教育等多种活动的重任。它既是穆斯林进行宗教活动的中心,更是穆斯林进行政治、经济、文化、教育、体育等社会活动的中心。

清真寺具备多种功能。第一,清真寺是穆斯林礼拜的场所。

---

① 马生福:《现代化背景下农村撒拉族的宗教生活——以青海省循化撒拉族自治县积石镇伊玛目村为例》,陕西师范大学 2012 年硕士学位论文,第 5 页。

按教规,清真寺每天要举行五次拜功,每周一次的聚礼都要在"海乙寺(大寺)"举行;每当古尔邦节、开斋节、圣纪节等重大节日之时,广大穆斯林均要欢聚于寺内,诵读《古兰经》,颂主颂圣,祈祷国泰民安。第二,清真寺是伊斯兰教教育中心。清真寺内一般都有讲经堂,分期分批招收学员,学习宗教功课,听取阿訇讲解伊斯兰教法、圣训、阿拉伯语、经文书法、宗教史等。第三,清真寺是处理宗教事务之所。清真寺内设有寺管会,定期或不定期地召集学董、教长等召开会议,商议教务活动。如果穆斯林间产生纠纷,也会到寺内评论是非。第四,现代清真寺是宣讲党和国家方针政策之所。每当集体礼拜之时,也会宣传党和国家大政方针,民族政策,爱国爱教。循化县查汗都斯乡西路红军修建的清真寺,已成为全国宗教界爱国主义教育基地。另外,清真寺还是为穆斯林群众举办婚丧嫁娶活动和屠宰食用禽畜的服务场所,也是纪念亡故先贤集会的会场。

撒拉族清真寺对规模无具体要求,只是对礼拜的方向有着严格的要求。因为全世界穆斯林礼拜时都要朝向麦加的天房,而麦加位于我国的西方,所以中国穆斯林礼拜时都要朝向西方。为满足礼拜朝向之需,清真寺的建筑大都呈东西向轴线布局,主体建筑礼拜大殿坐西向东,以便教民礼拜时能面向麦加。它对建筑地点的选择比较自由,城市、乡村甚至山区皆可。只因伊斯兰教追求清洁真纯,故清真寺必须选择清洁干爽之地,周边有繁茂树木、明净水塘之地为首选。同时,因伊斯兰教深入每家每户每个人,故其建寺基地均在居民区内,与居民区紧密融合。

(三) 撒拉族清真寺的类型

在撒拉族人眼中,伊斯兰教是一切行为的最高准则,万事皆以宗教信仰为先,因此每当他们迁到一个新的地方时,首先就要考虑清真寺的修建问题。从等级来看,撒拉族清真寺有祖寺、中心寺和支寺之分,祖寺(即街子清真大寺)是全民族所有的,是总寺,最有权威;中心寺是各"工"所有的,也就是宗寺,也叫"海乙寺";支寺则是各村所拥有的清真寺。从平面布局和建筑风格来看,撒拉族清真寺大体有三种类型:一是中国传统宫殿式飞檐歇山顶清真寺,称为"汉式清真寺"或"古典式清真寺";二是阿拉伯伊斯兰圆顶穹隆式清真寺,简称为"阿拉伯式清真寺";三是"汉式清真寺"与"阿拉伯式清真寺"两者结合的样式。

1. 汉式清真寺

汉式清真寺是撒拉族清真寺中的精华建筑,在撒拉族发展史上产生过十分重要的作用,今天仍然是撒拉族人民日常生活中不可或缺的重要去处,在撒拉族人民精神生活中具有举足轻重的作用。

在撒拉族人的记忆中,撒拉族第一座清真寺就是汉式清真寺,是撒拉族先民尕勒莽率族人创建的,位于街子马家村,名为尕勒莽清真寺,但在"文革"中被毁。此寺的礼拜殿为中国建筑形制中的悬山式建筑,木砖瓦作结构,飞檐瓦顶宝瓶脊。

从明代1342年开始,一直到清代前期1781年左右约400年的历程中,循化地区社会安定,经济繁荣,伊斯兰教在中国得到迅猛发展。这个时期是中国建筑文化发展的高峰期,也是撒拉族清真寺建筑发展的兴盛时代。明代末年,循化地区已建成清真寺50余座。据清代龚景瀚《循化志》记载,乾隆四十六年(1781)的时候,撒拉族清真寺已有70座,其中大寺有8座。在这400年中,撒拉族人民在循化地区大兴土木,营建寺院,其建筑布局、位置、结构、装修、尺度、色彩等均以中国传统建筑之明清建筑范式而为。先后修建了街子镇祖寺,塘坊、洋库浪清真寺,清水乡的河东、阿什江、塔沙坡清真寺,积石镇的伊麻目清真寺等。

街子清真大寺是撒拉族的祖寺,现为阿拉伯式建筑,但在明清及民国时代均是汉式古典庙宇建筑,整个建筑群由礼拜大殿、南北学房、东面澡堂、东南唤礼楼共同组成,其木雕与砖雕堪称中国传统古建筑的典范。

张尕清真寺位于循化县白庄乡张尕村内,清代所建,具体年代不详。"张尕"是人名,是随同撒拉族先民尕勒莽一起东迁来的"jangarghan"部落的人,族人在漫长的历史发展中形成了新的村落共同体,以之为村名。张尕清真寺,撒拉语中称为"江格海乙麦斯吉迪",占地总面积3 900多平方米,是撒拉族地区第二大清真寺。传说其最初的建寺年代要早于街子大寺若干年。其后几经扩建,成为循化东部南部地区最早的"海乙寺"。整个建筑群以雄伟壮观的建筑工艺、精美逼真的壁画和严谨合理的布局结构而著称于世。遗憾的是,唤礼楼第三层楼顶在"文化大革命"时期被拆毁。1996年,政府拨款8万元对楼体进行了修葺。2005年、2009年又先后新建了南北对楼,楼体为砖木混做结构。2013年被国务院核定为全国重点文物保护单位。

孟达清真寺位于孟达村的下庄南段,距县城20余千米,东南面紧邻孟达国家级自然保护区,北临黄河,始建于元代,复建于明代中期,迄今已有600多年的历史。最初建造时所用木材均取自孟达原始森林,砖瓦就地建窑烧制而成。清朝年间,先后四次重建或扩建了礼拜殿前廊、唤礼楼、南配房、拱北等建筑。它是我国传统宫殿式建筑与伊斯兰建筑融为一体的建筑艺术杰作[①]。寺院西北角大殿后面有一棵栾树,胸径1米,高16米,树龄约500年,这是青海省境内栾树中胸径、树冠最大的一棵,每当夏日开花之时,整个树冠呈金黄色,微风吹拂中,散发出幽幽的清香,非常美观;秋

---

① 马永平:《青海循化县孟达清真寺建筑艺术》,《四川文物》2012年第3期。

日结籽,籽直径1厘米左右,通体油亮乌黑,带有淡香,当地人用来做礼拜用的念珠;寺院东南角还有一棵古柳,直径1.92米,高25米,树龄约400年,是当地最大的一棵柳树。

1986年,青海省人民政府将其列为省级重点文物保护单位,并拨款5万元对其进行抢救维修,使之焕然一新。2013年,国务院将孟达清真大寺核定为全国重点文物保护单位。

木厂清真寺位于循化县清水乡原木厂村黄河南台村区中心,占地面积1350平方米。礼拜殿和唤礼楼为元代建筑遗存,清代曾有维修,北配楼新中国成立后复修,东配房为现代所建建筑①。这是循化东端积石峡关的一处清真寺,虽然规模小,但因其位于积石雄关之中,整个建筑群与周边群山、峡谷深溪、老树古堡交相辉映,显得极为壮观;加之元时木厂村乃积石关军营驻地,这样悠久的历史,使得这座建筑群具有了丰富的文化内涵。

清水河东清真寺位于清水河畔河东村,东瞰孟达峡谷,北望悬崖峭壁小积石山,撒拉语称"乃尔吾勒阿格勒米希提"。该寺始建于明代洪熙元年(1425),清代和民国都曾进行扩建、修葺,占地面积3845平方米,建筑面积1225平方米。整个建筑风格独特,建筑文化丰富,是撒拉族地区清真寺修建者高超智慧和聪明才智的结晶。1988年国务院核定公布为全国重点文物保护单位,现已成为循化地区重要的旅游文化资源。

科哇清真寺位于白庄镇科哇村,始建于明代永乐年间(1403),占地面积约10000平方米,四合院式轴线建筑布局。2013年被国务院公布为全国重点文物保护单位。门前一株参天尖杨,是当地到阿拉伯麦加朝觐之人从新疆带来栽活的树,至今已有几百年的历史。

---

① 马进明、马晓红编:《撒拉族古建筑》,青海民族出版社2014年版,第97页。

伊麻目清真寺位于积石镇西北部,黄河南岸伊麻目村中区循宁公路的南侧,是撒拉族地区唯一用伊斯兰教首领"伊麻目"命名的清真寺。该寺创建于明朝初年,现今的寺座建筑群是清代扩建建筑。寺区周边环境优美,河流纵横,溪水潺潺,树木青翠浓郁,寺院建筑矗立其中,十分醒目。

"汉式清真寺"建筑是撒拉族建筑艺术中的奇葩,见证了撒拉族人民与当地各民族共生共荣的历史。如今,这些古典式清真寺散落在循化山川大地,展示着不同时代的建筑风格。

2. 阿拉伯式清真寺

20世纪80年代开始,循化撒拉族在重建、新建清真寺的过程中,引入了阿拉伯建筑技术、建筑形制、建筑风格,修建了一批阿拉伯式清真寺。这些清真寺,有着与汉式清真寺完全不同的建筑特点。

从外观造型看,阿拉伯式清真寺为穹隆形象。在具体的建筑样式上,循化撒拉族阿拉伯风格的清真寺主要参照距离伊斯兰世界最近的新疆的清真寺样式。一般有四个小穹顶,各居殿顶一角,簇拥着中间一个巨大穹顶。大穹顶象征穆罕默德,小穹顶象征伊斯兰教的四大法学派或四大哈里发。顶上均以宝瓶或不锈钢球与一弯新月为饰。

新建成的街子清真大寺具有鲜明的阿拉伯建筑特色,全寺占地面积4 000多平方米。礼拜殿位于礼拜寺西面,面积1 089平方米,可容纳1 200人集体礼拜,采用钢筋混凝土结构,呈正方形,殿内四根大砖柱支撑着49间殿顶,南、北、东三面的走廊为72根方柱列支,殿顶中央覆盖着穹隆式大圆顶,圆顶上涂为绿色。大殿内部装饰简单,墙壁为乳白色,无其他形象景物;殿内铺置地板,地板上铺有草绿色地毯,为礼拜垫。但大殿顶端有许多精巧的花纹和几何图案,令人赏心悦目。大殿西墙是正向墙,墙壁正中挖有半圆凹形门洞状凹壁,阿拉伯语称此处为"米哈拉布",是礼拜方向标记。凹壁镶有精细的瓷砖,上面镌刻着镀金的"万物非主,唯有真主;穆罕默德,真主钦差"等苍劲有力的阿拉伯文大字,书法精美,别开生面。伊麻目宣讲教义的地方"敏拜尔"离凹壁右前方约两米处,是座阶梯形讲坛,木制,装有阶梯扶手和栏杆。大殿内安装有许多吊花灯、水银灯和壁灯,夜间礼拜时,全部打开,明亮如昼。大殿周围四角是四座高 23 米的六角形双层尖塔,由塔基、塔身、塔顶三部分组成,内部中空,塔壁周身开"人"字形拱顶,塔顶为穹隆式圆顶,与中央的大圆顶上面都安装着金色的"元宝"和"新月"。

3. 古典式和阿拉伯式混合样式

混合样式是伊斯兰式风格的清真寺与中国传统建筑相结合的产物。20 世纪 80 年代后,随着改革开放的步伐,人们的视野越来越开阔,文化信息越来越多元,审美情趣也多样化,年轻人喜好阿拉伯式清真寺,年纪稍长者却对传统宫殿式清真寺风格情有独钟,而且因循化地区原有清真寺大多为古典式建筑,要修建成阿拉伯式清真寺则需更多花费,因此在循化形成了汉式与阿拉伯式互相融合的清真寺类型,如采用古典式宣礼塔,礼拜大殿用阿拉伯式或者大殿为古典式但在顶端的装饰上用阿拉伯式的尖顶、圆拱等建筑要素。

2014 年 4 月 14 日重建竣工的草滩坝清真寺就是混合式建筑。该寺位于循化县城西北角,是循化地区历史上的"海乙寺"之一。600 年前,草滩坝人在此建家修寺、垦荒屯田;距今约 284 年前,清廷在此围地筑城,1776 年清真寺从城北迁址城西北。在几百年的社会变迁中,该寺反复修建了七次。其大殿修建年代久远,最初建筑面积有 400 多平米,能容纳 500 人共同礼拜。随着时代的变迁,当地人口逐渐增多,原有礼拜殿已不能满足信众需求。2010 年,经全体村民协议、政府批准,草滩坝清真寺开始重建,历时三年,耗资约 2 050 万元。2014 年 4 月 14 日,草滩坝清真寺修建完工,整座建筑气势恢宏,十分壮观(图 1-3)。全寺总建筑面积 4 200 平方米,寺内有综合教学大楼,建筑面积 3 600 平方米。寺内礼拜殿为中国宫殿式建筑,雕梁画栋,飞檐四出,角亭对立,气势庄严,建筑风格独具匠心,外饰传统彩色琉璃瓦和精美砖雕。大殿内部宽敞明亮,华而不炫,精美的撒拉木雕,雕刻细腻,花色迥异,木雕均以原木色装饰,四壁亮白,大殿正上方水晶灯饰增加了几分高贵和纯洁。新建大殿传统建筑与撒拉族文化有机融合,成为循化县一道亮丽的风景线。清真寺综合教学大楼共六层,设置了办公室、教室、宿舍、餐厅、沐浴室,教学楼设施齐全、功能完善,为今后伊斯兰教育创造了良好的环境①。

图 1-3

① http://tieba.baidu.com/p/2985965631.

1984年复建的塘坊清真寺也是混合式建筑。该寺始建于明代,位于街子镇塘坊村,占地面积2 100平方米,四合院院落式东西向轴线建筑布局,由礼拜殿、唤礼楼、南北配房、沐浴室等建筑组成。其中礼拜殿为明代遗存,其余部分为20世纪80年代重新修葺。寺门与唤礼楼门合二为一,唤礼楼为钢筋混凝土结构,形制为六柱通柱造六角翘檐攒尖顶;正中大门及边间小便门为现代铁质双扇门,中实上空,半圆形拱门洞。

撒拉族人是伊斯兰教信徒,宗教信仰建筑清真寺在村民生活中占有举足轻重的位置,是维系村庄稳固和繁衍的重要载体,在村落中一般位居中央地带,即使随着社会变迁、历史发展,原来位居村子中间位置的清真寺不再居中,但清真寺周边地段仍被看作最好的地段。

四、礼制建筑

礼制建筑是"以天地、鬼神为崇拜核心而设立的祭祀性建筑"①。拱北是撒拉族重要的礼制性建筑。

拱北是阿拉伯语"qubba"的音译,波斯语中为"gunbad",在撒拉语中称为"kumbet",是为纪念重要宗教人士而修建的坟茔建筑。这里既是后人纪念、瞻仰、拜谒之处,也是搞大规模的纪念性诵经仪式并演讲宣传伊斯兰教的活动场所。撒拉族的拱北并不仅仅局限于重要的宗教人士,也有纪念历史上重要人物的,如纪念撒拉族先民尕勒莽和阿合莽的拱北,纪念撒拉族宗教法官尕最的拱北,纪念大力士波列尔波考的拱北;还有纪念西域来的传教士的拱北,如马尔坡拱北、塔莎坡拱北、孟达大庄拱北等;还有纪念门宦领导人的拱北,如街子拱北、洋苦让拱北、拉边拱北、崖头拱北等;也

---

① 潘谷西主编:《中国建筑史》,中国建筑工业出版社2009年版,第13页。

有纪念显示宗教奇迹的拱北,如庵古录拱北等。据循化县宗教部门统计,目前共有 30 余座拱北①。这些拱北可分为阿拉伯传教士的拱北,门宦道祖、教主或老人家的拱北,虎夫耶门宦"海里帅"(继承者、代理人)、嘎底林耶门宦出家人及各门宦知名人士的拱北以及显迹拱北等类型②。

(一) 阿拉伯传教士的拱北

孟达乡孟达大庄的"上拱北"和"下拱北""汉平拱北",积石镇的"羊圈沟拱北"和"线尕拉拱北",清水乡的"马儿坡拱北",查汉都斯乡的"阿拉线拱北"均属于此类拱北。

孟达上拱北位于清水乡孟达村南 1 千米原清大公路东侧土沙丘顶,拱北内建有南北纵向墓庐 3 座。西一座为尕日仓伊麻目(阿訇)之墓,中一座为伊麻目门徒之墓,东一座为阿拉伯传教士之墓。这是明代的一位阿拉伯传教士,他在孟达归真后葬在孟达村南麻札。1967 年修建清孟公路时占用此地,故搬迁至上拱北内安葬。

孟达大庄下拱北位于孟达乡大庄村。传说该阿拉伯传教士名叫奴尔·穆罕荣吉尼。始建年代已不可考。原修建八角亭 1 座于大庄古清真寺礼拜殿后面。1958 年拆除,1980 年重建简易八角亭。此拱北和清真寺周围的 40 座坟墓,据传是从阿拉伯来循化传教的 4 位传教士的墓地。

羊圈沟拱北位于循化县积石镇羊圈沟,属嘎底林耶门宦。据传系阿拉伯人尔撒、师孜、哈桑、胡赛因 4 位传教士的墓庐。始建于清末,占地面积 2 亩,建筑面积 140 平方米,建亭子 1 处。1989

---

① 王建平、马成俊、马伟编著:《影像记忆——20 世纪 30 年代的撒拉族社会》,民族出版社 2014 年版,第 209 页。
② 马翰龚等:《青海伊斯兰教拱北述略》,《青海民族研究》1997 年第 3 期。

年重建八角亭1座,房屋14间。教徒分布于循化积石镇、西宁和甘肃兰州、临夏、甘南、夏河等地,约5 000人。每年农历三月初一举行大型宗教活动1次。

线尕拉拱北位于循化县积石镇线尕拉村,属嘎底林耶门宦。据传系40位阿拉伯传教士之一的墓庐。始建年代不详。原在线尕拉村公共坟墓中,100多年前搬迁至线尕拉拱北坪。教徒分布在甘肃临夏地区,循化县积石镇四庄也有部分教徒。建有平房3间,占地面积0.4亩,建筑面积40平方米。

马尔坡拱北位于循化县清水乡马尔坡村,距循化县城20千米。因此地及周边在元明时代是林森草丰的牧马坡湾,这一地段山岭叫马尔坡,故名马尔坡拱北。占地面积2 100多平方米,建筑形式为六角攒尖亭阁。2013年,有人出资修建一条公路,修到了拱北亭,站在马尔坡拱北亭处眺望四周,东临景色迷人的孟达自然保护区,南接千沟万壑丹霞地貌,似若条条彩带飘逸,北瞰深峡黄河,碧波清湖,西为美丽多彩的撒拉族山川村落,景色迷人。

阿拉线拱北位于循化县查汉都斯乡阿拉线村,属嘎底林耶门宦。为40位阿拉伯传教士之一的墓庐,建筑面积30平方米。始建年代不详。教徒分布在青海、甘肃等地,约千人。每年农历四月十四日举行大型宗教活动1次。

(二) 门宦道祖、教主或老人家的拱北

这类拱北一般都建有高大墓殿,有些建有附属清真寺,拱北内还设有常住宗教人员和管理人员。其信徒人数较多,分布较广,涉及邻省、区。每年都要进行几次规模较大的"尔埋力"(宗教功修和善行)活动。循化县街子乡的街子拱北和羊苦浪拱北,积石镇托坝下拱北,白庄下拉边的阿卜都里·阿则孜拱北和阿布都里·巴给拱北均为此类拱北。其中街子拱北历史最久远。

街子拱北位于循化县街子乡团结村,南望街子清真寺,北瞰滔滔黄河。这是为纪念"四门通行嘎迪忍耶"道祖韩呈祥(韩穆撒阿爷)修建的拱北。传说始建于清宣统年间,原在街子公墓中,1951年迁至现地,1958年被毁,1981年重建。后又经多方鼎力相助,聚集重资,进行了全面维修。目前,该拱北占地面积7.2亩,整个建筑布局为东西向田字形的中国庭院式古建筑。拱北中的中国伊斯兰教苏菲派"四门通行"嘎迪忍耶道祖韩呈祥(1822—1900)奠基创举了独立的道乘体系,创建了"四门"通行嘎迪忍耶门宦,开创了苏菲在中国的新纪元,开辟了中阿文化交流发展的新天地。每年农历十二月五日都要在此举行隆重的赞主赞圣、世界平安、中国复兴、民族团结祈祷,进行宗教纪念活动。国内信众近万人。

羊苦浪拱北、积石镇托坝下拱北、阿卜都里·阿则孜拱北和阿布都里·巴给拱北的历史都比较短,均为新中国成立之后的建筑。羊苦浪拱北位于循化县街子乡羊苦浪村,是嘎底林耶热木赞门宦教主韩亥孜日之墓,始建于1984年,内有古建筑式双层八角亭1座,新式楼房上下14间,平房6间。阿卜都里·阿则孜拱北位于循化县白庄乡下拉边村,是嘎底林耶热木赞门宦教主韩七十阿訇之墓,始建于1952年。阿布都里·巴给拱北位于循化县白庄乡下拉边村,是嘎底林耶热木赞门宦教主拉边庄人尕拉阿訇之墓,始建于1950年,原建于上拉边村,1988年重建于下拉边村,占地面积1亩,建筑面积166平方米。现有墓庐1座,房屋3间。

(三) 显迹拱北

显迹拱北是指因道祖、教主、老人家或其他"外里"(圣徒)在此显过"克拉买提"(奇迹)而修建的拱北[①]。奄古录拱北是撒拉族唯一的显迹拱北,位于循化县查汗都斯乡(图1-4)。所属门宦与创建年代均不详。占地面积0.3亩,建有八角亭和过亭,山下有拱北房大小30间,修建于1985年。教徒分布在甘肃临夏和青海循化等地,有回族、东乡族、撒拉族、保安族等族穆斯林群众,也有部分佛教信徒。每年农历四月十四日,举行大型宗教活动1次。

图1-4

"奄古录"系藏语,意为大山上。此拱北位于循化查汗都斯乡拱拜村拱拜峡下端黄河南岸石壁顶端。传说这里是很久以前一位伊斯兰教贤者显迹的地方。也有说在明代中叶,有一位名叫哈三·贝素日的伊拉克传教士曾来循化一带传教,他去世后信众在峡中山顶险要处为其修建了简易的纪念陵寝。还有说北庄门宦第

[①] 韩中义:《撒拉族"孔木散"和"阿格勒"探讨》,马成俊、马伟主编:《百年撒拉族研究文集》,青海人民出版社2004年版,第321页。

二代老人家、逝世于同治七年(1868)六月十九日的豪三太爷也葬于此。另外,它也是嘎底林耶门宦创传人韩穆撒从新疆莎车道堂进修返家途中的静修做功之地。据说是查汗都斯庄的穆斯林最先筹措钱粮,在被认为是一位伊斯兰教贤者的显迹之地的石壁平台上修建了一座八卦亭式拱北,内设墓庐,俗称"拱子"。此后信奉拱北的穆斯林常到此念经聚礼,或静坐修身,或祈求儿女,逐渐难以容众。故约在清光绪末年,信众又在拱北下处修建了3间过亭,供礼拜静修。后又在拱北之东的今拱拜村修了一座清真寺礼拜殿,供参加礼拜者礼拜。来此参拜者除循化、化隆、河州等地信奉拱北的撒拉族、回族穆斯林之外,也有部分是信仰藏传佛教等其他宗教的藏族和汉族群众。每年农历四月十四日为奄古录拱北的最主要的纪念日。

(四)虎夫耶门宦"海里帅"、嘎底林耶门宦出家人及各门宦知名人士的拱北

这类拱北比较简单,有的只有几间简陋的平房和坟拱;有的只有围墙,没有建筑物。一般都无人管理,大多数无人看护,也不举行宗教活动,只有个别信徒前往上香祭奠。清水乡瓦匠村的瓦匠村拱北、积石镇西街拱北、白庄乡的下白庄拱北均属此类型拱北。

第二节 撒拉族建筑的营造技艺

营造的第一种含义是建造。《晋书·五行志上》:"清扫所灾之处,不敢于此有所营造。"《通典·职官十五》:"掌管河津,营造桥梁廨宇之事。"《明史·桑乔传》:"乔偕同官陈三事,略言营造两宫山陵,多侵冒。"郁达夫《感伤的行旅·四》:"高而不美的假山之类,不过尽了一点点缀的余功,并不足以语园林营造的匠心之所在的。"

第二种含义是制作、做。《宋书·张永传》:"又有巧思……纸及墨皆自营造。"《隋书·百官志中》:"太府寺,掌金帛府库,营造器物。"宋代张齐贤《洛阳搢绅旧闻记·宋太师彦筠奉佛》:"首诣僧寺,施财为设斋造功德,为状首罪,许岁岁营造功德。"营造的第三种含义是指建筑工程及器械制作等事宜。《南史·萧引传》:"转引为库部侍郎,掌知营造。"清代陈康祺《郎潜纪闻》卷十一:"内务府有营造,率资经费于工部。"田北湖《论文章源流》:"大而一代之掌故,小而一技之营造,皆得穷理尽情,表见于著录,以收文字之功。"第四种含义则是指构造、编造。南朝陈傅縡《明道论》:"唯竞穿凿,各肆营造,枝叶徒繁,本源日翳,一师解释,复异一师,更改旧宗,各立新意。"我们这里所用的营造一词主要指建筑的建造过程。撒拉族建筑历史悠久,颇具民族特色和地方特色,在营造过程中结合地方建材的特点、建筑风格等亦形成了自己的特色。本章将着重介绍撒拉族的居住建筑和宗教建筑的营造技法。

一、民居建筑的营造

撒拉族传统民居建筑主要有庄廓院和篱笆楼两种形式。其营造技法包括大小木作、生土夯筑、石砌等。在建造的过程中既遵循就地取材的原则,即所采用的材料主要是生土、木材、麦秆等,同时又遵循简洁、经济、实用又适应当地自然气候的原则,形成了颇具撒拉族民族文化特色的营造技艺。

(一) 庄廓院的营造

撒拉族庄廓院由院墙、房屋、庭院三部分构成,以庭院为核心空间,以堂屋为主体而进行内部空间环境布置。常见布局有五种:

"一"字形平面,以正房为主体,坐北朝南,单侧建房。

"L"字形平面,沿院墙相邻两边建造。

"二"字形平面,沿院墙相对两边建造。

"口"字形平面,沿院墙四边建造。

"凹"字形平面,沿院墙相邻三边建造。这种布局比较多见,一方面,"凹"字形布局的三合院能够继承传统院落布局形式的保温、隔热、防寒以及抗风沙侵袭的优点。另一方面相较于"一"字形与"L"字形布局形式的建筑面积过小、"口"字形布局的建筑面积过大的问题,"凹"字形布局的三合院建筑面积比较适宜,居住空间与辅助空间、储藏空间能够有效地分离,创造良好的生活环境,投资也比较合理。

庄廓院内的房间一般三间为一组,一明两暗,即堂屋居中,两边是卧室(图1-5)。堂屋内沿两侧墙体对称布置家具。卧室的火炕靠窗或顺山墙布置,炕上放衣箱、炕柜、炕桌等,火炕和家具占房间的一半面积以上。房间的开间、进深大小与梁架的用材有关,六柱或八柱的开间为基本开间。

图1-5

庄廓院一般都建有前廊,前廊是房屋与庭院间的过渡,也是庄廓院重点装饰的部位(图1-6)。

图1-6

青海气候属于高原大陆性气候,具有气温低、昼夜温差大、降雨少而集中、风沙大、日照长、太阳辐射强等特点,庄廓墙围合而成的院落布局具有非常好的防寒隔热效果,也能很好地抵挡风沙的侵袭。

庄廓院遵循就地取材的原则,以本地的生土、木材和少量块石作为主要建筑材料,其建造顺序为:庄廓墙→木构架→墙体→屋面→门窗→细部装修、内部装潢。即先修建庄廓墙;再沿庄廓墙在其内搭造房屋的承重系统即木构架,砌筑房间的隔墙;然后铺设屋面;最后安装门窗,并进行细部装修以及内部装潢。庄廓院的建造,一般遵循先打院墙后盖房的原则。

1. 庄廓墙

首先用当地丰富的生土夯筑或用土坯砌筑高大厚重的庄廓墙以作院墙,墙身底部厚,向上逐渐变薄。为了防风保暖,庄廓墙会随着地区海拔的增高和气候的变化而增高、加厚,从而保证其保温、防风的功能。墙体稳重坚实,墙顶一般高出屋面40—50厘米,具有防风、保暖、防盗的功能。因为庄廓墙墙面是倾斜的,所以撒拉族一般会在房屋内部靠庄廓墙处再砌筑一道墙体,这样在这道墙体与庄廓墙之间就形成了一个空气隔层,既保证了室内墙面的平整美观,又增加了房屋的保温隔热性能。采用生土夯筑庄廓墙,体现了撒拉族建筑营造技法的一大特点,因为这样夯筑的庄廓墙(图1-7)具有以下明显的优点:

(1) 热稳定性。生土墙在使用过程中能够自动保持能量平衡的原因是,厚重的墙体优越的储热力可保证房屋冬暖夏凉。

(2) 舒适性。生土具有很强的吸附和解吸附的能力,土坯建筑的室内湿度通常保持在$50\%\pm5\%$之间,人们生活在其中会感觉比较舒适。

(3) 节约能源。不需要再进行焙烧,直接就地取材,经济实惠且方便。另外,庄廓墙在被拆除后可回收作为农田肥料和再利用,如始建于清代末年的韩国玺庄廓院的围墙曾在20世纪60年代被削去近3米用作农田种植。

(4) 施工技术比较简单灵活,手工、机械均可。

(5) 成本低廉。本土生土材料现取现做,只有工费,节省运费等。

(6) 优良的隔声性。土坯墙较厚,隔声效能非常好。在建造过程中,需要向土中掺入稻草等韧性材料以增加土的强度。传统夯土庄廓墙与当地昼夜温差大、降水少、风沙大的气候特征相适应,蕴含着巧妙的地域气候策略。高大、封闭的庄廓墙本身就是良好的蓄热形式;夯土庄廓墙上除了入口外,很少开设门窗洞口,这

图 1-7

既保证了庄廓院的完整性,也将热量流失降到最低。

(7)撒拉族庄廓墙建造一般采用"分层夯筑"的方法。首先在地面上根据墙体厚度架设模板,将黏土倒入模板并夯实;完成下层墙体夯筑之后,将模板拆除,固定在夯实墙体的上部,再次装入黏土并夯实,以此类推,层层向上夯筑。夯土庄廓墙底部宽度约为1米,按 1/15—1/12 比例向上收缩,截面呈等腰梯形,底厚上薄的形式有利于庄廓墙的稳定性。

2. 承重系统——木构架

房屋的承重系统由原木梁柱构件组成(图 1-8)。首先在庄廓墙围合的空间内,在需要修建房屋的位置按照房间的开间和进深确定柱的位置。柱一般由直径为 12—18 厘米的原木柱构成,为了防止柱底端由于受潮而腐蚀,通常在柱底垫上砥柱石,以增加房屋的耐久性。砥柱石是一块平面比柱截面大、上下表面都比较平整

图 1-8

的天然石块或经过加工的料石。柱立好之后,在其上架设横向大梁,大梁是直径为 25—30 厘米的原木梁。梁与柱之间的连接方式是榫接。当屋面为坡屋顶时,为了给屋面找坡,在檩条与横梁连接时,需要在檩条下面搁置高度不同的垫墩,同时需要凿平梁上放置垫墩的位置。梁、柱在用料选择上一般使用松木,松木不易腐朽,有"千年不烂水底松"之誉。在木材比较湿的情况下,一般要采用自然干燥、蒸煮等方法将木材进行干燥,以达到梁、柱的建筑要求,木材含水量一般要控制在 15%—18%。在建造房屋的过程中,用刨子抛光原木即可直接用作梁、柱等。

3. 房屋墙体

撒拉族庄廓院房屋墙体有两种。一种是土坯墙,就地取材用生土制作土坯垒筑墙体。另一种是石砖混做砌墙,其工艺流程为:放线开挖墙基槽;三合土铺夯实槽基;基槽砌石加草泥;石类、青砖砌做墙基;最后砌筑墙体。

4. 屋面

撒拉族庄廓院内房屋屋面的构造为:在檩条上面架设椽子,一般两相邻的椽子之间的距离不宜超过 25 厘米,椽子是均匀地钉在檩条之上的直径约为 12 厘米的树干。在后庄廓墙上,按照椽子的截面大小挖孔,然后将椽子一端插进孔洞内并用泥填实固定,而另一端则挑出房屋前墙 60—80 厘米以形成檐廊。由于撒拉族居住地区的紫外线辐射很强,为了防止强烈的紫外线辐射,前墙墙体只能开很小的窗洞口,这样就使得室内的采光性能非常差,但增设的檐廊能够很好地解决这一问题,同时还能有效地防止雨水冲刷房屋的前墙体。固定好椽子后,再在椽子上密密铺设剥皮的直径为 20—40 毫米的小树枝(或将比较粗的木头劈成截面尺寸为 30—50 毫米的小木条),使之成为树枝层,为了密实树枝层的缝隙和增加它的保温性能,在其上均匀铺撒一层压扁的干麦秆,再取黄土覆盖在上面并压实,黄土层的厚度约为 15 厘米。最后,在黄土层上加铺一层约 50 毫米厚的草泥,上面提浆抹平。草泥由麦草、黄土和水拌合而成。草泥层增加了屋面的密实性,可以防止雨水的渗透(图 1-9)。屋面建成之后,在使用过程中,还需要经常维护草泥层,即每过 3—5 年就重新加铺一层草泥,用于弥补雨水对屋面造成的冲刷破坏,以确保屋顶不会漏水。

总体而言,撒拉族庄廓院中房屋小坡度的屋面减小了散热面积,覆盖屋面的所有材料都具有导热系数小的特点,使屋面具有很好的保温、隔热性能。

5. 门窗

门是建筑围护体系的一部分,具有通风、采光、防寒、隔音、调整室内温度等功能,还具有划分公共区域与私密空间、沟通室内与室外的中间媒介功能以及建筑群与外界联系的组织交通等。窗除

第一章 撒拉族建筑文化 **47**

图1-9

了同样具有采光、防寒、避暑、降噪、阻挡虫鸟、保护私密等功能外，还有划分公共区域与私密空间功能及沟通室内与室外的中间媒介功能，另外，还有观察空间环境情况和户外借景的功能。因此，撒拉族庄廓院房屋建筑非常重视门窗的设计、安装。门、窗样式比较多，一般采用木雕等小木作来进行装饰。门一般可以分为板门、隔扇门和镶板门三种，其中隔扇门在清代之前称"格子门"，是中国建筑中最重要、最具特色的门式之一，隔扇门在具有门的功能的同时，还具有隔墙和窗的作用，是门与窗的结合。隔扇门由门框槛、窗棂(格心)、绦环板与裙板四部分组成(图1-10)。

窗按照不同的分类方法，可以分成许多种，如圆窗、方窗、木窗、直棂窗、花窗等，具有很强的装饰效果，和整个房屋融为一体。如韩河龙千户庄廓院正房就装饰有满间花格直摘窗，形式优美，制作精致，中间留廊金柱间开设四扇花板旋轴棋盘门，室内廊间铺设木板(图1-11、图1-12)。

图 1-10

图 1-11

图 1-12

6. 挑檐

撒拉族庄廓院房屋通常设有挑檐，正房与厢房的挑檐彼此相连，在朝向庭院一侧形成连续檐廊。檐廊是撒拉族庄廓院特有的空间形式，既是联系各主要房间的交通空间，也是房屋与庭院之间的过渡，而且，檐廊还是庄廓院中装饰最为华丽、精巧的部位。

在挑檐的设计和建造中蕴含着明显的地域策略。由于青海地区紫外线辐射很强，不适宜直接对外大面积开窗，但如果窗洞较小，又会严重影响室内采光，撒拉族庄廓院的挑檐则十分巧妙地解决了这个问题。在建造挑檐时确定适宜的高度和宽度，既保证在冬季太阳高度角较低、阳光斜射的时候挑檐的影子落在窗口以上，光线直接射入室内，又保证在夏天太阳高度角较高、阳光直下的时候挑檐的影子落在窗口以下，阻挡阳光直射入室内，很好地利用了当地的日照条件，有效满足了室内采光和冬季取暖的双重需要。

7. 细部装修、内部装潢

撒拉族庄廓院在主体框架完成之后,通常会在各房屋内外装饰精巧的木雕和砖雕(图1-13),装饰主要集中在大门、窗户、檐口及房间等,其中正房的装饰最为庄重、精致。如韩国玺庄廓院的正房装修高1.3米的满间花格支摘窗,制作形式精美。庄廓院的内部装饰与外部庄墙的粗犷质朴形成了鲜明的对比。

图1-13

传统撒拉族庄廓院房屋在建造的过程中遵循了就地取材的原则,所采用的材料主要是生土、木材、麦秆等。同时采用了简洁、经济又适应当地自然气候等的构造做法,如高大的黄土围墙,最普通的硬木构架,在房屋建造以及房间布局中则贯穿了地域气候策略以适应青海特有的气候条件。如庄墙的夯筑,采用平屋顶或者坡度很缓的单坡顶有效减小散热面积等,这些体现了极强的地域特色与生态理念。从气流、热辐射分析来看,庄廓院高大封闭,就像一个大蓄热器,具有较好的保温、隔热、防寒、防风沙等功能。这种外封内敞、高大封闭、防御性极强的庄廓,以其黄土的本色和质感与当地环境形成非常协调的关系,充分体现了高原纯朴、粗犷的人文风格和建筑文脉,同时又满足了防风沙、抗严寒和安全防范的功能需要,是撒拉族人民智慧的结晶。

(二)篱笆楼的营造

篱笆楼是一种古老的撒拉族民居形式,是撒拉族先人巧妙利用当地林木资源,广泛借鉴各民族建筑技艺所创造的独特民居形式,房屋大部分墙体由树木枝条编制而成,民居由此而得名。撒拉族的篱笆楼通常为两层框架结构(图1-14),院落布局有四合院或三合院形式、拐角形式、一字形式三种布局。篱笆楼的院落外部建造厚重、封闭的夯土庄墙,庄墙底层采用石头砌筑基础,墙体采用层层夯筑方法建造,庄墙向上逐渐收分,剖面呈等腰梯形。篱笆楼各院落均是每户设一院一门,篱笆楼沿夯土庄墙布置,篱笆楼的正房通常坐北朝南建造,东、西、南设配房,配房的布局较为灵活,所有房屋朝向庭院一侧开窗。院落中央围合形成庭院,庭院内修建花坛,种植花卉和果树,营造良好的内部环境。楼体分为上下两层,上层主要是生活空间,包括卧室、厨房、沐浴等功能,下层为仓库、畜圈等生活辅助用房。大门依据地势和道路确定,形成合院式布局。建筑组合北高,东、南、西低。每座建筑物形式、布局、空间比例和谐,装饰精致,家具陈设相互呼应,形成合理的建筑布局。

篱笆楼建筑为两层楼形式,上下层带前檐,三合土平顶做法,室阔廊窄,深浅有别。柱体棋盘式排列,房屋以间为单位,一般由三、五、七、九间组成楼座。篱笆楼以木、石、篱笆条、泥土共同营造,其立柱和横梁组成构架。篱笆楼的营造技艺包括木构架、篱笆

图 1-14

编制、石砌、土做和雕刻等。其基本流程是:平整地形→准备材料→开挖基槽→夯筑围墙→制作木构架→安装构架→墙面编笆砌石→屋顶处理→楼面装修板壁、门、窗→室内设施→石砌台阶→院地墁石→"三通"设施①。

1. 木作工艺流程

篱笆楼的木造构架营造方式是用立柱和横梁组成构架,由梁、柱、枋、檩、椽组成楼体木造构架。其中梁和柱是篱笆楼主要的承重系统,承受楼体大部分压力,枋和梁承受房屋拉力,楼顶的檩条承受压力和拉力,总体构成合理的楼体构造。篱笆楼木构件在选材用料上一般选择云杉或松木,次之则采用杨木。并且要选择优质的干木材,木材水分保持在 15%—18% 之间为最佳,木材的这种干湿状态可以保证楼体几百年不变形。在选材时要避免使用有

---

① 马进明、马晓红:《撒拉族篱笆楼》,青海民族出版社 2014 年版,第 98 页。

腐烂迹象或劣质或湿度太大的木材。

篱笆楼木构架中梁的种类多样，根据对篱笆楼楼体的分析，我们发现梁主要可以分为平梁、抱头梁、随梁。平梁是金柱与后柱上安置的圆柱体短梁。抱头梁是檐柱与金柱顶上安置的圆柱体短梁。随梁是平梁和抱头梁下方安置的长短方体梁。柱的种类有檐柱、金柱、后柱三种，在篱笆楼楼体木构架中一般作前、中、后呈柱网状排列。檐柱是篱笆楼前廊支撑檐面的柱体。金柱是楼廊间后中拱排之柱。后柱是按后横排之柱①。篱笆楼楼体全部用两层上下通体柱建造，一般高度在4—5米之间，如清代后期所建的马胡三的篱笆楼楼体通柱高4.76米。用通柱建造楼体稳定性好，且结实耐用。

在楼体立柱和横梁组成的构架建造好以后，将楼体底层梁头穿插于楼柱腰部卯孔，楼柱顶端榫头安置于梁头，檩的种类有檐檩、金檩、乐脊檩。檐檩的位置在檐柱头抱头梁尖端横排，金檩的位置在金柱头平梁头端横排，平脊檩一般安置于平梁中后横排的位置。椽的种类主要有四种，即檐椽、后椽、节椽和密椽。檐椽排置在檐檩上段，后椽排置在金檩至平脊檩上端。节椽排置在金檩至平脊檩上端。节椽放置在最后两条平脊檩上，长度比较短。密椽再排列在二层檩上。枋的种类主要有在檐柱头安置的平板枋，连接檐柱的檐枋以及穿插枋。

以榫卯连接组合木构架件的工艺做法是篱笆楼建筑的一个特点。各种木构架、木构件以不同形式的榫卯连接，梁柱以直榫方卯撑接，檩椽板枋以巴掌榫卯（螳螂头）连接，以柱撑接梁枋、梁托檩条、檩上排椽，椽上铺作长条薄板，楼座檐面集中布列各类木雕花板。二层廊道底铺厚长板块，室内檩上密排小椽体。上楼斜置木制台阶板梯。整个楼体紧紧固作一体，组接成墙倒楼不塌的木结

---

① 马进明、马晓红：《撒拉族篱笆楼》，青海民族出版社2014年版，第101页。

构形式。

各种木结构施工制作工艺流程是：选材→加工→试做→立木→上檩→排椽。首先，根据建楼木构架用材要求，撒拉族篱笆楼一般就地取材，选用循化地区的优良松木，同时要考虑木材的干湿程度，不能使用腐烂、劣质、湿木材，以防后期篱笆楼出现劈裂、槽朽现象。其次，在加工时，要根据构件长短的不同，将木材截齐，刨光凿孔修卯，加工成件，统一编号。完成以上工序后的第三步就是试做，即将加工好的木件进行试装，如果发现榫卯大小深浅不合适，就要及时进行处理。在立木、上檩、排椽时要注意先后顺序，按照技术要求进行施工，确保安全。木构架整体安装完毕，还要安装廊栏，装修板壁门窗，制作板梯，至此篱笆楼建筑的木作工序才算彻底完成。

2. 篱笆墙体的编制

篱笆楼是以木、石、土、篱笆编制混为一体的建筑（图 1-15）。篱笆楼的墙体很有特色，底层局部墙体采用卵石砌筑、土坯砌筑或黏土夯筑等方式建造，其他大部分墙体采用"篱笆墙"的形式，即用孟达山区特产的树木枝条编制而成，墙体抹以草泥，草泥表面抹灰。这种手工编制的篱笆墙不但可以有效减轻墙体荷载，而且具有很好的整体性，墙体牢固精巧。

篱笆墙体的主要工艺流程为：一是选取材料。一般选取孟达地区林间特种木类如忍冬、红瑞木、野柳、杨、桦树等垂直横桩笆条为编制用材，笆条中最佳材料是忍冬笆条，这种材质笔直无节，木质坚硬，编制出的墙体，如果没有遭受雨淋，可以维持几百年时间。二是在楼体柱体上凿孔，即用凿钻在楼柱或篱笆小柱侧面钻出方长卯孔，以固定四条横桩，形成篱笆墙框架。三是加工笆条。按墙体尺寸长短要求，剁齐整修笆条，弯穿编成篱笆墙面。篱笆墙的编制形式多样，既有横桩竖编，也有竖桩横编，编制形式有竖编式、方

图 1-15

格或菱格式,笆条有粗有细,编制时要使墙面形成席状海波纹体,编制出的墙面丰富别致,粗犷古朴,古色古香,美观大方,牢固轻便,具有良好的防盗、防潮、防震、防火功能。篱笆墙这种墙体做法拓展了建筑材料的选用范围,融入了朴素的手工编笆技术,形成了具有特色的地域建筑风格。四是篱笆墙体编制好以后,用泥刀在墙体间抹上褐底白面的两层草泥成为篱笆墙。在编制篱笆墙体时用一把斧子、一把凿子、一把泥刀、一把锯子即可完成编制过程中的所有环节,简单易行。又由于就地取材,更加凸显了撒拉族的地方建筑风格和撒拉族人民精湛的技艺和创造性的聪明才智。

3. 土作做法

篱笆楼的土作做法,主要包括夯土院围墙、楼底墙、楼体上下层顶的处理三种方式。

夯土、土坯围墙。篱笆楼墙体有两种夯筑形式：一种是高筑夯土院墙,夯筑到顶,与楼顶持平,夯土层一般在 0.2—0.25 米之间,乡土气息浓厚；另一种是楼体底层墙,一墙两用,既是围墙,又是楼墙,有土泥混作,也有土坯砌墙。

篱笆楼底层、大门两侧墙面,在石砌墙基上部以土坯石泥砌墙或夯筑墙混作修筑,也有编制篱笆形式。

处理屋顶时也用土作法。一般用 0.06 米的粗泥压稳垫平后,在上面撒少许干土,再用黄土、麦秸以 100∶8 配比的细泥抹平,晒干后,用木石类碌碡碾实。再用细土灰类处理细小裂隙,屋顶周边用砖瓦石件饰砌,安置排水筒滴瓦、猫儿头,形成 10∶0.6 坡度平展的土顶屋面,日后每隔 4—5 年上一次屋泥。

4. 石砌做法

篱笆楼建筑中,石砌的工艺主要有墙体的基地、基墙、台阶和院道墁石四种。石材一般取自孟达地区黄河水道、磨沟河道、高山坡地,选取具有一定天然规格的各种石类,不经打磨加工,可以砌筑墙基、台阶和墁石。

墙基的砌筑。墙基是整个篱笆楼的基础。施工时先放好挖槽线段,根据线段标识开挖出宽 0.7 米、深 0.8 米的基槽,然后用规格不同的大块河光石、黄河石砌筑一层墙基,在这层墙基上用土泥垫平一层,再用草泥压平泥层,逐次加高,直至整个墙基与楼体地面持平。

基墙的砌饰。在墙底基地的基础上,用选好的具有一定规格（一般选择 2—5 个面）、未经加工的河光石、黄河石、褐石板块整齐有形有序砌饰筑层,若在石间开有孔隙,用小块石类垫齐垫实,再用泥土垫齐压平。篱笆楼墙基石砌形式一般有一立一平式、人字一平式。

院道的石砌铺墁。篱笆楼院道的石砌铺墁具有园林建筑艺术的风味。墁石做法主要集中在门道、院内通道、散水等,做法形式采用糙墁做法①。所谓糙墁做法,采用的石材是未经过加工的河卵石、花石子等,先放花石子,然后用河卵石铺墁院中甬路、散水。甬路做成中高边低,利于排水,保证整个院子下雨后无积水。为了整齐美观,也可用长条大石块砌整甬道的边沿,这展示了撒拉族古朴的石作艺术。

石砌台阶的做法。篱笆楼前一般建有高约 0.4 米的石台阶。其营造方法有如下几个步骤。首先挖开基槽,台边用自然河光石砌筑。台面夯筑基地,台阶边用石块或石条并砌。石块或石条铺设的形式有十字缝、拐子锦、席子纹、人字纹、花纹等,美观实用。用石砌筑的台阶,具有结实耐用、古朴自然的特点,与整个篱笆楼混为一体,展现了篱笆楼建筑的艺术美。

5. 门窗的制作

篱笆楼的门窗制作和安装会根据篱笆楼房间楼层和功能的不同而配置不同形式的门窗(图 1-16)。北屋上层客房一般选用优质松木板材,装置双扇户枢棋盘门、精美别致的花格直摘窗。冬季为了保暖,还会在内层加设擦板窗,采用的是一窗内外两层功用的形式,适应了当地冬季气候寒冷需要保暖、夏季通风和房间采光的需要。在内层加设的擦板窗和外层的花格直摘窗共同构成篱笆楼的双重窗体,不仅美观、古朴、大方,而且结实、耐用、保暖,反映了撒拉族建筑的地方气候性策略。其他房屋则一般安装单扇棋盘门。楼廊角面板壁上下则凿有直径一般为 20 厘米的圆孔小窗作室内通风照明用,冬季也可防止热量过多散失。篱笆楼底层的畜圈、厕所等房间大多安装单扇方框门、长板门、篱笆门或栏杆门等,其形式多样,适应了房间各不相同的功能需求。

---

① 马进明、马晓红:《撒拉族篱笆楼》,青海民族出版社 2014 年版,第 64 页。

图 1-16

棋盘门的制作方法是用木质边框做好框架后装设门板,上下抹头之间用穿带六根,分成格状,似棋盘。

篱笆楼的大门是整个建筑非常重要的构成部分。大门的形式一般有两种:一种是单间独坐安装门体,另一种是楼底通道间安装门体①。在通道大门楼上可以住人,巡视院内人员或牲畜活动情况。门扇制作形式有单扇户枢方框门和双扇户枢方框门两种。门面装设固门钹和扣手,方便大门的开关。在门楣上一般还装设有门栓、门簪等。

6. 丰富的雕刻艺术

传统的雕刻遍及篱笆楼的檐面、雀替、板壁、板枋、栏杆、门楣、门簪等木构件。梁、柱等主要构件以及屋檐、雀替、栏杆等部位通常采用镂、浮雕等传统雕刻工艺进行装饰,装饰图案多为花草或几何图样,刀法深浅有别,富有层次变化,工艺精湛,堪称循化地区民居艺术的精品。门窗隔扇制作精巧,木构件雕刻精美,大大增加了

---

① 马进明、马晓红:《撒拉族篱笆楼》,青海民族出版社2014年版,第36页。

篱笆楼的观赏性。

二、宗教建筑的营造

撒拉族古清真寺是十分珍贵的文化资源,是撒拉族清真寺中的精华建筑,大部分是明清时期所建或重建后的遗存,木砖青瓦混作结构,由中国传统建筑殿堂式礼拜殿、牌坊式大门、六角攒尖楼阁式唤礼楼、单面坡南北配房等建筑体座组合而成,气势恢宏、艺术精美。

撒拉族古清真寺原建形制基本为东西向的四合院建筑布局,主要建筑有礼拜殿、唤礼楼、配房、牌坊门、照壁、拱北等。其中礼拜殿是清真寺建筑的主体建筑,根据伊斯兰教的规定坐西朝东,布局基本上为前大后小的凸字形,殿体一般建在高0.5—1米之间的台阶上,前后殿带前廊,面阔有三、五、七间等不同形制。后殿缩建成深阔面小三间形,前后殿隔断装修成不同形式的罩类,后殿西壁中央陈设拱形壁龛。前廊前殿顶形成歇山式或前卷棚式、中歇山式或两个歇山顶前高后低的连接做法。后殿顶大多为南、北、西三面坡顶庑殿式。整个殿体设有飞檐翼角,筒碟布瓦,十二脊花砖宝瓶饰脊。礼拜殿为大木作砖作法。唤礼楼是伊斯兰清真寺的标志性建筑,其主要功能是唤礼、望月、遥观风景。楼体一般建于0.5—1米高低的台基上,傲然挺立寺东,形如楼阁。二至五重檐,方基四柱亭子式,六柱通造攒尖顶,大式木砖瓦混作,飞檐翘角,宝瓶凌空,有顶檐椽长头大体小形,雨水直落台底,也有顶檐椽短而头小体大,雨水滴落二层檐脊形制。楼体底层墙以青方砖砌饰,檐面斗昂鹁鸽头(蚂蚱头),飞檐椽形式,西平一面中央开拱式楼门,二层围檐平板枋上装修斗拱昂攒,错列密布,围饰花格栏杆,也有重饰垂花围栏,藻井以斗昂重叠交错装置。楼内每层以木板铺面,斜置台式木梯、铁架楼梯盘折而上。

撒拉族古清真寺的大门建筑形式多样,有的一寺建一至二正门,有的建成人字形顶单座大门,有的清真寺唤礼楼底层兼作跨道门楼。如现遗存的张尕清真寺的牌坊门(图1-17),四柱单列三间人字形顶,中高边低是山字形横矗寺面,大式木瓦作,柱与柱内外以戗木支固,两根中柱头弥接或高于边柱,柱头斗昂攒有序布列,其上承桁,桁承椽体望板,瓦顶花砖宝瓶脊。正间设置高阔双扇攒角板门,边间只置单扇小板门,造形布局优美精巧,立体效果极为突出,庄严肃穆。礼拜殿前侧南北台基,各建五间带廊地板配房,东西各出三间耳房,竖梁纵横竖椽木层架,小式木瓦作,单面坡瓦顶花砖吻头脊。檐面雀替、枋板、花墩、饰精雕细镂浮贴花果、云纹、水纹等各式图案,正面金柱间装置四扇户枢裙板格扇门,内板外置支摘窗,廊墙、榫头以方条青砖砌饰,为阿訇讲经、住宿房间。

图1-17

影壁或照壁在清真寺建筑中占有一定的位置。主要有三种类型:一为一字形横壁,设建于寺门前方正中,以大小青砖砌饰,高

3—4米,前后两面装修檐面胸堂,人字形瓦顶,雕饰工序较简单;二为三间形中高边低牌坊式建筑,正面装雕包容量大,形体复杂,精细多态;三为寺正面内外墙面、大门两侧墙装修影壁,墙兼影壁,一墙两用,灵巧美观。

撒拉族古清真寺都是木砖青瓦混作结构,其营造涉及大小木作、砖瓦石砌、彩绘等建筑工艺。

(一) 大小木作

撒拉族清真寺的木作艺术,密集分布在寺建大小木构架上。礼拜殿、唤礼楼、牌坊门为大木作结构,南北配房为小木作结构,分为木架体系、斗拱昂攒、门窗制作、木雕装饰四大部分。

1. 木架体系

清真寺每座建筑体的木作构架,因布局位置、使用功能、审美要求的不同,在形制上形成了多种结构体系。其中作为主体建筑之一的礼拜殿的木作基本结构方式是梁柱檩枋椽体构架,棋盘式柱网布列,一殿三式梁架,立柱撑梁,以间为单位,彻上明造做法。前廊为抬梁圈棚式木构架(图1-18)。前殿五架抬式梁架,最上层梁头上立脊瓜柱,瓜柱撑脊檩,檩条上间密排多种椽体,形成歇山式殿顶,后殿缩建成小三间形,井架式梁架,以数层重迭的梁架,逐层加高,逐层缩小,形成三面坡顶。柱梁枋檩椽种类名目繁多,以柱为例,就有檐柱、金柱、明柱、中柱、角柱、边柱、瓜柱、垂柱等[1]。柱是直立承受上部重量的构件。按外形分为直柱、梭柱,截面多为圆形。木柱梁架接点形式多样,接口牢固,柱梁以直榫卯连接,花架椽以巴掌榫串棍连接。围檐面平板枋上装织各科斗昂拱攒,将殿体木构架紧固在一起,组成墙倒殿不倒的木构架形式。

[1] 马进明、马晓红:《撒拉族古建筑》,青海民族出版社2014年版,第31页。

图 1-18

大木作施工可分为五个程序:

一是画杖杆。自间广、椽长、柱高,以至每一构件的长短、高厚、榫卯位置、大小,均逐一按设计用足尺画在方木杆上,同时还应画出与本构件相结合的其他构件的中线。杖杆实际上是为本工程特制的各种专用尺。每个工匠在分配到具体工作时,就给他杖杆,以便开始造作。

二是造作构件。工匠据杖杆造作构件及其上的榫卯。凡圆形截面的构件与矩形截面构件相结合的榫卯(如柱与额),均应随时为每个榫卯制出抽板或样板,某些一定的形象,如驼峰、蝉肚绰幕(雀替),则可预先制作样板,使形象一致(图1-19)。抽板是出榫实样尺寸。此类榫卯,一般是在圆构件上先开好卯口,然后将此卯口的具体尺寸及其与圆柱的位置关系等,移画到抽板上,即以此制作出榫规范,务使榫卯结合严密。因此,每有一个卯口即须制作一块抽板。榫卯做完，试装无误后，在构件上标明它所在位置的编号。构件制成后，必须经过仔细核对，并将所有中线重新清晰地画在构件上。

图1-19

三是展拽（试安装）。一般在铺作构件全部制成后，在地面上试作一次总体安装。

四是卓立、安勘（安装）。大木安装须先搭架，并准备吊装设施，再将柱子按位竖立，叫作"卓立"。然后再起吊额枋等大构件，随即依次安装。各项构件制成后已经过核对、榫卯试装、铺作试装，每一构件均已标明位置编号，与有关构件的关系均已画有明确的中线。因此总安装要点仅在于保证各项垂直线和水平线的准确性。

五是钉椽、结裹。依次钉铺椽子、板栈（望板），是大木作最后一道工序。在选材上一般都选取优质的松木，以确保寺院的牢固、经久耐用。

撒拉族古清真寺唤礼楼木架结构比较独特,一般为六柱通柱造攒尖顶,四柱通柱造穿斗式木构架独成一体,楼体底层以青砖砌饰,砖木混作。一、二层檐椽直插内平座枋,二、三层檐椽穿插于穿插枋,顶层为垂柱六角攒尖式、井架逐次缩小式,檐面雕装各科斗拱昂攒,围面下部装修多层各式花格垂栏。牌坊门一般是四柱单列三间形,以间为单位,两个中柱头弥接瓜柱或在平板枋上排布斗拱攒,四柱内外以戗木支固,牢固庞杂,气势威严。六角围檐装饰斗拱,上压耍头,上面装设有砖饰飞檐椽,再往上有木檐飞椽,形成典型的双层檐面,气势壮观,风格独特(图1-20)。

图1-20

北配房,庭廊做法,小式木作,间为单位,单面坡式样,飞檐花砖瓦脊屋顶,竖梁横檩,竖排椽体,每间六柱,金檩上方安置固椽燕尾榫枋。檐面雀替、额枋镂雕花卉、云纹、水波纹等图案。正边间金柱间一般安装支摘窗，内层架设平板以保暖。次间一般装设户枢裙板门，用松木铺地。

2. 斗拱昂攒

斗拱昂攒是撒拉族古清真寺木构架的重要组成部分，位于屋檐之下，梁柱之间，起着承上启下、传递荷载的作用——由屋面和上层构架传下来的荷载，通过斗拱传给柱子，再由柱传到基础；同时，斗拱向外出挑，可把最外层的檐桁挑出一定距离，使建筑物出檐更加深远，造型更加优美壮观。斗，即承托拱、昂的方形木块；拱，则是架于斗上的弓形横木。一组斗拱由若干个斗和拱组成，可置于柱头之上，也可置于两柱之间的阑额上或角柱上，分别称为柱头铺作、补间铺作或转角铺作（"铺作"即斗拱的总称）（图1-21）。

图1-21

(1) 斗拱的制作程序：

一是放实样、套样板。放实样是按设计尺寸在三合板上画出1∶1足尺寸大样，然后分别将坐斗、翘、昂、耍头、撑头木及桁碗、瓜、万、厢拱、十八斗、三才升等，逐个套出样板，作为斗拱单件画线制作的依据。

二是按样板在加工好的规格料上画线并进行制作。样板要忠实反映每个构件的各个部位，榫卯的尺寸、形状、大小、深浅，以保证制作出来的构件能顺利地、严实地按构造要求组装在一起。

三是斗拱按样板画好线以后，即可进行制作，制作必须严格按线，锯解剔凿都不能走线。卯口内壁要求平整方正，以保顺利地进行安装。此外，在撒拉族古清真寺中制作斗时还要对木料进行为期一天的蒸煮工作，以确保制作出的斗不变形、不开裂，确保建筑的稳固性。

(2) 斗拱的安装程序：

一是试装，即在正式安装之前检查各个部件的榫卯结合严不严实，如发现问题，要及时进行修理，使榫卯结合牢固且符合要求。

二是进行正式安装，安装时要平身科、柱头科、角科斗拱一起逐层进行。先安装第一层大斗，以及与大斗有关的垫拱板，然后再按照山面压檐面的构件组合规律逐层安装。在安装斗拱时，每层都要挂线，以保证各攒、各层构件平齐。正心枋、内外拽枋、斜斗板、盖斗板等构件要同斗拱其他构件一起安装，安装到耍头一层时，柱头科要安装挑尖梁，同时要保证翘、昂、耍头出入平齐，高低一致，各层构件结合严实。

3. 门窗制作

撒拉族古清真寺中的木装修是整个建筑的重要组成部分，包括房屋的室内外所有的门窗、槛框。古清真寺的门窗一般是在建筑物的柱、枋、梁之间安装。在檐柱上安装的叫"檐里安装"，在廊子里的金柱(老檐柱)上安装的叫"金里安装"。

根据要求和使用,大门有棋盘门(拈边门)、实榻门、撒带门等。门的尺寸要根据门口而定,门口的尺寸是按"门光尺"排出。门框则先按门光尺排出门口高的尺寸画线,两端各按3厘米长画榫,前脸上端肩或作膘实肩,下端作榫直插(墩)在下槛上,在口里看面起双线如果带余腮两口均起双线,并同时打槽裁口做线肩。门簪是两根打对开榫(榫是偏中榫,在画线时要让出荒料约4厘米),门簪下口带袖(袖深约1厘米)。如用六方形的各角均作梅花角(海棠角),为了做得一致,而又节省木料,一般采取两根对着锯开,用别簪别住,门簪与门龙交待在中槛上,因门簪不得用钉子钉,而是用榫连接,门簪的榫是穿过中槛门龙的,所以门簪后尾出榫部分用别簪(小木楔)贴紧门龙备紧备实,要牢固。别簪最好用坚硬木材做成。门簪前脸可做花纹刻字(因门簪前脸是立纹不能雕刻,需用木板刻制花纹等,此种做法称为"鬼脸")。门扇的高宽根据门口而定。如门扇高度的计算,按门口高外加上下碰头可按上下碰头各为2.5厘米计(按传统做法是上碰七下碰八来计算),合为门扇高的实用尺寸。门扇宽按门口宽外加门肘和掩闪(门肘按门边厚计,掩闪按七分即2厘米)共计为宽的实用尺寸。具体程序包括:

(1)打截料:门边长按门口高加下槛高总长,宽按门口的口料宽的十分之七,厚按边宽的五分之三。上下冒(抹)头,长按门口宽加门肘和掩闪总长,宽、厚同边。门心板长、宽均按门心计算,板厚为边厚的三分之一。穿带料长按门扇宽外加一个边宽为长,宽按门边厚,厚按门边厚的三分之二。

(2)做法:画线,根据以上计算配料打截料、刮料。先画门边线时要打对,避免一顺,带有门肘的边用合角肩城,不带门肘的大边用大割角线,分出穿带眼的位置。门带分法:按心高的尺寸分为四份,中间占三份,两端各占半份,同时画出插关眼。抹头画线,抹头长按以上计算的尺寸,一端画合角肩线,另一端画大割角看线,可作漂肩或实肩,在抹头的里口作打槽(即头缝槽)。门心板:先将门的四边框攒起来即攒边,找好皮楞、串角、四角要严实。根据门心的宽长打截拼板,先将门心板的大面刨出一个大面,按门心尺寸进行掩心板,作头缝榫,将门边攒上,看门心板是否严密,再进行穿带(穿带的尺寸位置按门边的眼位过到门心板上即穿带尺寸)。穿带之前不要把带的两端榫做出来,等穿完带再开榫,带要穿紧、严实,要用斧子往里贯带,最后攒边使胶夹楔净活。

(3)安装:先将门扇安好,倒出门肘,安装上下套筒(有铁制的、铜制的之分)并将踩钉钉牢(踩钉位根据门肘中钉);按门扇的位里尺寸,根据踩钉稳海窝(即铸海窝,可用白矾或树脂胶贴牢)。

撒拉族古清真寺的窗户有镂空花格窗、支摘窗等多种形制,其中花格窗的制作方法为:

(1)弹实样(足尺大样),按实用的尺寸备一块平板刨平或用三五合板均可;根据实际尺寸放出高、宽的仔边(立边)外皮线。

(2)按宽的尺寸线,弹出仔边的看面尺寸线;按仔边的里口尺寸(即内高、宽尺寸)均分几档(即横档,立着的条子),仔边两端不凿眼,锯三道线,即夹皮榫。

(3)根据横档的尺寸,用加斜法排出立档(加斜法即一一五六剩,就是立档比横档每一寸加一一五六的意思),比如横档是10厘米,那立档就为11.56厘米,但注意仔边的上下抹头宽的尺寸。根据实际算出的立档尺寸排在样板上并定出上下抹头宽,再加上顶下落入榫即上下抹头的实际尺寸。两立边即仔边,根据分档后立边的宽再如半个凌花瓣的实际立边的尺寸。

(4)在中线上按楞条子宽减去凌花瓣,余的尺寸往两边分出腰子的看面尺寸线。

(5)画线:先将楞子放在样板上,对准样板把"三交"的六方腰子线点在心条的两个小面上,再将点好的腰子线过到大面上来即可。做一块凌花瓣的样板,板宽与心条宽厚约1厘米即可,在背面按两柱香线的高、宽打一道槽并在该板上画出凌花瓣式样以备画线时用。

(6) 起线:先将心条上的各线(腰子线)用小手锯引出线,再进行起线。凌花心条一般起两柱香线。

(7) 搜活:先将起好线的心条,按凌花瓣样板画上各凌花瓣,按着画好的花瓣线用搜弓子进行搜活,再用木锉锉活。

(8) 组装:以上各工序均完成后,按样板进行组装,组装完在各三交点的六方腰子上安凌花扣(凌花扣有两种,一种是梅花形,一种是圆形),按凌花扣的外圆尺寸模画在三交点上,用圆凿子刻槽将凌花扣落实,并用凌花扣钉将凌花钉牢。

4. 木雕装饰

木雕装饰是古清真寺非常重要和十分精致的一项工艺(图1-22)。礼拜殿、唤礼楼、牌坊门上的平板、雀替、插板、门簪、楼阁裙板门面,均有精雕,图案多为植物、几何图纹、器具、瓜果、山水、阿文美术体、蜂窝状纹。由于寺内每座单体建筑时间、工匠技艺不一,建筑形式各具特色,无论采用何种形式,展现在礼拜殿、大门内外檐面和唤礼楼围檐的雕饰艺术都是清真寺建筑最繁华、精致的部分。撒拉族人信奉伊斯兰教,不崇拜任何偶像,清真寺礼拜殿内禁绝人、兽形,只以几何、植物、器具、文体、自然景观图形为饰,特别突出阿拉伯文《古兰经》书法艺术。殿、楼、大门、隔断角科、柱头科、平身科装置座斗底上为各式拱昂攒,楼层围栏殿内隔间装修镂浮雕饰垂花类,殿、大门、配房檐面各类雀替、壁龛边框、菱花门、插板、门楣雕饰工艺千姿百态,形象别致,独具匠心。清水清真寺殿内隔间、后殿墙壁面上,以柳木为材贴雕,将《古兰经》文、八宝花纹、各种花树纹体紧贴板面,西壁中央拱尖形壁龛框边雕饰

图 1-22

双层深雕火烟纹,色似赤铜,完整如新,极为精致,在国内伊斯兰教清真寺雕饰艺术中精绝无双,反映了撒拉族人民高超的木雕装饰水平。

(二) 砖瓦石砌

1. 砖雕砌饰

砖瓦雕饰是古清真寺建筑艺术的重要组成部分(图 1-23),它主要集中在唤礼楼底层围墙面、牌坊门座两侧照壁式墙、礼拜殿檐廊内外山墙、八字墙、歇山花墙、南北配房廊道山墙和各建筑体屋顶面。各部墙面以小青砖平砌墙体,上下左右边框,用青方砖竖砌墙堂,墙堂中央镶嵌着大小形式不同的松竹名花、二龙戏珠、狮鹿鹤蝙、垂花石榴等图案,堂面四角雕饰回纹纹、蟠叶纹等。墙面光滑,并用铁杆拉固。墙颈雕饰成砖雕斗拱、鹁鸽头攒,形成飞檐式,上覆筒滴青瓦。殿、楼、牌坊、配房顶脊以花砖青瓦类装饰,屋脊花砖嵌雕走龙体，正吻雕饰升降龙体，屋顶中央宝瓶升空，顶插星月类避雷设施。砖瓦制作刀法流利，砌筑层次分明。历经数百年的风袭雨击，构件依旧保持完整。寺院殿楼翼下，廊道通间进出处，用砖瓦装修圆圈门、拱形门，增加寺内的封闭性、美观性、安全性。

图 1-23

2. 瓦作

清真寺建筑的瓦作艺术，主要应用在各建筑体的顶脊部（图 1-24），用青筒碟瓦覆盖成布瓦殿楼房门顶，瓦瓦相对接，形成整齐有序的瓦陇过水当沟。

围檐边沿下以滴瓦上覆盖勾瓦，用铁钉固定勾头瓦块。寺内殿楼、牌坊门、配房、照壁都用花砖瓦件砌饰宝瓶脊，形成多样的殿楼房门砖瓦顶脊景观[1]。

---

[1] 马进明、马晓红：《撒拉族古建筑》，青海民族出版社 2014 年版，第 34—35 页。

图 1-24

图 1-25

3. 石砌

大部分清真寺牌坊和南北配房,用河光石石条砌成台阶沿边,有的礼拜殿楼前侧台阶下端竖立石柱,设置抱鼓石(图 1-25)。有的院道以河卵石铺设、台阶边沿用长方青石条砌固,古朴典雅,并保持了院落清洁美观。其制作程序一般为:第一,选取本地一定规格的河卵石、青石等作为材料;第二,根据需要制作模型;第三,用水泥、石沙子拌浆;第四,放置河卵石、青石,并拼接成所需要的花纹,泥浆浇筑,水浇保养三天后成型。

(三) 殿堂彩绘

撒拉族部分古清真寺的礼拜殿前殿做了殿堂彩绘(图1-26)。孟达清真寺以传统的殿堂彩绘艺术彩饰礼拜殿内前廊,牌坊门彻上明造木构件,椽类刷作天蓝、木纹、土红,斗拱、昂头、角背绘作烂漫彩绘,桁、柱体盘饰牡丹花、菊花、西番莲、祥云缭绕,海水翻腾,板古、墙壁绘作花果名树,《古兰经》文,梁枋绘作明清大金点旋子彩绘,花锦枋心,《古兰经》文枋心,错彩镂金,美丽动人。前檐柱为防风袭雨击霉烂变坏,披麻提灰。科哇清真寺后殿彻上明造作彩绘,梁体、枋为旋子彩绘式,前殿内墙檐面木构架仅作杂花绘饰。突出了彩绘艺术的渲染力,丰富了礼拜殿庄重、静穆、优雅的伊斯兰特色。

图1-26

随着社会的不断发展,新的建筑材料、建筑技术的不断涌现,撒拉族地区的宗教建筑也在悄然变化着,出现了阿拉伯伊斯兰圆项穹隆式清真寺(图1-27),简称为"阿拉伯式清真寺"和"汉式清真寺"与"阿拉伯式清真寺"两者结合的样式。主要采用的材料是钢筋、水泥、砖瓦等。在营造方法上也更多地采用现代建筑技法。如新建成的街子大寺礼拜大殿具有鲜明的阿拉伯建筑特色,采用钢筋混凝土结构,呈正方形,礼拜殿面积1 089平方米,可容纳1 200人集体礼拜。殿内四根大柱,南、北、东三面的走廊为72根方柱列支,殿顶中央覆盖着绿色的穹隆式大圆顶,周围四角是四座高23米的六角形双层尖塔,由塔基、塔身、塔顶三部分组成,内部中空,塔壁周身开"人"字形拱顶,塔顶为穹隆式圆顶,与中央的大圆顶上面都安装着金色的"元宝"和"新月"。殿内四周墙壁为乳白色,毫无任何装饰,不再像以前雕梁画栋的汉式清真寺,也没有类似于东部孟达地区清真寺仍存在的浓墨重彩的藏式彩绘装饰。即使西墙正中的"米哈拉布"周围也仅采用白色瓷砖构成多圆心的壁龛图案,上面镌刻着镀金的阿文清真言"万物非主,唯有真主,穆罕

图1-27

默德是真主的使者"。曾在古清真寺大量应用的传统砖雕、木刻甚至匾额、楹联、建寺碑铭都被放弃了,仅仅在前廊廊檐外的顶端装饰了精致淡雅的碎花图案,然后在下方镶嵌着黑底金字的阿文书法。

在一些宗教建筑营造中,如街子拱北(图 1-28),一方面继承了传统的撒拉族建筑文化因素,如砖雕;另一方面又采用了现代建筑材料,即将传统砖雕的制作全部用水泥代替,制作方便、快捷。将撒拉族的传统建筑文化与现代建筑技术巧妙有机地融合在一起,成为撒拉族宗教建筑一道亮丽的风景线。

图 1-28

第三节 撒拉族建筑的装饰艺术

"建筑装饰是为保护建筑物的主体结构,完善建筑物的物理性能、使用功能和美化建筑物,采用装饰装修材料或饰物对建筑物的内外表面及空间进行的各种处理过程。"[1]建筑装饰本身依附于建筑结构,同时又具有保护主体结构、美化装饰和改善室内工作条件等作用。它是人们物质需求得到满足后,对精神需求的一种体现。不同民族建筑的装饰艺术表达出不同的文化特点、地域特点。

撒拉族建筑装饰艺术是在撒拉族文化背景下形成的具有撒拉族装饰特征的艺术形式,具有独特的风味。撒拉族人民在创造民族建筑文化过程中,融合了当地各民族建筑文化元素,其建筑装饰艺术体现了撒拉族精神和当地各族文化融合的痕迹,是撒拉族人审美观念和文化传统的反映。他们对本民族文化的继承、对其他民族文化的吸收,在其建筑装饰中得到了形象的体现。

一、建筑装饰类型

建筑装饰的种类很多,从不同角度可分出不同的类型来。如果从空间部位的角度来看,有外檐装修和内檐装修之分。外檐装修是在室外或分隔室内外的门、窗、户、牖等,这些部位因位于室外,易受风吹日晒,雨水侵蚀,所以建筑材质较为坚固、粗壮。内檐装修是室内的装修,如栏杆罩、博古架、壁板、护墙板等。我们这里的装饰类型是从装饰手段而言的。从装饰手段角度来看,撒拉族建筑装饰主要有三种形式:砖雕、木雕以及彩绘。砖雕和木雕装饰在撒拉族当地随处可见,各类建筑当中均有;彩绘主要用于撒拉族古典清真寺建筑。无论哪一类装饰,均做工精细,造型别致。

---

[1] http://baike.baidu.com/link? url=rl8 — vVuS3uJIbNrtQURCXI91QgLTGSdFAy0i8RytwWrpsaLkgfyz0LzR1UlPe8fyDMS43fx7JeBkmZguYuoNK.

(一) 砖雕

中国的砖雕艺术具有悠久的历史，是由东周瓦当、空心砖和汉代画像砖发展而来的。撒拉族建筑中的砖雕艺术源于甘肃的"临夏砖雕"，匠人大都来自临夏。临夏砖雕又叫河州砖雕，因为过去临夏被称为"河州"。河州砖雕是甘肃省非物质文化遗产。作为一种传统的建筑装饰雕刻，河州砖雕历史悠久，早在唐宋时期就已初具规模，元代时则达到成熟。撒拉族建筑中的砖雕艺术是随着元朝时期撒拉族的进入而兴起的，不仅具有河州砖雕艺术的特点，同时蕴含了浓郁的撒拉族民族特色。

撒拉族的清真寺、拱北以及住宅建筑上面都有砖雕，建筑的檐头、廊前、大门二门、照壁墙、廊端墙、墀头、勒脚、基座等处都有砖刻雕饰。砖雕以"刻活"为主，"捏活"为辅，即在特别的青砖上用平刀、斜刀等工具，刻出各种花卉、鸟虫、翠竹、劲松、荷花、葡萄以及阿拉伯几何图纹等，形象生动，立体感强，民族气息和乡土气息浓厚。从砖雕艺术风格来说，撒拉族的砖雕古拙朴素，用刀刚劲洗练，雄浑有力。

砖雕技法复杂多样，有阴线刻、凹面线刻、凸面线刻、浅浮雕、高浮雕等，高级的砖雕作品还要使用透雕手法。阴线刻是在青砖表面刻画较浅的沟槽；凹面线刻雕刻的沟槽较深，线条也比较宽，因此多用于刻几何纹；凸面线刻雕刻的图案较为细致，但是立体感不强，所以多用来刻墙体的线脚；浅浮雕雕刻手法刻出来的图案，虽然需要一定的立体感但又突出墙面不多，因此山水主题图案和辅助纹理常用浅浮雕手法进行雕刻；高浮雕是对立体感要求较高的雕刻图案进行雕刻的技法，像植物和器物类图案就常用这种技法；透雕手法刻出来的图案比高浮雕更具立体感，因此一般运用于体积较小的部分，如檐下部分的装饰。

砖雕可以在一块砖上刻，也可以把若干块砖分别刻好不同的图案,然后再组合成一幅完整的砖雕作品,一般都是要预先在专门的场所雕好然后再进行安装。

根据伊斯兰教教规规定,人和动物的图形是不能作为装饰内容的。但是现在的一些砖雕作品偶尔也会打破这种禁忌,有少量的人物、动物出现。当然这种图案的砖雕都是置于次要位置上的,位于画面的边角处,尺寸也很小,仅限于百鸟朝凤、松鹤延年等吉庆平安的内容。这种图案的出现充分体现了多民族文化融合发展和文化认同。

(二) 木雕

远在殷商时代,中国的木雕就已发源。据记载,当时的一些建筑物主要部位如门窗、栏杆、梁柱等就刻有精美图案。明清是我国建筑木雕艺术高度发展的时期,上至官式建筑,下到民间建筑,木雕装饰都非常普遍,梁架、斗拱、雀替、门窗等上面都有装饰图案,把人们的追求、向往等通过木雕艺术展现出来。蝙蝠、如意、寿字纹等表达了人们对增福添寿的希冀,松、竹、梅、兰等图案表达了人们清高脱俗的气节。

撒拉族人在青海循化地区定居下来之后,造屋筑室,安居乐业,把汉族的木雕艺术广泛运用于清真寺建筑和民居建筑上,一些拱北建筑中也有精美的木雕。这些木雕与砖雕相辅相成,形成了撒拉族建筑文化的独特风貌。

与砖雕艺术一样,撒拉族木雕艺人也来源于甘肃临夏,雕刻技艺也传承了中华民族古老的木雕艺术,雕刻内容、雕刻技法均根据各个建筑构件的大小、位置、功能的不同而各不相同。据我国宋代《营造法式》记载,按照雕刻技法来分,木雕主要有线雕、隐雕、剔雕、透雕、混雕五种。线雕相当于砖雕中的阴线刻,刻痕较浅,有人也称之为线刻、阴刻,在平面上刻,是木雕历史上最基本的技法,撒拉族建筑檐下木雕中常用此法。隐雕和剔雕也就是浮雕技法，相当于砖雕技法中的浅浮雕和高浮雕，雕像略微突出的称为低浮雕，雕像在底面上十分突出的称为高浮雕。追求立体感和层次感，通常用于建筑物檐下雀替、花板等构件的雕刻。透雕又名漏雕，也称玲珑雕、镂空雕，是将装饰图案以外的部分剔除镂空的一种雕刻技法，透过把浮雕周围镂空使图案显出剪纸般清晰的影像效果，这与砖雕雕刻手法中的透雕有异曲同工之妙。这是一种用来透风、透光的雕刻技术，雕刻出来的作品具有立体感强、层次丰富的特点，撒拉族民居檐下大量使用这种雕刻技法，门窗、隔扇、屋架等构件上都要用到此法。混雕又叫圆雕，它以浮雕工艺为主，间以透雕、线雕等技法，是各种雕法的综合运用，一种可以多方位欣赏、完全立体的雕刻方式。撒拉族建筑中的垂花柱头和门簪等处多用混雕手法制成，题材多为莲花、菊花等。

撒拉族是一个爱美的民族，其木雕艺术令人叹为观止。一般人家住宅外部大梁及檩子上都有精美的木雕，撒拉族人称为"花槽"，最少有2—3道，多的有十几道。一些家境殷实的人家，花槽多达18道，或为几何图案，或为植物图案，层层叠叠，千姿百态。

(三) 彩绘

彩绘是我国古代建筑装饰艺术中的一种重要表现形式。最初的彩绘主要是保护建筑物的木质构件，使其少受风雨侵蚀和虫害，延长建筑物的使用寿命，同时对建筑物起到装饰的作用。随着社会的发展进步，建筑工艺和装饰技术迅速发展，彩绘艺术逐渐成为中国古代建筑的重要标志之一。

撒拉族建筑的彩绘多集中于古典式风格的清真寺内，在廊柱、殿顶、唤醒楼及大门、雀替等部位都有绘制，色彩绚丽，如孟达清真寺(图1-29)。一些现代仿古清真寺建筑也有彩绘装饰，如草滩坝

图 1-29

清真寺、线尕拉清真寺(图1-30)的大门斗拱、雀替、额枋等处均有彩绘,这些清真寺的唤醒楼也是仿古建筑,尽管建筑材料已改用现代钢筋水泥,但上面的彩绘装饰依然十分漂亮。

撒拉族清真寺的彩绘采用的是中国古典式建筑庙宇、宫殿的旋子彩绘,同时又融入了阿拉伯文字的变体纹样及转枝莲图案等,主要分布在梁枋及斗拱上,采用墨线小点金。斗拱彩绘依据位置和重要程度的不同采用了不一样的处理手法。撒拉族古清真寺梁柱并不全部采用中国传统建筑的朱红或黑色,而是在红色、黑色的基础上,融入了穆斯林喜好的蓝色和绿色。如孟达清真寺、科哇清真寺都用了旋子彩画,只是处理方法略有不同。清真寺枋心绘花卉,而不采用龙锦图案,同时还用了变体的阿拉伯文字。而新建的仿古清真寺彩绘颜色则较多采用绿色和蓝色。

撒拉族建筑彩绘装饰图案多种多样,几何纹、植物纹、文字纹

第一章 撒拉族建筑文化

图 1-30

是撒拉族古典清真寺彩绘中常用的装饰题材，山水、琴棋等具有诗情画意的纹样也有用作装饰题材的，这些装饰纹样使得清真寺建筑具有鲜明的民族特色，在我国建筑彩绘装饰艺术中具有相当重要的地位。

从色彩角度来看，撒拉族建筑装饰中的彩绘主要有蓝、绿、黄、白四种色彩，这与撒拉族信仰伊斯兰教密切相关。在伊斯兰教中白色代表纯洁，蓝色代表神圣与纯洁，绿色代表吉祥。

撒拉族传统民居建筑中建筑色彩素雅，木材只刷桐油本色，不使用彩绘装饰。

二、建筑装饰主要部位

(一) 屋顶

中国传统木结构建筑中,屋顶在整个建筑中所占比例相当大,尤其是从装饰角度来看,中国传统建筑屋顶的装饰相当富丽堂皇,引人注目。撒拉族建筑中的清真寺建筑很注重屋顶的装饰。

撒拉族古典式清真寺建筑对屋顶的装饰与中国传统建筑对屋顶的装饰相似,也主要体现在两个方面:一方面是在屋顶构架连接的关键部位上用脊条、脊花、吻兽等立体造型进行雕饰;另一方面是利用屋瓦对屋顶进行装饰,也就是滴水、瓦当等均以花纹进行美化。

古典式清真寺屋顶上的屋脊既是屋顶重要的结构连接处,又位于引人注目的房屋高处,因此是屋顶的重点装饰部位。屋脊分为正脊、垂脊、戗脊、角脊。正脊是屋顶前后两个斜坡相交之处,在清真寺大殿屋顶正脊两端均有精美的宝瓶及瓶中插花花纹作为装饰,这与中国传统建筑中以正吻为饰是完全不同的。中国古典建筑正脊两端装饰的都是正吻(还有大吻、鸱尾、鸱吻、蚩吻、祠吻等称呼),其头部呈龙形,尾部似龙尾向上卷曲,龙口大张咬住正脊,吻身上装饰有小龙和江水纹样。而撒拉族因受伊斯兰教规制约,吻兽之形为花草而非兽形。而正脊脊条上则雕刻有精美的花纹为饰,在正脊中心位置上还安置一宝瓶,宝瓶顶部宝珠上面还安放了避雷针。有些清真寺大殿正脊两端与中间部位都是高出于脊条的花饰,同时在正脊脊条上饰以三个宝瓶,如张尕清真寺屋顶正脊(图1-31)。

垂脊是位于屋顶正脊两端前后的四条下垂的屋脊,中国古典式建筑垂脊前端有兽头状的瓦件雕饰,称为垂兽。戗脊是歇山式

图 1-31

屋上除了正脊和四条垂脊之外的四条屋脊。撒拉族古典清真寺大殿上屋顶垂脊脊条和脊端上也有精美的装饰花纹,纹样大都是花卉,如张尕清真寺、孟达清真寺。个别清真寺的垂脊脊端纹样继承了汉族传统建筑垂兽纹样,为龙首鸱尾,如清水河东清真大寺大殿屋顶的垂脊(图1-32)。

瓦当是覆盖在屋顶垄缝上最下面一块筒瓦顶端下垂的部分,其形状有圆形和半圆形,表面有文字或花纹为饰。瓦当既有固定屋瓦、保护檐口和房椽不受雨水侵蚀的实用功能,还有很好的美化装饰作用。滴水是瓦沟最下面一块特制的瓦,雨水都是顺着这片瓦往下滴。在中国古建筑中,滴水和瓦当都具有很强的装饰性,撒拉族古典式清真寺也是如此,如孟达清真寺大殿屋顶上的瓦当和滴水花纹都十分精美。

撒拉族庄廓院屋顶为草泥平顶,屋檐边上一般没有花纹瓦当

图 1-32

和滴水,但是屋檐下面整齐划一的木椽子也体现了房主对美的追求,尤其是现代庄廓院屋檐下的椽子更是体现了房主的经济实力。

撒拉族阿拉伯式清真寺建筑屋顶装饰主要是以穹隆顶为饰,穹顶的颜色有绿色或金色。

(二) 大门

门,全称为"门户",双扇为门,单扇为户。东汉许慎在《说文解字》中说:"门,闻也,从二户;户,护也,半门曰户。"门是屏蔽院落,避免院落与外部空间直接接触的建筑构件,具有保护家宅平安的功能,同时门又是连接室内外的必经之所。在中国人的眼里,门是建筑的"脸面",门的等级、规格,是人们身份、地位、阶级的一种象征。因此,古往今来,各民族对于门的装饰都非常重视,撒拉族人也不例外,无论是清真寺还是民居,无论是古代建筑还是现代建筑,无论经济条件好坏,对门的装饰都很重视。门的装饰十分丰富,有门楣、门簪、铺首、抱鼓石等。

撒拉族建筑中的门簪很有特色。门簪是古代中国人打扮宅院门脸的木楔,是用来固定中槛与连楹的木构件,又叫"门龙"。因其形态和功用与妇女头上的发簪相似,故名为门簪。从数量上看,少则两枚,多者数枚,具有装饰效果,而且色彩大多与门扇形成鲜明对比,装饰效果十分突出。撒拉族古典清真寺的大门和日常民居大门上都有门簪,但颜色都与大门一样采用木本色,民居大门一般都有左右两个门簪。

撒拉族民居特别注重门楣装饰,大部分人家盖的住宅,门楣下都有木雕,最少有三层花槽。如大庄村某村民家篱笆楼大门就有三道花槽(图1-33)。一些家境富裕的人家往往不止三道花槽,韩国玺家庄廊院大门上有九道花槽,精雕细刻,十分美观。

随着经济条件的好转,一些新式民居修建时把大门修成了门楼,不仅门楣下有多层花槽,门楼上还有斗拱、垂花柱、墀头砖雕等装饰,大门两侧墙体还用精美砖雕或水泥雕进行装饰,显得十分壮观(图1-34)。

图1-33

图 1-34

垂花柱也就是垂莲柱,是古代中国建筑垂花门或垂花牌楼门角上的两根悬空倒垂的短柱,柱头朝下,头部雕饰出莲瓣或石榴头等形状,酷似一对含苞待放的花蕾。四合院或殿堂建筑上一般都会有垂莲柱。撒拉族民居建筑和清真寺建筑中都有,主要安装在大门或挑檐之上,特别吸引人的眼球,它不仅仅是大门的装饰,更是房主的"门脸"。

墀头是建筑物中两面山墙或者是大门两侧伸出檐柱之外的部分,其作用是支撑前后出檐和保护檐口。撒拉族民居建筑和清真寺建筑中都有墀头,一般是采用砖雕进行装饰。因墀头位于大门两侧和建筑的两面山墙之上,所以都是成对出现,但是图案内容并不相同,如果同是植物题材墀头,左边墀头雕刻莲花,右边墀头就会雕刻牡丹。

当然,现在也有些人家的墀头花纹左右一致,互相对称。墀头虽然在整个建筑中只是小小的一方天地，却体现了屋主和匠人对美好生活的向往。

铺首是含有驱邪意义的汉族传统建筑门饰，是门扉上的环形饰物，一般都做成兽首衔环的样子。撒拉族人家的门上以铺首为饰的现象并不普遍，一些人家虽然在门上做了铺首，但受宗教信仰的影响，不会做成兽状，而只是一般的圆形。

撒拉族清真寺建筑十分注重山门的装修。古典清真寺大门都建成门楼形式，门上斗拱、门簪一应俱全。大门门簪有两个的，也有四个的，如孟达清真寺大门，上下四个门簪，上小下大，互相对称（图1-35）。

图1-35

撒拉族清真寺大殿的门为裙板门，上有精美的木雕装饰，如张尕清真寺大殿与前檐廊之间的隔板门，门上雕刻细致，与门上书法装饰图案相映生辉（图1-36）。

图1-36 （马建新摄）

撒拉族清真寺除注重大门装饰外，还特别重视门口照壁的装饰。无论是与大门连为一体的照壁，如孟达清真寺门前与山门一体的照壁（图1-37），还是单独设建的照壁，上面都有精美的砖雕。

三、院内装饰

撒拉族民居建筑院内装饰主要体现在檐廊正面梁枋、窗户、墙面等处，而清真寺除了注重大殿檐廊正面梁枋、墙面的装饰外，还

图 1-37

注重大殿檐廊内墙面、大殿墙面、天花、藻井、梁柱的装饰,也注重唤醒楼的装饰。

檐是屋顶向旁伸出的边缘部分,其结构非常复杂,檐下斗拱、额枋、雀替和撑拱等构件都是雕刻匠师们关注的焦点。这些构件不仅是建筑中重要的支撑点,也是展示木建筑雕刻的主要部位。撒拉族民居和清真寺都很注重这里的装饰。

撒拉族民居无论是传统庄廓还是现代庄廓,檐廊正立面的木雕装饰都很壮观,他们称之为"花槽",少则2—3道,多则十几道,层层叠叠,千姿百态。这些木雕是遮挡檐桁与平枋板之间的一段空间,做花草板。每间有插卯头将花草板分为三段,花草板大部分是卷叶莲花透雕,檐檩下的闸口板表面也有透雕花纹。平枋上也有带花纹图案,在平枋上还跳出斗拱,翘头上做小斗拱,斗上承担闸梁卯头,做成卷云状,均匀整齐,雕工精细,生动美观。表面用木本色,涂清漆予以保护(图1-38)。

图 1-38

撒拉族古典清真寺大殿檐下梁枋木雕也十分讲究,如张尕清真寺大殿檐廊下前立面柱与柱之间平板枋上均有精美的木雕装饰,而孟达清真寺大殿前檐廊立面则有令人惊叹的彩绘装饰,美轮美奂(图1-39)。

撒拉族传统民居的窗户位于单体建筑正立面的两侧,一般都是支摘窗,可以上下开合,中间是可上挂的窗心扇(图1-40)。为了能够更好地采光,所以一般开窗的面积较大,几乎占墙体面积的三分之二(图1-41),内部设置有窗板,主要起御寒的作用。窗扇上有精美的棂花格,形式多为几何图案,由大小木格子组成。这些窗格大都比较细密,在寒冷的冬季具有御寒保暖的作用。

墙面装饰是指院落围墙或是通道两侧墙面上的雕饰。墙面装饰的建筑形制和影壁是一样的,同样分为三个部分。民居当中很少有墙面装饰,拱北中的墙面装饰大多为伊斯兰教信徒捐赠。墙

图 1-39

图 1-40 (马建新摄)

图 1-41 （马建新摄）

面装饰的内容、意境和影壁的装饰要求相比要低一些，内容相比影壁更丰富也更加灵活，图案相对比较简单，有的墙面只是用简单的几何图形作为装饰。但是同样有雕刻工艺精湛、内容意境极好的题材。

廊心墙又叫廊墙，位于山墙里侧檐柱与金柱之间，就是槫头里侧的延伸部分。虽然廊心墙面积不大，但其位置重要，也是重点装饰的部位，撒拉族建筑中也很重视，尤其是现代民居，一般用砖雕或水泥雕进行装饰，刻在上身墙心部位，在中心刻中心花，四角刻岔角花。

撒拉族古典清真寺大殿内墙面及前檐廊两边墙壁大都有精美装饰，或为本色木雕，或为彩绘。为满足穆斯林做礼拜之需，大殿内部非常宽敞，但是并不设置隔断，空旷的殿内有若干支撑大殿的柱子和横梁，这些支撑大殿的柱子和横梁上也有装饰图案，图案基本以经文为主，如科哇清真寺(图1-42)。同时，由于中国穆斯林朝拜的方向为西方，所以清真寺礼拜大殿西墙都设有神龛，有的嵌入墙壁，有的是在正中做出一个门的形状，有的则是牌坊的形式，装饰图案有植物纹样、几何纹样、文字纹样，也有几种纹样结合在一起的。

图1-42　（马建新摄）

雀替是中国古建筑的特色构件，宋代叫"角替"，清代叫"雀替"，也叫"插角"或"托木"，一般是置于建筑的梁、枋与柱子相交之处。它的主要作用在于减少梁枋之间的净跨度，减少梁与柱相接处的向下剪力，使建筑更加坚固。雀替像一对翅膀一样在柱子的上部向两边展开，具有很强的装饰效果。

撒拉族民居传统建筑和现代建筑都很注重雀替的雕饰作用，一般用凸浮雕和镂空雕的雕刻手法，也有用嵌雕或多种手法结合的木雕。在清真寺建筑中，雀替也是不可或缺的建筑构件，有直接用本色木雕的,也有用彩绘装饰的。

斗拱是我国传统建筑中特有的建筑构件,又叫枓栱、欂栌、铺作等,是中国建筑特有的一种结构。在立柱顶、额枋和檐檩间或构架间,从枋上加的一层层探出成弓形的承重结构叫拱,拱与拱之间垫的方形木块叫斗,合称斗拱。其作用是承受上部支出的屋檐,将其重量直接集中到柱子上,也可以间接地先纳至额枋上再转到柱上。撒拉族建筑中主要是古典式清真寺使用斗拱,有木质的(图1-43),也有青砖的,青砖斗拱主要用于照壁。

图 1-43

撒拉族古典清真寺建筑中尤其值得一提的是唤醒楼的装饰(图1-44)。楼体底座用青砖铺就,六角楼底各面都有精美的砖雕装饰,二层、三层均有围栏,围栏上以方格、花卉纹木雕装饰,非常精美。

藻井是中国传统建筑中室内顶棚上的一种构造,顶部为穹隆

图 1-44 （马建新摄）

状,饰以彩画或雕刻。其形制多样,有四角井、八角井等,是用方木层层套叠,各层之间使用斗拱。也有的藻井不用斗拱,只用木板层层叠落,简洁美观。但藻井一般只用于尊贵的建筑物体,设置在神佛或帝王的宝座顶上面。撒拉族古典清真寺内多有藻井,有的用本色木头叠加而成,如张尕清真寺藻井（图 1-45）,完全以斗拱叠加而成。也有的在方木上再用彩绘、木雕进行装饰,雕梁画栋,十分美丽,如孟达清真寺藻井。

四、纹饰图案

在建筑装饰中,装饰纹样具有十分重要的作用。撒拉族建筑中的装饰丰富多彩,题材、构图、用色等均有独到之处。撒拉族独特的民族文化、宗教信仰,形成了撒拉族建筑不同于其他民族建筑的独特的装饰纹样,植物纹样、几何纹样以及阿拉伯文字纹样成了

图 1-45 （马建新摄）

撒拉族建筑装饰纹样的主题曲，体现了撒拉族人民对美好生活的追求。

(一) 植物纹饰

撒拉族建筑装饰中植物花卉纹饰，既有写实的梅、兰、竹、菊以及莲花、牡丹、松树、葡萄等图案纹饰，也有卷草等意象型的纹饰。植物花卉纹饰以单独形式雕刻在墙壁上、房檐下，不同的建筑部位也有不同形式的植物花卉纹饰，如缠枝花纹、散点花朵纹等也散落在角隅、横梁等处。不仅有砖雕、木雕植物，还有色彩斑斓的彩绘植物纹饰。

1. 花草树木类

花是美的化身，以花卉作为装饰纹样，非常符合人们的审美情趣。撒拉族人民喜欢花草，并将这种喜爱之情融于一梁一枋之间。

较为多见的花草树木有牡丹、莲花、梅花、兰花、竹子、菊花、松树等。

牡丹花是青海各族人民都特别喜爱的花卉,撒拉族人民也不例外,其建筑物之梁枋、雀替、大门檐下、墙壁等处都能看到盛开的牡丹。撒拉族建筑中的牡丹纹饰,有整株的牡丹花朵,也有组合在一起的单独的系列牡丹花朵;有缠枝牡丹,如科哇清真寺的砖雕牡丹,也有折枝牡丹,如撒拉族新式民居檐廊下的木雕花罩牡丹、张尕清真寺唤醒楼底层墙上的砖雕牡丹。雕刻的时候,特别突出牡丹花本身,多雕为花大瓣多且花瓣都是由内向外层层叠叠的牡丹(图1-46)。

图 1-46

莲花纹饰。在中国传统文化中,莲花是高洁的代表,自古就有"出淤泥而不染"的美称。在撒拉族建筑花卉纹饰中,莲花纹饰也相当多,经常出现在清真寺大殿屋脊、民居檐下额枋上面。从表现形式来看,撒拉族建筑中的莲花纹饰主要是完整的荷花图和折枝莲。完整的莲花图案由莲花、莲蓬、荷叶、流水等物象共同组成一幅荷花图,比如街子拱北著名的"荷花图",荷花与荷叶在风中摇动,饱满的莲蓬在风中挺立。折枝莲是直线或"S"型骨架,将一个个单独的莲花串联起来,如撒拉族民居檐下的莲花纹饰。尤其值得注意的是,撒拉族的大部分古典清真寺大殿正脊、垂脊上都有莲花高浮雕,花瓣层层叠叠,一朵接一朵,非常漂亮(图1-47)。

图1-47

撒拉族建筑中的莲花纹样除了有中国本土莲花纹样外,还有印度莲花纹样。其花瓣为尖头形,莲瓣丰硕,莲瓣有多层形式,环绕两个同心圆;很注重莲心的刻画,莲花最中心凸起圆形且内饰以圆点,以象征莲蓬,外层圆内刻以放射状线条,似莲蕊一般(图1-48)。

图 1-48

梅、兰、竹、菊"四君子"纹饰。在中国传统文化中,梅、兰、竹、菊被誉为四君子,它们都是撒拉族建筑中经常使用的装饰纹样,而且在不同的建筑、不同的部位都能看到它们的踪影,尤其是菊花和梅花。它们或以单独形象出现,或以连续性的纹饰出现,或以缠枝形式出现,或以折枝形式出现,有些还结合万字纹和回纹形成二方连续或者是四方连续的纹饰出现,无论是砖雕,还是木雕、彩绘,菊花和梅花都是运用题材(图 1-49)。

兰草和竹子纹饰也是撒拉族建筑中的重要装饰纹饰,尤其是现代民居建筑的裙板门上,常常用"四君子"纹样一起进行装饰。

除牡丹、莲花、梅花、菊花以外,还有一些其他植物也被经常用来进行装饰,比如凤仙花、百合花、松树、柳树等,或者穿插在大幅砖雕作品中,或者是当作单独的小品雕刻在下部的雕花基座上,或者是被当作线脚纹饰使用。

卷草纹是中国传统图案之一,但它不是以自然中的某一种植物为具体对象的,而是集忍冬、荷花、兰花、牡丹等多种花草植物特征于一身,经夸张变形而创造出来的一种意象性装饰样式,呈"S"

图 1-49

形波状曲线排列,构成二方连续图案。最初的卷草纹饰来源于埃及的忍冬纹。因造型多曲卷圆润,故通称卷草纹;又因盛行于唐代,故又名唐草。卷草纹饰是撒拉族建筑中最重要也是运用最广泛的纹饰之一,在任何建筑部位的装饰上都能看到,雀替、额枋等处都有木雕卷草,墙体装饰图案周围、唤醒楼底层砖雕周围都能见到漂亮的卷草纹饰,尤为奇特的是孟达清真寺大殿檐下斗拱也雕成卷草纹样,而且施以五颜六色的彩绘,令人目眩(图 1-50)。而清水河东清真大寺大殿斗拱虽未施以彩绘,但雕刻成卷草纹样,同样令人惊叹。与中国传统建筑装饰一样,卷草纹饰在撒拉族建筑中也是一个万能的模具,很多其他类型的纹饰都与它套用,例如牡丹图案等,还与云纹、如意纹进行变形组合。这种重组的卷草纹饰在撒拉族建筑中也是随处可见,使得撒拉族建筑装饰大放光彩。

图 1-50

2. 果实类

撒拉族建筑中的植物类装饰纹,除了花草之外,果实也是很重要的装饰纹样。撒拉族人民把自己在日常生活当中常见的果实都雕刻在了民居上、清真寺建筑上。葡萄、核桃、桃子、石榴等水果随处可见,玉米、柿子、南瓜、佛手瓜、葫芦等农产品也搬到了撒拉族人家建筑上。与花卉一样,它们既有单独的葡萄、桃子、玉米等纹饰,也会以缠枝葡萄、缠枝桃子、缠枝柿子等形象出现在建筑物体上,有时候也会多种果实汇成一幅丰收图景,为建筑物增光添彩(图1-51)。

(二) 几何纹饰

撒拉族建筑的墙壁、影壁上的巨幅砖雕和题材性砖雕的周边都有传统的几何纹饰,民居或清真寺大殿檐廊下额枋上也有回文、字环纹等几何纹饰的运用,既有装饰效果,又有分隔装饰部位、装

图 1-51

饰图案的作用。

1. 回纹

回纹是一种汉族传统几何装饰纹样，用横竖折绕的方式组成方形或圆形的回环状花纹，形如"回"字，因此叫作回纹。由于这种花纹具有回环反复、延绵不断的特点，所以汉族民间又称之为"富贵不断头"。它是由古代陶器和青铜器上的雷纹衍化而来的几何纹样，最早普遍用于陶器和青铜器。人们根据其纹样特征，赋予了它连绵不断、幸福长久的吉祥寓意。二方连续的回纹可以呈现出整齐划一的视觉效果，因此工匠们常常用它来作间隔或锁边图案。撒拉族建筑匠人充分吸收了这一文化传统，将其广泛运用于民居建筑、清真寺建筑和拱北建筑等建筑物体的装饰之中，或砖雕，或木雕，或彩绘（图 1-52）。

2. 万字纹

万字纹是"卍"的书面表达。"卍"字符号来源于佛教，有轮回

图1-52 (马建新摄)

长生之意。经历代流传,在民间渐渐将其定位为"连绵不断,富贵绵长"的吉祥寓意。这类吉祥造型大多以文字或抽象符号的形象出现,虽然不像具象那样通俗直观,但是作为在一定文化背景和历史条件下的产物,它的意义、内涵也更加丰富。万字纹构图形式简单,装饰感强烈,深受艺术家的喜爱。撒拉族建筑中的万字纹饰基本上都是作图案的底纹,木雕和砖雕当中都有,如清水河东清真大寺砖雕、民居檐下木雕;另外在撒拉族建筑上也有单独纹饰出现的万字纹,如民居万不断花纹窗户(图1-53)。万字纹的寓意是永恒不变、吉祥如意,撒拉族建筑以之为底纹、边框,表达了撒拉族人民对吉祥如意、长久永恒的追求。

3. 字环纹

字环纹是由"回"字字形演变而来的一种特殊的构图,但又不同于回纹。回纹是利用这些二方连续纹饰串联一些单独纹饰,

图 1-53

或者用这些纹饰将整个平面空间划分为若干个小的单元。而字环纹不是这样的,其基本形式与"回"字一样是封闭形的,变化不多,主要是将整幅主题木雕或砖雕框起来,与书法作品和绘画作品最后装裱工作相似。这种表框式纹饰就如同"回"字的外面"口"的形式,而主题图案如同是里面"口"的形式。字环纹饰的表现形式变化不多,外面"口"的变化主要体现在四个角上的细微变化,里面"口"形式变化多一些,或为圆形,或为扇形,或为椭圆形。

4. 菱形纹

菱形纹的使用源远流长,在早期陶器表面就有出现,其名称的获得依赖于菱形这种几何图形,凡是具有菱形结构特点的一类装饰图形都可以叫作"菱形纹"。它既包括符合几何学里有关菱形的判定定理的菱形所组成的纹样,也包括在此基础上经过发展和演变的类似菱形的一类图形。作为建筑装饰图案，菱形纹主要用于边饰，通常为二方连续纹样，由抽象花纹组合而成，一般都采用线刻的手法。撒拉族建筑中的菱形纹饰主要用于图案的边饰，通常为二方连续纹样，也有四方连续的。同时还可以与植物花卉搭配，使图案有松有紧，一般都采用线刻的手法（图1-54）。

图1-54

5. 夔纹

夔是汉族传说中的一种近似龙的动物，形态与蛇类似，多为一角、一足、口张开、尾上卷，常施于簋、卣、瓿、彝和尊等器皿的足、口的边上和腰部作装饰。后逐渐发展成为几何纹饰。撒拉族建筑装饰纹样中也有这种图案，通常做成二方连续纹样，如孟达清真寺砖雕上的夔纹。也有的夔纹与卷草纹相结合。

6. 龟背纹样

龟背纹样是以江河湖海里生长的乌龟背壳形象设计的图案，是宇宙中神灵使者的象征符号。在我国古代传说中，乌龟与龙、凤、麟合称为"四灵"。龟背纹样主要用于做门窗格心图案，规整美丽，寓意健康长寿、平安吉祥。撒拉族建筑民居建筑中的窗户上多有此图案（图1-55）。

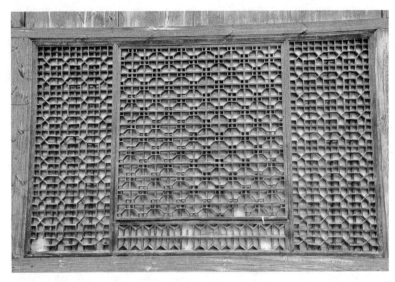

图1-55

(三) 器物纹饰

1. 暗八仙纹

"八仙"是中国传统文化中传说的几位仙子,即汉钟离、吕洞宾、铁拐李、曹国舅、蓝采和、张果老、韩湘子、何仙姑,相传他们得道成仙后各有一套本领,故有"八仙过海,各显神通"之说。暗八仙纹是只采用八仙手持之物来代表各位神仙,神仙形象不出现在装饰体上,这些物件就是汉钟离的扇、吕洞宾的剑、张果老的渔鼓、曹国舅的玉版、铁拐李的葫芦、韩湘子的箫、蓝采和的花篮、何仙姑的荷花八样法器,代表了神通广大、万能的法术等。这些纹样随着八仙故事的广泛流传而深受人们喜爱,常用来作为装饰纹样,以寄托人们吉祥如意、平安福祉、长寿不老之意。撒拉族建筑物中广泛使用了暗八仙纹样,无论是民居还是宗教建筑,无论是砖雕、木雕还是彩绘,都能找到这些器物的踪影,如孟达清真寺彩绘汉钟离的扇、铁拐李的葫芦、张果老的渔鼓,清水清真寺砖雕吕洞宾的剑,张尕清真寺砖雕蓝采和的花篮以及木雕何仙姑的荷花等。

2. 文房四宝

这里的"文房四宝"是指琴、棋、书、画,而不是中国传统文化中所说的笔、墨、纸、砚。琴、棋、书、画也是中国古代文人超凡脱俗、高雅文明的象征,撒拉族人民对这四宝也是喜爱有加,常在自己的住宅、做礼拜的清真寺等建筑物体上雕刻上这些器物,以示自己对这种文化的追求。它们的建筑物上不仅有代表中国传统文化的琴、棋、书、画,还有撒拉族人民的文化珍宝《古兰经》。

3. 其他

撒拉族建筑上的器物装饰纹非常丰富,除了上述的暗八仙神器、文房四宝以外,还有如意、香炉、茶壶、宝瓶等,当然,也有满载着撒拉族人民对富裕生活追求的钱币、元宝。如意作为吉祥物,这是中华各民族的共识,撒拉族也不例外,在撒拉族建筑上,如意不仅以实物的形式出现,还有与其他物品组成的组图,如将如意插入花瓶以示平安如意的图谱图(图 1-56)。宝瓶也是撒拉族建筑上常见的装饰纹,"瓶"因与"平"谐音而成为"平安"的象征物。

图 1-56

(四) 书法作品纹饰

书法作品作为装饰纹饰,在我国由来已久,撒拉族建筑以书法作品为饰的历史亦为久远,其建筑物上既有汉字书法作品,又有阿拉伯文字书法作品,两者相辅相成,别具风味。

撒拉族建筑上的汉字书法作品,一是单个的汉字,一是汉字牌匾或汉语对联。单个汉字见得最多的是篆文"寿"字,在民居木雕、清真寺建筑瓦当滴水上都有。牌匾则既有隶书,也有行书,如孟达清真寺的"圣教源流"、张尕清真寺的"弘扬光大"等。

阿拉伯文字书法作品纹饰在撒拉族建筑装饰纹样中占有相当重要的地位。与汉字一样,阿拉伯文字也有多种字体,每种字体有每种字体的风格特征,呈现出丰富多变、奇丽多姿的局面。阿拉伯文字书法作品纹饰几乎遍布撒拉族清真寺建筑和拱北建筑,这些作品基本上都是取自《古兰经》中赞颂真主和介绍宗教教义的句子,它们留在建筑物体上,既美化了建筑物体,给人以美的享受,同时又传播了宗教教义,让广大撒拉族穆斯林随时随地都能感受到宗教的力量,深受撒拉族民众的喜爱(图1-57)。

(五) 动物纹饰

撒拉族全民信仰伊斯兰教。教义规定,在穆斯林的世界里,任何人或动物都不应该被崇拜,任何形式的人或动物形象也不能出现在穆斯林的生活环境中,所以动物纹样也不能够作为装饰纹样。但是在撒拉族建筑装饰中偶尔也会打破这一禁忌,部分建筑部位出现了动物纹样。当然,这种对禁忌的打破是很有限度的。一般来说,动物装饰纹样只出现在建筑物体的次要部位,而且对动物的眼睛也进行了处理,动物的眼睛是不会出现在装饰图案中的,如科哇清真寺木雕龙凤雀替,只见身子,不见头部(图1-58)。

图 1-57

图 1-58

撒拉族建筑动物装饰纹样中，以龙、凤、狮子、仙鹤等人们想象中的瑞禽仁兽为代表。另外还有多种的象征性组合，如科哇清真寺唤醒楼底层砖雕，将松树与鹿组成的松鹿图，孟达清真寺大殿与右侧门连接处墙壁上的狮子滚绣球图(图1-59)，很好地诠释了汉族文化与撒拉族文化的融合。

图1-59

撒拉族民居上最常见的动物纹案是蝙蝠纹和鱼纹。蝙蝠纹是汉族传统吉祥寓意纹，它不是鸟，也不是鼠，而是一种能够飞翔的哺乳动物。因"蝠""福"二字谐音，所以在中国传统的装饰艺术中，蝙蝠纹样被当作幸福的象征，并将蝙蝠的飞临融汇成了"进福"的寓意，希望幸福会像蝙蝠那样从天而降。鱼纹也因"鱼""余"谐音而有了"年年有余"的寓意。撒拉族人民往往在门上刻有"蝙蝠纹"和"鱼纹"，而且与"富贵不断头"的回纹上下结合，以寓幸福不断，"余"财不竭之意。

第二章
土族建筑文化

第一节 土族建筑的类型

土族的建筑发展虽受汉族建筑规制和中国北方建筑的影响，建筑也有一定趋同性，但是，独具特色的土族文化又使土族建筑、汉族建筑"外同内异"[①]。土族建筑在满足生产、生活、习俗、信仰的前提下，充分考虑到气候、地理、材料等自然条件而形成了土族独特的建筑类型，可分为宗教建筑、民居、标志性建筑、土族文化传播建筑和作坊五种类型。

一、宗教建筑

宗教是人类社会发展到一定历史阶段出现的一种文化现象，

---

① 李群：《青海古建筑》，中国建筑工业出版社2015年版。

宗教建筑是人们心灵的慰藉和寄托。宗教建筑涵盖的范围很广，包括供奉神的建筑、提供给人格化的神佛们享用的一切建筑、人们举行宗教仪式时所需的房屋场地、守护这一宗教建筑的宗教职业人员的生活设施，以及与人类宗教生活相关的纪念性、象征性和辅助性的许多建筑，如殿堂、祭坛、雕塑、楼塔、园林、宗教人员生活用房等。总之，一切为宗教服务和宗教所需的建筑，都可以列入宗教建筑的范围之内。宗教建筑十分注重渲染建筑宏伟壮丽的气势。土族宗教建筑主要包括藏传佛教建筑和道教建筑两类。

(一) 藏传佛教建筑

佛教的传播促进了建筑文化的交流，物化的建筑依存是历史信息的最佳承载者，藏传佛教建筑是藏族传统文化的载体和象征符号，除了所包含的外在物质文化特征之外，更重要的是它为延续和传承藏传佛教文化发挥着重要的作用。藏传佛教信仰成为土族文化的核心部分，影响着人们的行为规范和价值取向。就建筑而言，土族藏传佛教建筑无论是寺院还是聚落佛教设施，在选址、外部装饰、内部环境的营造和建筑的仪式中，处处显示着藏传佛教文化及其传统建筑工艺的存在。

1. 寺院

青海藏传佛教寺院历史久远、类型数量众多。7世纪，佛教从印度、尼泊尔和汉地两个方向传入青藏地区，松赞干布建大、小昭寺和布达拉宫。8世纪末，赤松德赞建成第一座有住持僧人且"佛、法、僧"三宝俱全的桑耶寺，藏传佛教寺院开始在西藏兴起并逐渐传入青海。9世纪，吐蕃末代赞普朗达玛禁佛，佛教在西藏陷于灭绝的境地。在西藏曲沃山静修的藏饶塞、肴格迥、玛尔释迦牟尼三人驮着律藏经典，经阿里，绕新疆，逃来青海，先落脚在今黄南尖扎县坎布拉林区的阿琼南宗、化隆县甘都镇东麻囊和金源乡丹斗一带,后到今互助县白马寺、乐都县央宗坪及西宁一带传教。

宋元时期佛教在青海发展更快,宗喀巴创立格鲁派(黄教)期间,其弟子多来青海传教。曾创建循化文都寺、民和卡地喀寺、弘化寺等早期寺院。元末,佛教经过短暂沉寂,明代进入兴盛期,明万历三十二年(1604),西藏七世嘉色·瑞悦却吉嘉措活佛来青海,在今互助县威远镇以东主持修建郭隆寺,就是今佑宁寺。随后,土族聚居地区建成了许多藏传佛教寺院和佛殿。清顺治六年(1649)却藏寺建成,清顺治八年(1651)尊巴噶丹曲林寺(今大通县广惠寺)建成。地处蒙汉通途的互助县目前尚有藏传佛教寺院13座。

(1)佑宁寺。

佑宁寺(图2-1)藏语称"讲修佛法源地郭隆弥勒洲大寺",简称郭隆寺,2004年被公布为青海省省级文物保护单位,2013年被

图2-1 (王存辉摄)

公布为全国重点文物保护单位。佑宁寺地处汉藏文化过渡地带，历史上是汉藏接合部，东接甘肃，西接青海"海藏咽喉"的日月山牧区，南接本县松多藏族乡，处于互助县东南龙王山南麓，土族聚居的五十镇境内的寺滩村郭隆沟，东至天门寺后山顶，西至护法殿后山小路，北至后山峨堡，南至五十中学田间。

佑宁寺在历史上学经风气很浓，涌现出大批海内外有声誉的高僧哲人，被宗教界公认为佛学研究胜地。尤其是第三世章嘉、土观、松布学识渊博，著述颇丰，对藏传佛教、历史、医学、藏学、历算等诸多方面研究造诣极深，是我国佛教界、青海历史上的名人。历史上佑宁寺的影响曾一度超过塔尔寺。

佑宁寺历史悠久。元代阔瑞王在章卡山建章卡城（遗迹尚存），在松多台设岐王府，该地曾是互助地区政治、经济、军事活动中心。14世纪初，萨迦派寺僧人在佑宁寺原址修建萨迦派寺院，并筑坛城以护寺，元末萨迦派寺院衰落，其建筑不复存在，只留有古城墙以及城门遗迹。明万历三十二年（1604）破土动工，当年建成嘉色寝宫、大经堂及部分僧舍。明万历三十三年（1605）由祁家老头人资助，扩建大经堂，并建成显宗学院，后建密宗学院，佑宁寺成为显密双修的格鲁派大寺。同时固始汗献大批土地、百姓给佑宁寺。嘉色在郭隆沟开辟一修行处，名为"绛曲林"，意为"菩提洲"，即天门寺。清康熙年间，佑宁寺有大小经堂、僧舍、囊欠等2 000多个院落，僧人7 000余人，设有显宗、密宗、时轮、医明四大学院。寺院建筑华丽、雄伟，其中大经堂和六个小经堂建筑造型艺术技巧可与塔尔寺媲美，成为安多地区格鲁派第一大寺。历史上，佑宁寺管辖的寺院共有49处，分布于青海的互助、乐都、大通、化隆、湟源、贵德等县以及甘肃、新疆、内蒙、北京、山西五台山和东北等地。由于附寺颇多，加之在青海湟水北部地区最有影响，不少寺院由它派生，故誉之为"湟水北岸诸寺之母"。

雍正元年(1724)，因罗布藏丹津事件，佑宁寺部分建筑被清军烧毁。在章嘉、土观呼图克图请求下雍正皇帝敕令重建，将郭隆寺改为"佑宁寺"，雍正帝亲赐佑宁寺碑文。乾隆元年(1736)，三世章嘉在郭隆沟佑宁寺东 500 米的北山腰修建德钦寺和皇帝行宫。乾隆五年(1740)毁于火灾，遗迹尚存。

1866 年，西北回民反清，寺院又毁于兵燹，后由六世土观奉命于光绪年间修复，历时 15 年。重建后有院落 500 余处，大小经堂及其他建筑 1 696 间。"文革"中，这座名寺被焚为灰烬。

佑宁寺创建至今，历经 400 余年风雨沧桑。现在的佑宁寺，建有大经堂、小经堂、弥勒佛殿、度母殿、噶当殿、护法神殿、空行神殿、佛塔、灵塔、活佛府邸(囊欠)、土观囊以及 434 间僧舍。大经堂为歇山重檐，面阔七间，进深五间。佑宁寺依山势布局，随沟谷东西展开，主要建筑建于沟底，环境幽静，气势恢宏，寺与山层层叠叠，浑然一体。佑宁寺建筑风格融土族、藏族、蒙古族、汉族艺术于一体，可谓多种民族艺术的结晶。殿堂中的雕塑、绘画作品，艺术价值较高。同时，佑宁寺还拥有古城、高僧修行洞窟、皇帝古行宫、古佛殿等珍贵历史建筑遗迹。形成建筑文物类型丰富、风格各异、时代不同的古建筑文物多样并存的显著特点。

佑宁寺周围群山环绕，山体雄伟峭拔，林木茂密，危岩多生奇松怪柏，山下河谷地带，地势平坦，土壤肥沃，居住着民风纯朴的土族同胞，使宗教寺院、优美的自然风光与土乡风情融为一体，是青海省内一处很有吸引力的旅游风景区。

(2) 年都乎寺。

青海省同仁地区是汉代屯田、唐时吐蕃陈兵的战略要地，素有热贡艺术之乡的美誉。14—15 世纪，藏传佛教传入同仁地区，坐落在热贡隆务河畔的吾屯上庄和下庄、年都乎、郭麻日、尕沙日等自然村的藏族、土族群众，顺应喇嘛教的兴起及寺院建筑的不断扩充和装饰,兴起了主要为宗教服务的绘画、雕塑、石刻等艺术。地处隆务镇郊的年都乎村以土族为主,自称"霍尔",自然村周围都是藏族,因此,在宗教信仰、生活习俗、民族语言、服饰等方面都不同程度地受到了藏族文化的影响,尤其在宗教信仰方面,他们接受了藏传佛教。村内日常以土语交谈,但他们又熟操藏语,也能以汉语和外界交流。该村拥有一座古城,称"年都乎"城,为明代移民戍边时所建,平面呈长方形,南北长 310 米,东西宽 90 米,墙体生土夯筑,高 10 米,基宽 4 米。该村年都乎寺的清代壁画遗存真实地记录了热贡艺术早期的风格特征。该寺热贡艺术画家辈出,是热贡艺术的发祥地,著名的画家尕日拉不选和维唐华丹等蜚声安多藏区。

年都乎寺藏语称"年都乎噶尔扎西达吉林",意为"年都乎吉祥兴旺洲"。位于青海省同仁县治北 1 千米的年都乎乡政府所在地北山脚下。该寺与吾屯上下寺、郭麻日寺、尕沙日寺并称为"隆务四寨子寺"。据《安多政教史》记载,年都乎寺由丹智钦建于明末,建寺已有近 400 年的历史。寺内珍藏有一块大明石碑,碑名为"王迁仪纪功碑"。碑高 114 厘米,宽 88 厘米,厚 17 厘米,质地为浅红色沙石,顶额题"大明"二字,刻楷书阴文 15 行,计 504 字,碑身左侧刻着立碑者官衔、姓氏及工匠姓名。碑文记载着在同仁县保安设寨筑堡过程中,王迁仪作为当地屯首作出的贡献。经学者考证推断,该碑为明万历二十八年(1600)八月初一立。如果此碑一直保存在年都乎寺,则建寺时间和建寺同时绘制的大壁画,其年代至少在 16 世纪末以前。据有关文献记载,该寺建于清康熙二十三年(1684)。该寺初期为宁玛派寺院,1732 年左右,隆务寺堪钦·格丹嘉措活佛成为该寺住持活佛,正式改宗为格鲁派。自此由历代堪钦管辖,成为隆务寺属寺。年都乎坐北朝南,建筑古朴典雅,壁画琳琅满目。现存古建筑有大经堂、弥勒殿、护法殿、小弥勒殿等各一座。其中大经堂面阔七间,进深九间,为藏汉合璧式土木结构,三重檐式弥勒殿面阔五间,进深五间;囊欠4院,235间;僧舍35院,280间。

寺内弥勒佛殿的《十六罗汉本传》(3.8米×40.05米),围绕佛堂左、中、右三面墙壁展现,约200平方米之巨,是热贡地区现存最大的明清特大型壁画。著名画家华旦以夸张、写实相结合的笔法,赋予各个罗汉鲜明的个性,笔笔传神。宾头罗波罗堕尊者寿眉下垂,和蔼可亲;阿秘特尊者则清癯聪慧,端庄持重。然而众多的个性都统一在"济度众生"这一主题思想之中。朝拜和拥戴众罗汉的数百僧众,姿态各异,个个活灵活现,既动静如仪,又富有生活情趣。每个场面用青绿的山石、树木自然间隔,却又使整体画面和谐、浑然。画底鲜黄与红色袈裟对比点缀,衬托出一派高贵典雅又热情洒脱的大气大美氛围,像这样大型古老而极富艺术魅力的罗汉传,在国内寺院中并不多见,堪称极珍至宝的杰作。

年都乎寺中有一座建于明末清初的小经堂,藏语称为"参赞乐昂",外貌已近颓败,而殿内四壁以八幅大壁画(均为2.95米×2.4米)组成又一个壁画中心,不仅内壁以彩画装饰,就连前墙、侧墙、后墙都在壁画的环绕中,是现存热贡艺术中最早且最具代表性的优秀作品。此经堂的壁画和国内其他佛教壁画一样,也以人物形体大小来区分主次。在释迦牟尼、宗喀巴大师、具释金刚、布畏金刚主像周围,以连续画形式讲述着佛本生故事、佛传故事、宗喀巴本传。释迦牟尼、宗喀巴正襟端坐,表情庄重慈祥;各金刚则威严凶猛,令人生畏。围绕主像各场面的菩萨、僧俗,都画得生动多姿,比规范中的神像显得活跃,百态毕现。释迦诞生时摩耶夫人形象清丽高雅,幸福溢于面颊;比武场中王子与射箭众人神采飞扬,人物动态富有印度舞蹈美,十分耐人寻味;手持火炬乘马追撵的武士们,情驰神纵;马的形象也俊逸矫健。这些连续画面每一组既独自成章,又与整体气势贯连,跌宕起伏,井然有序。

《释迦牟尼说法图》人物画得十分生动。释迦庄重、慈祥,自如地转动法轮,袈裟、锦裙的褶纹轻盈而有质感。其左右三组跌坐听法的僧众,一一露出虔诚、渴求的神情。听法的众菩萨中一位女神意态高邈,表情和手、脚姿势优美灵动。左上角无量光佛前的伎乐,舞姿轻盈,富有节奏和韵律。总之众多的人物姿态各异,但又统一在"说法""听经"的主题中,场面庞大而层次分明,色彩丰富而又统调于深绿的底色里。

1996年,年都乎寺被公布为全国重点文物保护单位。

(3)却藏寺。

却藏寺史称"朝藏寺",亦译作"曲藏寺",藏语称"却藏尕旦图旦拉杰林",意为"却藏具喜不变洲",即"佛教弘扬洲"。清朝敕赐名"广教寺""广济寺",特许建九龙壁一座,为著名皇家寺院。却藏寺距互助县城20余千米,位于南门峡镇燕麦川和却藏滩北面,寺院坐北朝南,依山而建,群山环抱之中,气势巍峨壮观。清代诗人赵遐庆曾写诗赞到:"路接朝藏寺,荒城过石边。云环峰四面,寺绘佛三千。峡险频留月,松高不计年。楼檐鸳瓦覆,屋柱虎皮悬。梵语和经语,茶烟带石烟。山翁知鸟性,樵子傍鸦眠。僧院今何在,灵崖尚故然。华山休访问,此处好参禅。"却藏寺也是活佛的摇篮,明清以来名僧辈出,曾经出过章嘉等48位大活佛。却藏寺的前身是一座账房寺院,由一世却藏·南杰班觉始建于清顺治六年(1649),迄今已有350多年的历史。因建寺者南杰班觉是西藏拉萨地区堆垅却藏人,因而取名"却藏寺"。却藏寺占地面积约533 360平方米,平面呈梯形,东西宽,南北短,建筑宏伟,由众多的殿宇、经堂、佛塔、僧舍等组成,以千佛殿、九龙壁遗址、却藏囊、章嘉囊最为出名。

千佛殿是该寺的核心建筑,占地面积9 350平方米,道光十年

(1830),道光皇帝钦赐修建,大殿呈方形,两层碉楼式建筑,殿堂中心通天四柱,歇山式屋顶。墙体采用藏式边麻墙装饰,因其佛堂内陈列高一尺五寸的如来铜像1 005尊,故称千佛殿。正殿供释迦牟尼佛像,其外罩法衣据说是宗喀巴生前披过的斗篷,十分珍贵,顶层供有宗喀巴像。千佛殿周围有廊坊108间,经纶400个。廊坊内有大幅壁画。

九龙壁是皇权的象征,也是中国古建筑中照壁的一种。在千佛殿建成后,道光皇帝又下旨在距千佛殿山门外300米处建一座九龙壁。却藏寺九龙壁旧址,壁面朝南,壁座长32.6米、宽4.5米、高1.5米,壁身长30米、高6.1米、厚1.9米。壁首残长21米、高1.2米、厚0.8米,通体残高7.3米,系浆、土、白灰混合夯筑。

却藏囊,以自然地平高差分为前后两院,占地面积3 400平方米。南北轴线布局大过厅、小过厅。前院布局经堂大殿,东西为配房,小过厅设置偏房三间,后院对称为厨房、画房和部分小建筑。经堂大殿建筑面积237.4平方米,高9.75米,两层楼阁式歇山顶,面阔五间,进深三间,五架七檩,大木结构。

章嘉囊,占地面积3 136平方米,在却藏囊西,现存建筑为两层楼阁(即过厅),面积201.9平方米。首层进深两间,二层进深三间,硬山顶建筑,五架七檩,小式木结构,东西两厢房对称,面积各116平方米,面阔五间,进深三间,小式结构。

2006年,却藏寺被公布为全国重点文物保护单位。

(4)郭麻日寺。

郭麻日寺藏语称"郭麻日噶尔噶丹彭措林",意为"郭麻日具喜圆满洲"。位于县治北5千米处,在今年都乎乡的郭麻日村,为叶什姜活佛的下属寺院,初建于明万历年间。郭麻日寺内建筑面积达2 694平方米,内有大经堂、弥勒佛殿、主殿、印经殿和护法殿等。现保存有原来的大经堂弥勒殿和囊欠2院。1981年批准开放后,新建隆务仓和堪布仓囊欠各 1 院,僧舍 40 多院。现有寺僧 72 人,仍由叶什姜活佛任寺主,另有活佛隆务仓和堪布仓,其信仰者主要为郭麻日村群众。

郭麻日寺的标志建筑是时轮塔。1987 年,由十世班禅策划、七世曲哇活佛主持,郭麻日村商人拉则为主的郭麻日全村信众筹资敬建时轮解脱佛塔,塔高 38 米,分五层,占地面积 1 500 平方米,内有铜质嘛呢转经筒 281 个。该佛塔成了整个安多地区最大最高的时轮佛塔。塔顶主供佛为檀香木雕制而成的时轮金刚像。时轮金刚塔被称为安多第一塔,文化含量极高。塔的造型结构独特,一般佛塔都是由内部沿楼梯上攀,而郭麻日塔每层顶檐较宽,可由内到外、由外到内地层层登顶。

从塔底到顶部,镌刻着梵文《时轮金刚经》全卷。懂梵文的可边登边理解经文,不懂者亦可欣赏其书法艺术。且文字不是直接刻上砖石的,而是窑烧后贴于塔面,色如釉陶,不畏风雨霜雪侵蚀,十分牢固。

塔身是砖石结构,内装十世班禅额尔德尼·确吉坚赞的袈裟、衣物生活用品,并装有 500 万座大小泥塑佛像,故当地人又叫它"百万佛塔"。塔分五层,一、三层当宝座,二、四层供佛。第二层外壁雕塑八大菩萨,内嵌磐那多杰四佛,属瑜伽续、无上瑜伽续。第四层刻香巴拉 32 个佛界首领(也称 32 个国王),把人间看不见的一个天国境界托展在世人面前。第五层佛堂形如宝瓶,一股幽香令人心怡,温馨发自檀香木雕刻的时轮金刚。精湛雕工让威严凶恶的表情,降魔、除害、消灾的奋勇神威跃然而出。一幅唐卡巧妙地描绘出香巴拉天国跟拉罗国(为魔国)之间的战争,班禅大师在香巴拉国成为第 25 代国王——肉登智合格洛,将香巴拉人从战乱之中拯救出来,在血与火中复兴。96 座都城,32 个国王,香巴拉天国形态尽在眼前。

2. 聚落佛教设施

我们常说的"聚落"包括了城邑和村落这两种形态，城邑是人类文明发展到一定时期的产物，即相对高级的聚落。村落是在社会生产力发展到一定阶段，人类活动与地理环境结合的产物。土族的先民们以血缘关系为单位组成村落，从事畜牧业，过着逐水草而居的生活。以后又逐渐定居下来。土族的村庄大都依山傍水，由十几户或几十户组成。因为土族宗教信仰以佛教为主，所以在土族聚居区就有随处可见的宗教设施。

（1）民居宗教设施。

嘛呢杆

在每户土族村民家中都立有嘛呢杆，意为"观世音菩萨的除邪箴言"。即把印有六字真言或平安经的经幡挂在嘛呢杆上，竖立在庭院中和大门上方的墙头或墙头四角。庭院中央的嘛呢杆高约三丈；门头顶和墙头四角上的嘛呢杆则高三五尺，嘛呢杆顶端置日月同辉的木刻吉祥物。土族村民普遍认为在院中或墙头四角放置嘛呢杆可控灾祛邪，保佑全家平安。如家中有虔诚信佛的老人，则天天煨桑、磕头。一般村民家中是每逢初一、十五日煨桑、磕头、点灯。

煨桑炉

煨桑炉，土语称"桑彻儿"，是土族求神拜佛时煨桑的专用设施。绝大多数土族村民将煨桑炉设置在庭院中心三尺多高的方形花坛正对堂屋的一面。一般为两层的砖台，上层烧松柏叶，下层通风，砖台顶做成屋顶的形状，顶上放置一个宝塔形的石头。烧香求神拜佛的香炉或煨桑炉是土族人家必不可少的设施。民和土族各家有两个香炉，一个在中堂，一个在院子中。互助和黄南的土族人家只有一个煨桑炉，所处的位置不尽相同，互助土族在庄廓中心的圆槽也就是现在的花坛上，如五十村董正元家，在三尺多高的方形花坛的一面修了一个两层的砖台,上层烧柏枝,下层通风,顶上是一个宝塔形的石头;郭麻日土族的煨桑炉多在房顶上,煨桑时必须从梯子上爬到房顶;年都乎登德家则在院落一角;民和官亭土族人家院中已经看不到煨桑炉。

佛堂

大多数土族人家将正房向东的房子设为佛堂,有两层楼房的则设在楼上。此屋在家庭内最为神圣,会特别加以保护,禁女性和家中有丧事的人进入。一般也不许外人随便入内,怕冲撞神灵,给家里带来灾难。佛堂内设供桌,桌上供有各种佛像和达赖、班禅等一些活佛的照片,还放置着经文、转经筒、清油灯等。如果是祖房的佛堂,则还供有家族神。

中宫

中宫即宝瓶。土族在建宅时,都要从附近寺院中请来一个宝瓶,瓷瓶内装有少许碾成粉末状的金、银、玛瑙等珍贵物品,且必须由经法高超的僧人念过经。请到家以后,不能直接埋入地下,要挂在中堂上(认为中堂是比较干净的地方),然后向龙王或神箭请示埋宝瓶的日子。等龙王或神箭定下日子后,届时将龙王或神箭请到宅基地。主人家先煨桑、点灯、供鲜花果品并磕头祷告,然后请龙王或神箭选安放宝瓶的位置,选定后,挖三尺的坑,将宝瓶放入坑中,同时还放入柏香、粮食、几块圆石头和酥油茶,然后用土掩埋,最后用砖墙围起来,是为圆槽。土族人普遍认为安了中宫以后,会保佑家宅平安,镇避地方邪气。

白石

土族地区,当新庄廓打成后,第一件事并不是盖房子,而是在院墙的四角镶嵌白石头。这种石头一般为乳白色,呈圆柱体,表面光滑。镶嵌白石时有固定的仪式,首先要请村庙的神箭"切什羌"择定镶石的吉日。届时,由家中的男主人净手服桑后上墙镶石。

也有个别人家请"家全人全"的人(上有父母、下有子女者)来镶石。此外,在一些土族地区,人们用毛(皮)绳捆扎好一块橄榄球大小的白石,悬挂于院门上方。也有的人家在煨桑炉的顶端竖立一块圆柱体白石,照壁的两端和中间也会各立一块白石。此外,白石也用于照壁墙,土族"鄂博"嘛呢堆也是由白石构成的。白石作为祈福平安镇宅的宗教设施存在于土族建筑之中(图2-2)。

图2-2 (王存辉摄)

(2)村落宗教设施。

拉什则

拉什则又称"鄂博",也写成"俄堡"。鄂博是蒙古语的音译,象征着当地的山神,一般建在山顶或隘口。拉什则的组成分地下和地上两部分。地下部分要埋一些宝物,包括在所挖的坑内竖一节柏木桩,称为"命木",立于中央,上缚羊毛等。在"命木"的周围放置内装有粮食、金银、珠宝之类的宝瓶或兵器等。地面部分设有四方形木栏,内置垒石,上插许多木制刀、矛、剑、松柏枝等,同时还系有白羊毛、哈达、红彩绸等神物。拉什则旁边有白色鹅卵垒成的石堆,叫嘛呢堆,一般从九堆到十五堆不等,成单数,它是拉什则的补充延伸。祭拉什则的仪式一般一年举行三次,即除夕夜、正月十五和二月二。届时由村内"胡古安爹"或喇嘛念诵祭相关神灵的仪轨文,土族群众带着炒面、柏香、十三个馒头、烟酒、粮食、钱等各种祭品,汇集到拉什则处,举行隆重的祭祀仪式。大家跪拜祝福,然后往拉什则上添加石块,进行修补,并在拉什则顶上插柳条枝,还悬挂新的绸布条、哈达、羊毛和经幡等,祈求吉祥。

宕不拉

宕不拉一般设于村落地界边,山豁处,为高七八尺,直径四五尺的圆锥形土墩子。摆宕不拉是土族村民的一种宗教性镇邪仪式,又称安镇。宕不拉一般摆在山巅、山嘴及关隘峡口或认为是妖魔鬼怪出没的地方。宕不拉分上下两部分:上面是土墩子,下面是有巫术作用的镇物。其下镇物多为黑碗、黑盆、刀、黄刺橛、柏木桩、破衫、烂毡片等凶器和污物。若安大型的镇物则用磨盘、水轮、车轴、狗头、白公鸡、马头、蛇或各种粮食、百泉水、千家火等物品。此外根据祈求的愿望不同而下不同的镇物,每一种镇物都有其特殊的功能。宕不拉在土族村民心中有挡冰雹和报平安的功能。安一般的镇物请苯苯子念经,摆大型镇物则请活佛念经。土族群众普遍相信活佛在一庄安镇便要对另一庄不利,所以解放前常常有这一庄村民请活佛安镇,另一庄的村民便要请另一位活佛来安镇与之对抗的现象。并且邻村双方常为安镇的事发生冲突,以致活佛与活佛相争,群众与群众相打,解放后这种为安镇相争的现象逐步消失了。

本康

本康多出现在互助土族聚居的村庄,意为十万佛爷。其形状为一个四方形的亭子，中间的四根圆柱作为四角用砖砌成没有门窗的土屋，里面放置着三四千个用模具压制出的一寸大小的泥佛（土语称为"嚓嚓"）。土族人相信它既能挡住冰雹等天灾，又可以保佑一方平安。土族人一般把它修建在大路旁、山坡上或庄子的中心地带。装本康时要请寺院的喇嘛来念经、主持仪式。每月的初一、十五，常有许多土族老人绕着它同时口诵六字真言。如图 2-3 为互助县小庄村的本康。

图 2-3

拉康

"拉康"是土族地区设置于村落中的祭祀场合，意为"神殿"或"佛堂"，类似汉族地区的庙观。土族拉康因地域的不同呈现出不同的特点。

互助县东沟乡大庄村的广福寺，是大庄村村民的宗教活动中心。现坐落在大庄村小学南面，村委会东面，平大公路南侧。寺院坐南朝北，两进院落式布局，院落东西长 34 米，南北宽 32.4 米。由照壁（后建）、山门、大殿、东西厢房（后建）组成。全木结构的汉式大殿坐南朝北，大殿面阔三间（8.4 米），进深三间（5.2 米），歇山顶，五架梁，正脊为莲花砖雕，吻兽，垂脊有脊兽，雀替雕花卉，大殿门为四扇格子门，四周有回廊，廊柱置 48 个转经筒。大殿正中供奉释迦牟尼佛像、文殊菩萨像、神箭等；两侧供有三个龙王神轿，分别为赤龙、黑龙、白龙；东侧摆放着部分大藏经。院落东西两侧建有三间房分别作为厨房、卧室、储藏室。该寺院始建于清光绪年间，相传有 100 多年的历史。先后迁移三次，最早建在拉日，因发洪水而迁到拉东，后因回民起义烧毁，光绪十八年（1892）建在寺背后，后由大庄村村民集资修建了大殿，将原来的佛堂改成山门。1980 年，十世班禅在去佑宁寺的途中曾到过广福寺，现寺中还供有班禅大师坐过的宝座。1984 年，维修、彩绘。

四郎庙

民和官亭镇四郎庙是受汉文化影响较大的土族村落宗教设施。

官亭镇是青海省土族的主要聚居区之一，这里是世界上最长的狂欢节——土族纳顿的诞生地，拥有被誉为"东方庞贝古城"的喇家遗址，也是青海省有名的瓜果之乡。

官亭镇位于民和县境南部，黄河北岸，南以黄河与甘肃省为界，距县府驻地 90 千米。人口 1.5 万人，以土族为主，占总人口的 89.1％。面积 67.1 平方千米。官亭镇四郎庙是官亭镇的鲍家、喇家的总庙，其牌位上写着"积石山佐保护社稷通雨大王"。相传是明代把守积石关的一位将军，在甘肃有关文献上记载是明朝大将胡大海，在甘肃积石山一带成为"四龙王"。

四郎庙建于明洪武末年，原庙址在官亭镇文化中心的地方，清末重建。四郎庙仅一座大殿，歇山顶，砖木结构，建筑结构三间转五，正脊雕饰二龙戏珠，戗脊雕饰有草龙和飞鸽。大殿装饰以浮雕和彩绘为主，色彩明丽。殿内墙壁挂"四郎出巡图"，左山神、右土地,山神为老虎。大殿砖雕为临夏砖雕,彩绘具有黄南吴屯艺术特色,大殿建筑风格为汉式建筑风格(图2-4)。

图2-4

(二) 道教教筑

道教是在我国古代崇拜鬼神的巫术祭天祭祖的基础上形成和发展起来的,是我国的固有宗教,远在汉代已逐渐传入河湟一带。在土族聚居区,五峰寺是著名的道教寺院。

五峰寺,省级文物保护单位,位于互助县威远镇西北15千米处的五峰乡白多脑村的五峰山上,距省会西宁45千米。该寺四面五峰林立形如举掌,其所处位置正是"掌"中,故称五峰寺。五峰寺始建于明朝崇祯十五年(1642),为中国古典式庙宇建筑,设大殿三座。清朝时就被称为"湟中八景"之一。

五峰寺现有建筑均系1978年后陆续修建,有菩萨殿、无量庙、八卦亭、玉皇庙、三清宫、黑虎洞、澄华泉西牌楼、六角亭、香公楼等。1986年被公布为青海省省级文物保护单位。五峰山中的庙、宫、亭依山而建,错落有致,粉墙绿树、飞阁流丹,交相辉映。每年农历六月六日五峰寺举行传统朝山庙会,四面八方的群众身着节日盛装纷纷前来游览、赛歌,土族、汉族、藏族、回族等族民众登山对歌。从清晨到傍晚,游客与香客络绎不绝,已成为消夏踏青的旅游胜地。

二、民居

土族共同的民居形式"庄廓","庄"为筑造于山野之间的宅,"廓"指巢穴。土族早期的自然村落多是同宗族的,表现出聚族而居的特点,以户为基本单元,一户一庄廓,若干庄廓通过围墙互用或紧靠形成庄廓群。

(一) 庄廓院

土族一般一家住在一个庭院,当地人称为"庄廓"(图2-5)。这种单门独户的庭院在互助县叫"日麻",在民和县叫"昂图"。庭院围墙的四角各立一个圆形的白石头镇邪。整个庄廓占地面积约4—8分地,为正方形四合院,围墙高约两丈,下部以土夯筑而成,上部以土坯砌齐,以麦草和泥抹光。房顶大多为平台,略低于围墙。当关上院门的时候,一个庄廓俨然是一座小的城堡。庄廓院一般坐北朝南,院内四周靠墙建房,在院落中心的圆槽上立嘛呢杆,置煨桑炉。北房面阔三间或五间,侧间或楼上设佛堂,前出廊。东房一般设小辈的起居室和厨房,西房一般为住房或仓廪,东北角为驴马圈,西南角为厕所,南面设大门。

1. 互助东沟乡苏先文民居

该宅院建于清代,位于互助县东沟乡年先村四社。宅院呈长方形,南向开门,宅院南北宽19米,东西长25米。北、西两面为平顶土木结构平房,东面为两层楼房,一楼面阔三间,进深一间。在

图 2-5

一楼的角房设有楼梯通向二楼,二楼利用地形盖于一楼后半部分的土崖上,面阔三间(9.3米),进深三间(6.5米),高6.53米。设前廊,悬梁吊柱式样木雕护栏,明间栏板有三组木雕,左为大象图案,中间为狮子滚绣球,右为龙图案,此间六组为暗八仙图案。明间为神堂,供奉度母。

2. 互助丹麻镇索卜滩民居

索卜滩村位于互助县丹麻镇南3千米处,东为鱼儿山、龙卧沟,西为西滩大坡,南北向的哈拉直沟河穿过村庄。13世纪初成吉思汗部将格利特带兵到互助县一带,因病故于索卜滩村,于是其部下长期居住于此,与当地霍尔人通婚,形成村落。"素呼"即蒙古,"索卜"是"素呼"的转音,索卜滩意指蒙古滩。后人在故址上修建了沙什当本康。

民居位于互助县土族之乡索卜滩村,坐北朝南、四合院庄廓式建筑。院门南向,院门不平行于南墙,向外撇出20度左右。进院门3米处有一长2.5米、宽0.35米、高1.7米的土墙影壁,院内北房为平顶两层带檐廊建筑,面阔五间(15.5米),进深两间(5.5米),高5.8米。一层明间为客厅,次间为卧室,东面稍间为马圈,西面稍间为杂物间兼做楼梯间。二层明间为佛堂,东面次间为草房,西面次间、稍间放杂物。此建筑约有百年历史。

(二) 堡寨建筑

堡寨建筑形态是一种以防御功能为主要特征的民居形式。堡寨建筑通常地处战略要地,通过外设坚固高大的寨墙,形成围合空间,四角或前后对角设哨楼,抵御敌人的侵袭,从而形成集居住性与防御性于一体的特色民居建筑。土族堡寨建筑与以福建龙岩、漳州地区为代表的平均式分布格局的土楼建筑及以福建三明地区为代表的具有客家围龙屋外观的土堡建筑,既有相同之处,又有明显区别。现存的土族堡寨建筑有互助县五十镇北庄村的北庄古堡、五十镇土观村、同仁县郭麻日古堡等,其中最为典型、保存较完好的为郭麻日古堡和北庄古堡。

1. 郭麻日古堡

郭麻日古堡位于同仁县北部的年都乎乡北,距同仁县城约5千米,坐落在隆务河西岸,是一个土族聚居的村落,现有住户189户,总人口1 478人。该地区海拔在2 500米以下,日平均气温≥0℃,日照时间1 760.7小时,年降水量370—430毫米,年均气温5.2—7.0℃,无霜期150—172天,宜种植中晚熟小麦等作物。主要经济来源为农业和热贡艺术品制作等。

公元前5世纪前后,湟中羌始祖无弋爱剑从西秦出逃"亡入三河间",隆务河流域成为羌人稳定繁荣的根据地。至明清时,该地区发展繁盛,隆务寺规模不断扩大,成为安多藏区著名的六大寺院之一。所辖郭麻日寺始建于1351年,并逐步形成了以郭麻日寺为核心的古村堡建筑群。郭麻日古堡为青海境内保留最完整的古堡,被列为中国历史文化名村、全国重点文物保护单位、同仁县4A级旅游景点、热贡艺术文化村。

　　古堡城墙为夯土板筑,长方形。古堡内巷道结构总体上呈蛛网状形态,迂回曲折,巷道狭小。支巷末尾均以尽端、端头路结尾。但经仔细勘查与分析,堡内巷道仍有主次之分的较清晰的脉络(图2-6)。一条连通东西的主脉虽然有一定的曲折,但走向清晰,尺度相对较宽,宽约2.5米并与东西门相连。另有一条曲折连通南北的脉,与南门相连,向北延伸到居住腹地形成尽端路。两条主脉在堡内近乎中心的位置交汇。该处布置有全村公共的经堂和嘛呢房,成为古堡的公共核心和堡内的宗教中心。

图2-6

　　古堡由东西、南北两条主脉大体上分为四块相对平衡的部分。之内的次要巷道、支巷道呈曲折、幽深、蛛网状结构形态,巷道末端均为尽端式,巷道极为狭窄,宽度有2米、1.5米等几种类型。古堡内巷道结构形态与分区特征为"二轴一心四片"的蛛网状结构形态。形成这种巷道结构形态的主要原因,是该区域历史上长期处于不稳定的状态,屯垦之需形成的屯寨经常受到各种侵扰,故把便于防卫作为屯所营建的重点。古堡内蛛网状、尽端式的巷道结构使得入侵者即使攻入堡内,也会迷失方向,难觅退路。堡内民居一般均为两层土木平顶结构,周围厚实高大的庄廓墙,形成古堡高墙窄巷、易守难攻的格局。

郭麻日村由郭麻日古堡以及古堡外的村落和郭麻日寺三部分组成。郭麻日古堡占地约4万平方米,东西长约220米,南北宽约180米,古堡城墙为夯土板筑,共有东、西、南三处大门,每个大门上都建有嘛呢房,其上竖立经幡。由于郭麻日古堡占地面积并不大,而聚居人口又较多,因此每家每户的庄廓院落占地都很少。为了满足日常居住的需求,庄廓多为两层,因此产生了极具围合感的院落空间,如恭吉(音)家的庄廓院(图2-7)。

图2-7

恭吉家院落坐北朝南，院落呈近似矩形，庄廓内常年居住人口为5人，三代同堂。据恭吉介绍，这个庄廓院自古堡建成之日起就有了，距今已有300多年的历史。院落东西宽约10.6米（北墙长约9米），南北进深13.2米左右。一层三间，大门在院落南墙正中，双开木质大门，大门平屋顶与西厢房屋顶、正房二层平台以及东侧柴草棚顶相连接，形成围合院落二层的活动平台。院落狭小，院内并无中宫。北面正房为土木结构，共两层，一层进深6.3米，为一字型无檐廊形式。二层为钥匙头形式，可通过北方东侧角房的楼梯到达，并设有檐廊。二层前的檐廊退后一层外墙约2米，与廊下空间形成开阔的二层生活平台。二层一侧为卧室，廊坊为经堂，檐下横挂经幡，煨桑炉置于西房顶和二层北房连接处。二层是居民从事生产生活与宗教事宜的场所。

这种以一层院落作为生产辅助性院落，二层平台作为生活平台的做法在同仁土族庄廓中非常普遍，而在郭麻日古堡庄廓用地有限的情况下，这种院落布局对于节约土地来说是十分有利的。虽然因院落空间不足而没有设中宫，有些人家的院落中还是设置了一个"悬浮煨桑炉"，以铁丝将铁盘吊于院落一角，充当煨桑炉的角色，嘛呢杆立于二层的院墙旁。郭麻日古堡中多数人家的一层通常是厨房、牛粪、草料储存棚、牲口圈和厕所，厨房多在檐下，不封闭，锅灶低矮；不过，在古堡内桑杰家中也有带灰坑的锅连炕。

2. 北庄古堡

北庄古堡（图2-8）建造在互助县五十镇北庄村一个地势平坦的山腰上，坐西面东，总面积500平方米左右。整座城堡呈正方形，堡垒四周筑有高大的围墙，围墙为黄土夯筑而成，分三层。古堡四角还建有放哨用的角楼，这样的布局表明，北庄古堡就是一个典型的军事防御体系。因北庄古堡在任何文献中都没有记载，究

图 2-8 (王存辉摄)

竟建于何时,至今仍然是个未解之谜。有关专家根据古堡的建筑格局初步断定,北庄古堡大约修建于明末清初。古堡大门朝东,大门两侧筑有两根用鹅卵石垒砌的门柱,门柱上安装着一扇厚重的木门。大门上是一座门楼,这座门楼是近几年重修的。据村民介绍,以前的门楼比现在的要雄伟得多,当年的门楼不仅起到了很好的装饰作用,而且是一条可以供人通行的"空中走廊",门楼之上甚至还修建着瞭望孔,穿过门洞是一个小广场,这是古堡里的居民聚会的场所。在广场一侧,城北中央有一座两层的"拉康"(佛堂),坐北朝南。从造型上看,这座拉康既有土族传统民居典雅古朴的韵味,又融合了汉族庙堂宗祠建筑的高贵和雍容。拉康是整座古堡的制高点,站在拉康的走廊上,整座古堡尽收眼底。广场四周民居密布,这些民居大多依着古堡的城墙而建,院落均呈长方形,户户相连,古堡内的每户人家的屋顶不仅是相通的,而且从每户人家的屋顶都能登上城墙。每户人家都是一座夯土为墙的四合院,大门都朝向广场。院门上不施油彩的木质门楣上,雕刻着朴素的花纹。院门的木质门楣上通常有一种名叫"猫儿头"的装饰物,每个时代的"猫儿头"都有不同的风格。"猫儿头"雕刻的是卷云纹,雕工精致,朴素大气,是典型的明末清初的风格,这也成了北庄古堡断代的依据之一。和所有土族人家的住所一样,这里也是北房为上,北房的窗户上安有两扇榫卯结构、做工精致的花菱格木窗。在北房一侧,还设有佛堂和灶房,直通锅灶的还有一盘土炕,通常是主人待客的地方。堡内建筑大多都保留了土族传统民居的建筑风格。这些民居,形成了北庄古堡对外封闭、对内开放的堡寨格局。

2008 年,北庄古堡被公布为青海省省级文物保护单位。2012 年,北庄古堡被列入第一批中国传统村落名录。

三、标志性建筑

标志性建筑也叫地标性建筑,简称"地标"。标志性建筑与普通建筑的不同之处在于,建筑本身出类拔萃、独树一帜,是整个城市中所有建筑的主角。标志性建筑是文化活动、经济活动的一个平台,也是一个城市的名片和象征。

土族地区标志性建筑最为著名的是互助县的威远镇鼓楼(图 2-9)。土族歌曲中有这样的唱词:"威远堡好比一只船,钟鼓楼好比个桨杆。"威远镇鼓楼是土族环境、文化合力创造的一个地域经典。

互助县威远镇,宋代为"牧马营""牧马苑",明嘉靖十四年(1535)修城垣后定名"威远堡"。城垣东西宽 125 丈,南北宽 118 丈,城墙根厚 2.4 丈,顶宽 1 丈。后设"游击营",又称"威远营堡"。1930 年建县后改称威远镇。威远镇鼓楼始建于明天启四年

图 2-9 （王存辉摄）

(1624)，三重檐歇山十字脊建筑，一层最早是十字形券洞，因在十字路中心，是一过街楼，1988 年 8 月重新修缮，面积比解放前扩大了 20 多倍，基础抬高，十字形券洞已不复存在。鼓楼一层面阔，进深各五间，平面 12.9 米×12.9 米，二、三层面阔和进深均为三间，层层内收。三层均带围廊，每层用七踩斗拱，重翘无昂，四角悬挂风铃。鼓楼高约 14.6 米，总高 17.5 米。2008 年维修时台基提高后鼓楼总高 20.08 米。

四、土族文化传播建筑

建筑以其独有的艺术形式，表现了人类文化在各个历史阶段的水平，以及对未来的理想、追求和向往。作为一种具有象征性、音乐性、综合性的艺术门类，建筑像其他艺术形式一样，蕴涵着特定时代、民族的文化精神，并以充满活力的感性流动与建筑艺术表达显现于民族文化的传播之中,使人们能沿着建筑的线条、色彩窥见一个民族文化之斑斓。土族在文化的传承中,建筑已成为一种独特的承载,成为土族文化传播的窗口。目前在土族地区,发展土族文化旅游成为土族传播本民族文化的有效途径,土族建筑自然也就成了外界了解土族的媒介,本书将这类以建筑为主要途径传播土族文化的建筑类型称作土族文化传播建筑。互助土族自治县作为青海省的旅游资源大县,也是青海省发展旅游业的重点县之一,境内生态环境原始古朴、文化遗迹古老神秘、民俗风情风格迥异,形成了独具特色的五大旅游资源板块,即以彩虹部落土族园、纳顿庄园、小庄土族民俗文化村为代表的土族民俗文化旅游资源;以天佑德中国青稞酒之源、世义德酒坊、威远烧坊为代表的青稞酒文化旅游资源;以北山国家森林地质公园为代表的自然生态旅游资源;以湟北诸寺之母佑宁寺为代表的宗教文化旅游资源;以高尔夫球场、纳特网羽中心为代表的高原康体健身旅游资源。其中,土族故土园、大庄村等建筑群是土族地区较成熟的土族文化传播建筑。

(一) 彩虹部落土族园

互助土族故土园位于互助县城西北部,距青海省会西宁市31千米,是集游览观光、休闲度假、体验民俗、宗教朝觐于一体的综合"土族文化"为主题的旅游景区。该园自20世纪90年代逐步发展起来。土族故土园以纯朴的自然环境、古老神秘的文化遗迹、风格迥异的土族风情为特色,是土族原始生存状态的文化缩影。

互助土族故土园是一座大型土族民俗文化主题公园,总规划面积6.81平方千米,核心游览区达3.25平方千米,建筑面积达1.3万平方米。景区包括天佑德中国青稞酒之源、彩虹部落土族园、纳顿庄园和西部土族民俗文化村、小庄土族民俗文化村5个核心区域。2001年被国家旅游局评审为国家4A级旅游景区，2013年互助土族故土园正式启动国家5A级旅游景区创建工作，2014年顺利通过国家旅游局景区景观价值评审并被列入国家5A级旅游景区创建名单，2017年新晋为国家5A级旅游景区。

互助土族故土园中的彩虹部落土族园（图2-10）是一座大型土族民俗文化主题公园，园内建筑集中体现土族建筑的精华。拥有十八洞沟老油坊、原始古老的水磨、距今有170年历史的木结构土族古民居、民间传统的酩馏酒坊、活佛院、安召广场、土司府、庄廓院和非物质文化遗产传承保护中心等以青砖青瓦、生土土坯、砖雕木刻等形式建造的土族民俗文化古建筑群，集中保存了一批极具文物价值和观赏研究价值的土族古建筑，整体展示了土族

图2-10 （王存辉摄）

的悠久历史、民俗文化、生产生活习俗及非物质文化遗产,具有极高的观赏性、娱乐性和参与性,成为青海省内最大的民俗娱乐集中表现地。

十八洞沟老油坊从互助县松多乡的一个土族村落拆迁而来,是县境保存最完整的一座老油坊,为木石结构,其中设施有油梁、蒸锅、石磨、石碾子和蒸笼等。油坊再现了传统的榨油工艺。

原始古老的水磨是当地现存水磨中最完整的立轮式水磨,结构紧凑,部件完整。

园区东北角有一保存完好的传统土族庄廓院。院落坐北朝南,平面为典型的三合院形式,大门位于庄廓南墙偏西侧,向西南与墙体呈一定角度,并与缓坡屋顶形成门斗。正房为二层,面阔五间,土木结构,东侧檐廊下有木梯可达二层。额枋上的木雕朴素大方,主要以花草和水云纹样为装饰题材。木栏杆做工精美,高度仅有 0.9 米左右。东、西厢房均为一层,五开间,东厢房南侧为酿酒的作坊,内有酿酒所用的发酵池和工具。院中所有建筑屋顶均为双坡屋顶,但坡度较缓和,屋顶为草泥抹面屋顶,并巧妙将落雨管和檐口装饰结合起来,不仅达到排水的目的,同时又美观大方。院落中心是圆形的中宫,以卵石砌筑而成,其中插有挂经幡的长杆。地面以卵石平铺,与东、西厢房高差 0.2 米,与正房高差为 0.4 米。整个院落呈中轴均衡布局,院落西南角有一角楼,一般是以活动木梯上到屋顶才可进入,这也是土族庄廓较为鲜明的特征之一。院中正中砌有圆槽,圆槽中央的朱砂牡丹旁有嘛呢旗杆,上端挂有经幡,朝上房的一面设有桑炉,每月初一、十五早上煨桑、祈福。

土司府邸一进四院,是根据明朝天顺年间青海互助地区曾出现过的李文土司的官邸建筑风格还原而来的。土司府一进院是土司老爷的办公区;二进院东西两边为土司府师爷房、管家房;三进院是土司老爷的居所;四进院是土司府后花园,北房是客房,西房为土司老爷的交通工具及马具储藏室,现演化为陈列室,后门侧设有骑马石、拴马桩。土司府邸装饰的重点是房屋的木构部分,即门楼的檐下、内院建筑的檐下、门窗和室内的隔断等。建筑装饰手法以木雕装饰为主。木雕的图案大多有"牡丹富贵""凤凰展翅""麒麟送福""暗八仙"等,充满浓郁的文化韵味。牡丹被土族人当作吉祥的象征,是土族人家室内多采用的装饰图案,故有"土族人家满眼是牡丹"之说。门楼雀替装饰采用"凤凰展翅"、额枋刻"麒麟送福"、垫板上雕刻"长城箭垛图"。室内隔断采用"牡丹富贵"和"暗八仙"中的葫芦、扇子等代表吉祥寓意。木雕图案严谨而巧妙,绚丽而流畅。

　　安召广场直径80米,建筑面积2240平方米,广场四周设环形长廊,广场东侧是土族特色鲜明的大舞台,定时演出优美的土族安昭舞、飞旋的土族轮子秋、高亢嘹亮的土族花儿,同时也可以欣赏优美的土族歌舞和艳丽的土族服饰。

　　四季如春的多功能美食彩虹宫,内设石山、小桥,可以使人感受到"小桥流水人家",是远方的游客朋友们品尝民俗餐的最佳场所。

(二) 互助东沟大庄村

　　互助县东沟乡大庄村位于互助县东部,距县城威远镇6千米,是一个典型的土族村落。它属于互助土族故土园景区之一,2012年入围第一批中国传统村落目录。大庄村民风淳朴、历史悠久,土族生产生活场景保存较多,是发展土族民俗旅游、传播土族文化的好地方。大庄由5个自然村、7个社构成。全村总面积9.68平方千米,平均海拔2600米左右,村庄南依圆山,北为驮盖顶山、纳家岭,南为塘沙坡。东西向的塘川河从村庄北部流过,平大公路穿村而过。大庄村居住有564户,人口约2 547人,北为拉东,南为寺背后,东为拉日,西为大庄村,东北为黑泉。

村中传统的土木结构民居有330余户,现代砖木结构建筑有230余户。寺背后有清代李承铎民居、清光绪年间修建的广福寺,拉日有明代古城堡村,拉东十字路口有一棵百年古杨树。

大庄村的传统民居为院落式布局,坐北面南,土木结构抬梁式建筑,三至五架梁。雕刻有莲花、牡丹等图案,象征平安、健康、富贵。主房一般为三间,正中为堂间,右为佛爷房,供奉有地方保护神、旦木建(土语,红花爷)或其他佛像。左为客厅,设有满间大炕,为家中老人或长辈卧室。院内正中有正方形的小花园,花园的中心部位有嘛呢旗杆,靠主房的园墙顶部设有藏炉。院墙用黄土夯筑而成,白土抹墙。

村中传统的土木结构民居有330余户,现代砖木结构建筑有230余户。大庄村的很多房屋都从以前的土坯房改为砖瓦房。东沟乡政府为保护土族特色建筑,从村民手中买来的两层土楼的古建筑,复建后落户大庄村,成为游客零距离体验和感受土族建筑文化的平台。

在大庄村建筑具有特色的是建于清代的李承铎民居,位于大庄村五社东北部。两进院落式布局,坐北朝南,南北长37米,东西宽23.6米。主院落由北房、西房组成。北房为木质两层楼阁。面阔三间(8.1米),进深两间(4.5米)。五架梁,屋面为一坡水。二楼实木围栏雕刻花卉图案。柱高4.5米。

大庄村除了有特色的民居外,还有建于清光绪年间的广福寺,同时历史给大庄村也留下了很多文化遗迹,详见表2-1。

表 2-1　大庄村文化遗迹表

遗址名称	遗址地点	特　点	建筑年代
大庄古城堡	拉日二社南部团顶，四周以残墙为界，东为壕沟，北临黑泉水沟，西、南为断崖，崖底为东西向的村间道路	古城堡平面呈不规则三角形，东西长125米，南北宽81米。东围墙残长68米，顶宽2.6米。古城堡还有女儿墙，宽0.35米，高0.65米。东墙外有城壕，外侧高4.3米。南围墙残长130米，顶宽1.7—3.2米，残高2.8米。西墙残高2.3米，顶宽3.2米。南围墙外4.4米处有随墙，随墙残高0.7米，顶宽0.35米。北围墙残长120米，顶宽0.5—3米，残高0.7米。夯层厚0.2米	根据夯层分析，为明代建筑
拉日遗址	大庄村六社的猫儿刺坡乱牛山根部，东为县乡油路，东500米处为南北向的塘拉河。西为猫儿刺坡（乱牛山），南为牛五十七家宅院南50米处，北为牛黑龙家	南北长140米，东西宽33米，地表散布夹砂红陶罐残片。遗址上建有四户农宅，当地村民取土时曾挖出"大泉五十"钱币和灰瓦片等物品	根据出土的钱币和采集的陶片分析，属青铜时代卡约文化和汉代遗址
大庄甲遗址	位于六社唐沙山根，东至木拉关里沟西岸，南至牛得元宅院北墙，西至从东至西80米处的山坡，北至从南至北18米处的山坡	遗址平面呈长方形，南北宽18米，东西长80米，文化层厚0.3米，地表散布有夹砂红陶片	根据采集的标本分析，属青铜时代卡约文化遗址

续 表

遗址名称	遗址地点	特 点	建筑年代
恰卡顶西遗址	位于大庄村一社,东为农田和现代墓葬,西为贼沟湾地,南为断崖和大庄河,北为农田	遗址断崖处暴露文化层厚0.6米,地表散布大量夹砂红陶残片和灰陶片	根据采集的标本分析,属青铜时代卡约文化和汉代遗址
恰卡根遗址	位于大庄村一社,东为农田,西为何立新家,南为何多十家和何七十保家,北为山坡断崖。南北长40米,东西宽35米	断崖暴露文化层厚1.6米,并夹杂有陶片。当地居民平整土地时挖出磨盘两件,磨器一件,残陶杯一个,鹿角一个	根据采集的标本分析,属青铜时代卡约文化和汉代遗址
恰卡顶东遗址	位于大庄村一社由合顶上,东为一社的何栏木旦柱、吊六十五家,西为恰卡顶西遗址,南为断崖和农田,北为由合湾地(农田)	遗址在山顶,东西长190米,南北宽84米,地表散布夹砂红陶罐残片	根据采集的标本分析,属青铜时代卡约文化遗址

大庄村完整的自然生态体系、丰富的建筑、文化遗迹资源和保留完整的民间信仰的土族文化体系是土族民族文化的一面镜子,也是引领人们了解和走进土族文化的一扇门。

五、作坊

土族人民在生产生活中有自己的加工作坊,现有的作坊有水磨坊、土油坊和酩馏作坊三种。

(一) 水磨坊

土族水磨坊(图2-11)为土木结构建筑,一般为四间,其中三

图 2-11

间悬空横跨于磨沟之上,称之为"水间",紧挨磨沟,起于地面的叫作"旱间"。水磨坊的地面由木板铺就,"旱间"墙体内层是树枝编成的篱笆,外层抹一层草泥。为减轻"水间"重量,其墙体由木板镶成,"水间"有直径约2米的上、下两扇磨盘,上扇磨盘用四根粗绳固定在梁木上,每根绳中间插一根撬杠,下扇磨盘用"T"形木墩固定,并通过木质磨轴连接到磨坊地下的磨轮上。磨轮为木质,形似水车。磨轮上方装置上宽下窄的木质水槽,称之为"磨槽"。磨槽上口接磨沟水流,下口悬空正对磨轮,水流的冲力推动磨轮旋转,磨槽下口设闸板,绑着绳索直通磨坊,拉绳开闸,水磨转动,放绳闭闸,水磨停转。磨面时,将粮食倒进磨盘上面木质的大方斗里,磨盘转动粮食经磨眼摇落到磨盘中间,经磨齿粉碎成粉,从上下磨盘的间隙落到地板上,上盘磨眼处有调节注入量的活动装置,俗称"搅曲巴"。从磨盘里磨出的面粉的麸皮的分离工序在水间的箩面筛里完成。箩面筛是将筛网用七八尺长的两根方木,两头用一尺长的木棍固定的长方形的箩面工具。箩面时拉动箩面筛一撞一离,如此反复多次,将留在箩面上的麸粒倒入磨盘上的大方斗重新磨粉,多次筛、磨才会将面粉磨好。

(二) 土油坊

土族民间以传统方式手工操作加工油料的作坊叫土油坊(图2-12)。土族的油坊和磨坊相连,磨坊将榨油的油菜籽、胡麻籽磨碎,然后经油坊的大锅上蒸熟、榨油。

图 2-12 (王存辉摄)

油坊一般呈长方形,六间大,墙体由土夯筑,油坊进门处设一锅连炕,大泥锅台上置大锅,大锅上放置做成抽屉状的带有多个小孔的木盖板,类似笼屉,用于蒸熟油料。窗户对面的墙边放置长约四五丈、根部直径五尺左右的大树做成的"油梁",油梁大头置于木栅栏内的石头下,油梁小头装有十多个圆孔的偏柱一对,叫作"起杆",用于上下起降油梁。榨油时,铁制的油圈内用马莲叶编成网状铺上麦草,然后用木锨将蒸熟的油料放置麦草上包成油包,系上油绳,并用木榔头砸实,放到油梁大头的油盘上,用方木横担固定,然后将油梁小头用起杆一孔一孔放置挤压的合适位置后,自然下压,油包的油顺油盘边缘凿出的细沟淌出。

(三) 酩馏作坊

土族人用土法酿造的青稞酒叫作"酩馏酒",互助民间酿造酩馏酒的历史距今已有 400 多年。解放前,互助威远镇的酿酒业日趋兴旺,并逐步形成实力雄厚的"天佑德""永庆和""世义德"等八大酿酒作坊。1952 年,互助县以天佑德烧坊为主,整合"八大作坊"建立了互助县酒厂,逐步发展为现在的青海互助青稞酒股份有限公司。青稞酒声誉远播,传承的"清蒸清烧四次清"酿酒工艺于 2009 年 9 月被认定为青海省非物质文化遗产代表作。互助独特的自然风情和人文环境赋予了青稞酒得天独厚的品质,成为"中国青稞酒之源"。沿途闻香而来的买酒者络绎不绝,因此民间流传着"驮酒千里一路香,开坛十里游人醉"的佳话。在酩馏酒规模化发展壮大的今天,民间依然传承土法酿造土族人自己的青稞酒。土族人家的酩馏作坊的设施较为简单,作坊内一般的设施为:用于煮青稞的大锅台;瓷质双层的冷却缸,这种缸的外壁上部和下腹部各有一个圆孔,用来连接蒸馏管和导流管,内壁间装水,冷却两壁空间的蒸汽生成酒液;还有瓷质的蒸馏管、瓷质槽型的导流管、酒坛等(图 2-13)。制作酩馏酒首先要将上等青稞浸湿碾去外皮,除去杂质,入锅煮熟,待到青稞裂口后,沥干水分,配以自制的中草药酒曲,搅拌均匀后装入酒坛或缸中密封,恒温发酵,发酵时间依季节而不同,一般夏季 5—7 天,冬季 8—10 天,将发酵好的青稞加上

图 2-13 （王存辉摄）

草药放入大锅中加适量水煮沸,煮沸的蒸汽通过蒸馏管进入冷却缸冷却,冷却的酒液经导流管装坛,酩馏酒便做成了。

第二节 土族建筑的审美特征

由于历史环境复杂多变,土族主要聚居的河湟地区①形成了复杂的人文因素,土族文化异彩纷呈。据文献记载,青海地区在远古时期就有羌人,后来又有鲜卑、吐谷浑、突厥等民族迁入。755年,吐蕃王朝崛起占领河陇达百年之久,吐蕃和西汉至唐末迁入的汉人、鲜卑人汇合成藏族。至明代,大量汉族迁入成为河湟地区的主要民族。河湟地区民族发展的历史,其主要是汉族、藏族两大

---

① 青海省河湟地区是指青藏高原达坂山与积石山之间,由黄河、湟水、大通河流域围合而成的"三河间"区域。

文化圈的交融、碰撞,鲜卑、吐谷浑文化分别被藏族、汉族文化及以后的土族文化所融合。同时,1277年蒙古族势力进入青海河湟,以及大量东迁到青海循化的撒鲁尔人,在吸收藏族、回族民族成分的基础上发展成撒拉族。而生活在湟水南北的西宁州土人,也在民族融合的时代浪涛中逐渐与多民族融合而发展成为现今的土族。

青海河湟地区在多民族交融发展中,逐渐形成了以汉族为主,藏族、回族、土族、撒拉族等民族共处的局面。各民族在经济、文化上相互交流、融合。土族聚居的河湟地区多元文化共同发展,多种宗教在各民族间信仰出现了一定程度的融合,无论是藏传佛教还是伊斯兰教,都不同程度地融合了当地文化和民间宗教信仰。其中土族信仰的藏传佛教并不完全是传统的藏传佛教,而是以佛教为主,同时还融合了当地传统的萨满教、苯教以及原始自然崇拜和汉族的道教文化形成的一种宗教信仰。回族与撒拉族信奉伊斯兰教,传统建筑装饰中有着明显的宗教特色,遵循《古兰经》教义,装饰题材中没有人物、飞禽走兽等。但随着时间的推移,在循化县的撒拉族建筑中亦有文化融合的现象。表现最为明显的是在其清真寺的形制上,早期清真寺风格带有明显的阿拉伯建筑特色,后经文化融合,汉族传统殿堂式建筑形式也出现在清真寺中。同时,在西宁东关清真大寺不违背《古兰经》所规定的"民居的装饰上不能有动物、人物、眼睛等题材"的前提下,出现了汉族道教中的"暗八仙"等纹样。

多民族文化的融合会影响各自的生活空间与审美情趣,也就会造成民居建筑在一定程度上的相似性,但迥异的自然资源环境、民族文化的差异、宗教信仰的差异以及民俗习惯的不同产生了种类众多的民居建筑。青海河湟地区作为土族聚居的大环境,环境因素和资源因素的制约使得多民族的建筑形态外形类似,而相互交融的文化格局致使各地庄廓民居在相似的外表之下,亦有着部分相似的内部空间。但就在这相似的建筑形态下,土族建筑的形态从庭院的布局到房屋的装饰等以及宗教建筑都有着与其他民族不同的独特魅力。

一、古朴自然的建筑色彩

建筑是人造的居住环境,而人的建筑活动则离不开自然环境。建筑营建也就地取材,表现出明显的地域性特征。土族聚居的青海河湟地区地处黄土高原和青藏高原交接处,具有丰富的黏土资源,河湟流域的木材资源亦较为丰富,大自然的物产为土族提供了建筑建材。因此,土族传统民居建筑普遍采用以硬木为骨架,以黏土为基本建筑材料,夯筑、版筑、黏土坯块砌筑等方式建造维护结构的土木结构建筑形式。

土族聚居地区是典型的高原大陆型气候,寒冷、风沙大、降水少。以土族集中的互助土族自治县为例,互助县属大陆寒温带气候,冬季受西伯利亚季风和寒流影响,夏季受东南沿海台风影响。平均气温 0—3.4℃,极端最高气温 30.3℃,极端最低气温 −26.9℃;年日照时数 2 581.7 小时,无霜期 114 天,年降水量 477.4 毫米,集中于 6—9 月,占全年的 73%,伴有暴雨、冰雹;年蒸发量 1 198.3 毫米,年相对湿度 63%,年平均风速 0.9 米/秒。属于干燥气候,春夏连旱的概率很高。聚居区被互助县冰雹路径所覆盖,为冰雹多发区,雷暴日数 39 天。重雹灾年份危害超过干旱。面对严酷的自然环境,土族依据特定的地域条件与人文环境,在民居的建造过程中因地制宜、就地取材,土族先民为了抵御青藏高原东部干燥寒冷的气候、肆虐的风沙以及长期的战乱,创造了独具地域特色的民居。土族一般以血缘家族为单位,一家人住在一个庭院,当地人称为"庄廓"。庄廓的外墙用黄土夯筑,住宅采用简洁的土木结构,建筑突出特点表现在乡土材料的使用、建筑色彩的统一。斑驳的墙体与自然环境融为一体,和谐相生。

(一) 自然建筑材料——土

1. 以土为主材的庄廓墙建造

土族地区的传统居住建筑多采用土、木、石材、干草垛用作墙体与屋面,这些材料由于取材于自然,使用过程中又常常不加修饰,突出了材料原始的质感,所以与自然环境协调。土族聚居较集中的互助县与民和县都属于海东地区,土地资源相对丰富,土壤以栗钙土为主,土族适应当地环境、气候,建造时就地取材,采用当地黄土、木材和沙石等传统材料,用作墙体与屋面,这些材料由于取材于自然,使用过程中又常常不加修饰,突出了材料原始的质感。土族善于筑墙,庭院围墙都比较高,而且墙面光滑整齐。围墙筑成后,黄土的质感表现出一种独特的韵味。土黄色庄廓的建筑色彩与周边黄土地理环境和谐一体,呈现出一种简约而不简单、素雅而不单调的古朴庄重美感(图 2-14)。

土族传统庄廓一般用夯土墙围合成正方形或长方形,院墙高约 5 米,墙基宽约 1 米,都是黄土夯筑的实体墙面。除大门外,墙上不开任何门窗洞口,院墙显得敦厚、高大、封闭,沿外墙四面盖房,院墙、房屋是纯粹的黄土颜色。

土是制作墙身与屋面铺装等的首选。通常情况下,夯土墙为了增强墙体的黏度,选用土坯垒砌或用泥土夯筑,在泥土原材料中加入草茎与木屑等,并经过压制,以加强密实度与整体性,有的甚至将土坯蒸过,大大增强了结构稳定性。

庄廓建造时,一般是先夯筑四周的庄廓墙,俗称打庄廓。打庄廓与用土坯砌墙完全不同,是指用墙板、墙杆、橛子、杵子等工具打筑成土围墙。院墙是夯上板筑而成,使用墙杆、墙板、杆子、铁锹等

图 2-14 （王存辉摄）

工具，用捏可成形的湿土一板接一板地夯实成墙，围拢成院，墙高平均为 3—4 米。青海民歌中有"把穷光阴好比个打墙的板，上下里翻，催老了英雄的少年"这样的唱词，即从此而来。墙基夯实后，开始筑墙，首先将墙板之间装湿土，栽夹杆，由数十人光脚在板槽内行走踩踏,再用杵具夯实。按照这个过程,再将两个墙板架在原来的墙板之上,待这层夯实后,取出下层墙板,翻架在上层,以此类推,逐层打上去。用这种办法打墙,晾干后墙体十分坚固。庄郭墙升到一半时,可以用饰品装饰各种图案。高的庄郭墙有十八板以上,其顶部有时候修成拱形,叫作"合龙"。庄郭墙打好后,筑砌各个房屋的维护墙,房屋的后墙与庄廓外围墙之间形成一道缝隙,具有一定的防寒作用。有的也将后墙与庄廓外围墙结为一体,厚度较大,为夯实黏土墙,它是房屋主要的保温围护结构。为增加墙体的耐久性和保温性,常在土墙两面抹上泥或灰土保护层。外墙面一般抹一层约2厘米厚的黏土草泥浆,对墙体具有一定的维护和保温防透风的作用。

青稞杆是在建筑外墙身建造过程中被广泛使用的材料。夯土墙身通过版筑的方式到达3米左右的高度,再往上的墙身则将经过脱水、油质的浸泡等一系列的处理后制作成规则的块状或条状的砌块密实地砌筑在一起,或者杂草混合砂浆的轻质材料。这类似海绵的空气间层,不仅具有良好的保温和隔热性能,又能够起到夯土与卵石黏合剂的作用,在传统建筑墙身构造等做法中被广泛使用。这种地域性建造技术之所以能够被当地建造活动广泛而大量地采用,与其尊重当地自然气候的材料选择和适应地域气候的建造技术密不可分。

2. 因地制宜的墙体构造方式

土族传统居住建筑的墙身受到当地自然条件的限制,根据不同的气候因素和资源条件,墙体有着不同的构造方式。土族人民因地制宜,就地取材,以当地卵石、黄土或木材为原料,外墙墙身材料多为土(石)墙,而隔墙多采用木材。综合地区的材料特点,可以分为以下几种类别:夯土墙、土坯墙、木板墙及石墙等。

(1) 夯土墙的构造方式。

传统夯土墙身材料为当地黏土和卵石,以砂石或青稞杆作黏合。构造方法采用版筑的方式,在墙体制作时首先预先支起与地面垂直的两块模板,在平行的两块板内分层铺设不同材料来制作墙身,叠放次序依次是沙土、卵石、黏土、块石,最后是木梁。在夯筑外墙时,遇到转角的地方往往采用"咬接"的方法,将交界处的材料进行混合拼接,这样做可以有效地增强墙身的整体性。黏土中间的碎石层很重要,作用类似混凝土建筑中圈梁的功能,能够加强整体性,避免墙身在极端气候条件下出现损坏和开裂。

(2) 土坯砖墙的构造方式。

砖墙的使用在中心城镇已经逐渐成为主流趋势,现在已经极少见到砖墙之外的墙体材料,其构造方式也与现代建筑无异。但是在传统聚落中,依然保存着传统的构造方法。

传统居住建筑中的砖为土坯砖,而不同于常见的红砖。在制作土坯砖时,首先,选择当地的黏土和砂石作为原材料,加入干草或者青稞杆等搅拌均匀,其后置入预制的模子中自然晾晒而成。这种原始方法制作出的砖块大小不一,根据使用目的不同规格有差别,外墙用的砖体积较大,矩形砖长边约25—30厘米,内隔墙的尺寸则要小一些。具体的构造是,首层仍是卵石砌角,其上累土坯砖,方法是常见的丁顺砖逐层交替的砌合法,与汉地砖墙做法没有区别。

(3) 石墙的构造方式。

土族传统居住建筑中,石材也可作为外墙体的建筑材料。对于在河谷地区居住的同仁土族来说,选用隆务河沿岸的卵石是再好不过的选择,不仅就地取材,而且质量良好。通常选用的石材有两种:卵石和块石。卵石的规格不一,以扁平和光滑为选料原则;块石规格18厘米×24厘米×33厘米左右。具体的构造方法是逐层砌筑,层与层间用黏土或干草混合黏合,砌筑到50厘米,设置一层片石或碎石层,以保证墙体结构的稳定性。在转角处依然采用"咬接"的方式。不同于其他材料的墙体,石墙由于自重较重,为了减轻整体负重,加强墙体厚度,冬季保暖,所以采用传统的石墙墙体收分的砌筑方法,墙体下面宽、上面窄,墙体收分角度一般在5度左右,建筑物重心下移,保证了建筑物的稳定性。墙体的厚度视屋主人的家庭条件和社会背景而定,规格较高的墙体厚度能达到1米以上。

3. 夯土屋面的独特构造方式

(1)屋面的夯土铺装形式。

夯土材料的应用是土族传统居住建筑的典型特征,其中,夯土面层铺装的屋面则是最具本土特征的构造形式。夯土面层的处理与汉族建筑屋面面层做法类似,但是屋面的构造层次则不完全相同。首先,夯土屋面主体大多采用木结构,在土墙、石墙体或木梁柱上搁置间距较小的次梁与横梁,再在上面铺设青稞杆或者柴草,然后铺设泥土并拍打密实。此外,也有的是在结构层上面铺设土坯砖或瓦片,然后抹上一层很薄的泥土。与其他地区砖或混凝土屋面相比,采用地方传统工艺制作的屋面不仅保温和隔热性能优良,而且自重较混凝土楼板轻很多,足够承载上人的负荷。

(2)黄土铺就的平顶屋面。

河湟大部分地区年降水量350毫米,多年平均蒸发量1000毫米,属典型干旱少雨地区。受此影响,当地传统民居的屋顶形式普遍采用平缓屋顶。平顶屋面是传统居住建筑广泛采用的屋面形式,平屋顶是河湟地区"房上跑马"民居特色的体现。如互助县五十镇土观村除了文物建筑土司故居采用缓坡屋顶外,其他传统民居屋顶均采用平屋顶,坡度在5—7度,由黄泥和白土草糠抹光,多作晾晒农作物、日常诵经之用(图2-15)。

图 2-15 （王存辉摄）

西北少雨,河湟地区民居屋顶坡度很小,也不盖瓦,施草泥用小磙碾压光,屋檐安置木制、铁制或陶制的凹槽,下雨时雨水聚而流向院落,下雪天则上房扫雪,以免雪化屋顶漏水。平缓屋顶一方面节约了材料,降低了建造成本,另一方面屋顶可晾晒农作物,满足生产生活需要。屋顶由直径约 15 厘米的椽子、4 厘米厚树枝层、1 厘米厚麦秆、15 厘米厚黄土及 5 厘米厚草泥自下而上分层铺设,檐口挑出房屋外墙面 0.6—0.8 米,能够防止雨水对外墙面的冲刷,屋顶具有很好的防水、保温隔热的性能。

夯土屋面,作为日常晒坝,在雨季较短、旱季长、年降水量少的同仁地区具有很强的实用功能。传统平屋面构造方式为：建筑主体结构搭建完成之后,在梁上密铺 5—10 厘米厚的圆木或者木板。在木椽上铺 5—7 厘米的木板或者直径 8—10 厘米的圆木,对于家境殷实的住户来说,则采用在青稞杆上面铺设直径为 8 厘米的卵石层,之上再用 8 厘米厚沙土或黏土找平即可。面层材料多为黄土,铺设厚度为 15—20 厘米,需经过夯实和找平处理,有的条件较好的人家选用土质较细、价格也更贵的细沙土来铺设面层。除了上面的做法之外,有的屋面做法是:在木梁架上放置 5—10 厘米的圆木,圆木之上架起 6 厘米左右厚的实木板,之上铺 20 厘米厚细黄土,接着再铺 5—10 厘米厚片状碎石,最后铺 15 厘米厚的夯实黄土作为屋面面层。条件较差的人家,也有更加经济的屋面构造做法,经常使用的是在 10 厘米厚的杂草填充之上再铺 15 厘米厚的黄土,其上再铺 15 厘米经过干燥的羊粪和 15—20 厘米厚的夯土。由于要上人,夯土屋面面层下方的粗土层较厚,而且粗土与细沙石混合,在上面铺设 2 厘米厚的细沙黏土层,面层有一定的坡度,便于排水。另外,由于夯土面层的特殊性,所以例行的维护很重要,通常是清扫干净后用重物压实,在重点部位铺设新的覆土层。

土族庄廓的四角以独立角房连接着四边的房屋,这种连接方式构成的四合院不同于北方的四合院,四边房屋用四合头的方式连接。这种连接使得众多庄廓连接在一起,相邻住户的院墙在屋顶层甚至是连通的,从高处俯视,就看到大片的平顶,院落连接院落,一个村落就是一个巨大的庄廓,加强了整个聚落的整体性,使聚落"立体"起来,在平顶的屋顶层面形成庄廓的"第二平面",是行走在空中的"路"。

4. 以土、鹅卵石铺成的地面

河湟地区多黄土、山石,村民就地取材,用乡土材料构筑房屋、铺装地面。传统居住建筑在室内地面材料的选择上多为黄土或细沙土。构造做法是:先在结构层上找平,面层用黄土铺 10 厘米厚,用重物夯实,最后将素土面层打磨并抛光,洒上水自然风干。有的住户家境较好,用核桃木、桦木等木材做楼地面材料,做法是在结构上铺设预先制作好的木地板,只对面层进行刷清漆处理以保持木质自然本色。

在巷道、民居院落中,铺装多为卵石或石板嵌砌于泥土中,与庄廓墙体上的石块呼应协调，别具特色。

（二）天然的建筑材料——木

河湟地区温凉干旱的气候条件给木材的使用创造了天然的条件，木材在使用中具有建筑所需的耐久性与防腐蚀性。此外，林业资源丰富的河湟地区，给当地建筑制造源源不断地提供原材料。在木材的选择上，将不同种类的木材按照材料的建造适宜度区分等级，建造时，主体结构选用上等木材，稍次一点的材料搭建简易房屋。其次，对木材的采伐有着严格的季节要求，通常情况是秋冬季为砍伐季节，木材伐倒后需要就地搁置一段时间，等到树干风干后，去掉枝叶，加工成柱、梁、板、枋等结构构件。砍伐树木不能在树木的快速生长期，而要在生长缓慢时期，林木生长处于接近停滞的状态下砍伐。成熟期的木材具有良好的抗虫和耐腐蚀性能，房屋建造一般选用这个时期的木材。选好的木材需要经过特殊处理，首先要在水中浸泡一个月甚至数月，目的是改变木材本身受潮易腐蚀的物理特性，木材取出风干后方可正常使用。在土族传统起居空间中，往往有室内的热炕或火盆，火焰四季不熄，终年烟雾缭绕，除了取暖的作用外，这样的做法也通过减少室内的湿度来起到一定的防腐防虫的作用。

土族在打完庄廓墙后，紧接着，要在选好的宅基地上先立柱，然后在前后柱顶部架大梁，大梁下为随梁枋，大梁上放置四路檩条，檩条上承担椽子，椽子上再承接屋顶，平缓的屋顶坡度方便雨水的排除。形成了地基、柱子、梁、椽子、屋顶自下而上的、合理的结构逻辑关系，房屋的主框架系统由木梁柱构件组成。

土族民居结构形式多采用抬梁式，梁与柱的直径较小（约15—20厘米），经过熟练工匠的搭建，结构的稳定性强，整体性良好。土族传统木结构建筑对木材的使用，偏爱原始材料本身的质感,不经过多的处理;对木结构不粉刷油漆,增强了建筑的原生态特征。

(三)庄廓内外美景相呼应

青海河湟地区土族信仰藏传佛教,庭院绿化常常与"中宫"相互结合,居庄廓院落中心位置的圆槽上,往往种植土族人喜爱的牡丹等花卉绿植。多数的庄廓中会辟出一角专门种植蔬菜、果树,夏日绿意盎然,秋日也硕果累累,"春种秋藏"也就是这院落一角的功劳。在严酷的自然环境下,青海河湟地区的居民对"绿"的喜爱是显而易见的,即使是在院落条件苛刻、绿化难以形成的时候,人们也要在正房的檐廊或是阳光间下放置几盆花木。这些庭院绿化从数十米高的乔木到盆栽的花草,种类十分丰富。这是东方居住文化中的绿化意识,也是庄廓院落中不可缺少的自然情怀。绿色庭院成了土族民居的一大特色。在这里,绿色不是点缀,而是民居建筑中不可缺少和不可分割的组成部分,是传统的亲情交往、风俗礼仪所要求的功能空间。绿色庭院是以改善居住条件为目的而营造的和谐、自然、健康的庄廓小环境。绿色庭院与住屋空间共同构成各民族人民生活生产和文化活动所需求的另一物质环境,它适用并具有一定的社会文化功能,同时它也丰富了村落的整体环境。

庄廓旁边一般是自家的自留地,夏天种蔬菜或洋芋,秋季打碾粮食,叫"场院"。面对恶劣的自然环境,人们致力于营造村落和庄廓小环境。庄廓院内绿叶红花,庭院绿化美观,庄廓院外郁郁葱葱,场院绿意盎然,庄廓内外景观遥相呼应,自然和谐。

土族建筑的选址、布局以及整体景观都以当地的自然地理环境为依托,尊重自然、顺应自然、因地制宜,以充分发挥自然的使用潜力和生存环境的条件,与他们生产生活的需求相结合,依山就势,建院筑宅。土族传统建筑出于节约材料、节省造价,多采用当地材料。从建筑层面看,传统居住建筑就地取材,多采用土、木、石材、干草垛制作墙体与屋面,以黄土、卵石夯筑庄墙,以木材、黄土建造房屋,用黄土、卵石、自然石片铺筑地面,这些材料由于取材于自然,使用过程中又常常不加修饰,突出了材料原始的质感。当地建筑材料的充分运用,不仅降低了建筑成本,维护更加容易,也使得土族建筑景观更具地域识别性。在构筑人与自然和谐共生的空间机制中,与自然环境协调、融合在一起。黄土夯筑的实体墙面敦厚、高大、封闭,沿外墙四面盖房,房间的门窗都朝向庭院,内部开敞通透。院墙、房屋纯粹的黄土颜色,起伏的平行肌理,统一协调了整个村庄庄廓的风貌,粗犷敦厚、朴素自然,与周围的山体颜色、肌理交相呼应,与自然和谐共生、浑然一体。村落整体色彩是土黄色,土木院落在常年的日晒和雨水侵蚀下呈现灰褐色,村落整体景观雄浑质朴与自然环境融为一体。融合于自然的绿色边界中,即使在漫长的河湟冬季,万物凋敝,土族高大的庄廓墙、土色的平顶屋也与其背后的高山、黄土的自然风光构成高原冬日美景。

　　随着物质环境的不断变化,土族村民在建新居时已开始用砖垒砌院墙。房子也由土木结构变成了砖木结构,村落中主要交通性巷道多为水泥路面,这些变化已使土族庄廓失去了原有风貌。同时,随着旅游业的发展和土族民众文化意识的提高,在保护和传承土族文化的道路上人们也进行着不断的尝试。作为蓬勃发展的土族乡村旅游地,互助县东沟乡大庄村正以超前的步伐不断前进,村容、村貌整体美化,庄廓院落不断现代化,同时土族独具特色的土庄廓也要被砖墙水泥代替,于是就出现了如图2-16所示的这种貌似土墙的"水泥土墙",也是一种对土族建筑文化保护的积极尝试。

图 2-16

二、紧凑和谐的建筑形制和布局

土族建筑规整的空间结构和严谨的空间序列使土族建筑结构体现出空间布局和信仰结构的紧凑与和谐。

(一) 独特的内聚结构

1. 高大的土墙围合

中国人自古以来在选择及组织居住环境方面就有采用封闭空间的传统,有时不仅是选择背山面水的封闭空间格局,在建筑形式上亦进行封闭化处理,达到多重封闭的空间格局[①]。

"君不见,青海头,古来白骨无人收。"青海因其东接秦陇、西通西域的特殊地理位置,自古就是兵家必争之地。由于战乱匪患不断,地方上多兴建防御工事,筑墙修堡以御外敌。民居防御也自成

---

① 孙笙真:《关中民居院落空间形态分析及应用》,西安建筑科技大学 2011 年硕士学位论文。

章法,一个典型的庄廓院一般为坐北朝南,平面形式呈长方形,长宽比一般在 1∶1—1∶1.5 左右,占地面积 3—8 分地不等。庄廓墙一般为生土版筑,截面呈下大上小的梯形形式,底部厚约 0.6—0.8 米,高度随地区气候而有所不同,一般均在 3 米以上,有的甚至达到 5 米。打好的庄廓墙横截面是梯形的,各房屋的围护隔墙另砌,形成"两张皮"。厚实的庄廓院除了防御功能还兼具防风保温功能,正如张奇君先生所言:"青海庄廓院看似土气,却有着很深远的历史和很好的实用性。"

庄廓的建造方法是先打院墙,再建承重结构,最后筑各个房屋之间的隔墙。向内形成院落,由此形成院落式的布局,而外形是一个全封闭、不见屋顶的形态,高大、厚实的庄廓墙作为主要围护结构将一个个庄廓包围其中,形成一个相对封闭的内向型空间。这样一个封闭的空间形态在其他地域并不多见,在同类四合院中,这种紧密的封闭空间特征也是十分显著的,尤其是在典型的四合院式庄廓院落之中,高大的庄廓墙体和狭小的院落相互对比,空间的围合性与封闭感十分强烈,人在其中有种置身于城堡之中的感觉。土族庄廓的这种封闭空间不同于南方天井式民居的"透气孔"形式,庄廓的形成完全是由于严酷的自然环境所造成,并非是为了"透气",而是为了抵御外部严寒而形成的,是一个由外向内的发展过程。青海河湟地区传统庄廓院落外立面基本相同,除了在南墙上的大门外,均是生土墙体围合而成,即使是新建的现代庄廓院落,也少有开设窗口的形式。庄廓院墙是影响庄廓院落围合性的主要因素,也是形成土族庄廓院落独特内聚结构的关键,然而,庄廓墙的高度与院落长宽之间的比例是形成围合特征的关键要素,通过分析院落空间长度、宽度、高度三者相互间的比例关系,即院墙的高度与长度、高度与宽度、长度与宽度的比例关系,对庄廓院落空间进行量化研究可以得出比例与庄廓院落空间所产生的心理感受间的对应关系。由于庄廓院落大多接近正方形,长度与宽度的比值一般均小于2。而高度与长度和高度与宽度的比值不同会引起人们不同的心理反应,由此而形成不同的审美特征,详见表2-2。

表2-2 庄廓院墙高与长(宽)比例和审美心理的关系

高/长(宽)	空间形态	视觉感受	审 美 特 征
<1	高耸,围合感强	压抑	具有较为强烈的内聚感和向心感
≈1	比例和谐,围合	舒适	安定的内聚性
≈2	围合感相对较弱	较离散	产生疏离感
≈3	围合感弱	疏离	排斥的感觉

河湟地区是一个多民族聚居的农耕区域,独特的河湟地貌为少数民族村落提供了很好的生息地,也衍生出了独具特色的庄廓院落。因独特的高原气候因素的影响,青海河湟地区北部靠近祁连山脉,随着纬度与海拔的逐渐升高,太阳辐射由南向北递减,年平均气温下降,而年平均风速增大。庄廓院落墙体高度在地域上形成"北高南低"的特点,因为更高的庄廓围墙有利于保温、防风沙,故而越是占地面积大的庄廓院其围墙一般越是高大。当然,庄廓院落院墙在不同地区与宅基地的比值还是有所差异,导致空间围合感也不尽相同。

互助县五十乡土观村庄廓面积多在200—400平方米之间,四周筑高4—5米、厚80—90厘米的夯土墙为维护结构,黄土夯筑,墙体高大厚实,高出屋顶50—100厘米,无窗,具有很好的防寒保温、阻挡风沙等功能,适应该地区严寒干燥的气候。

土族善于筑墙,其庄廓最大的特点就是用高大墙体强调私有空间的范围。土族庄廓民居是高墙围合下的内聚结构的例证,如同仁县的郭麻日古堡,以古堡高大的围墙形成聚落的第一道封闭空间,各户的庄廓墙又形成了第二道封闭空间,以抵御自然的侵袭和战乱的威胁,形成典型的多重封闭空间格局。

2. 中轴对称的平面院落布局

土族庄廓一般占地 3—6 分,院内多成围合型院落,以土木结构为主。在平面布局上,院落多坐北朝南,呈中轴线对称布局,正房在轴线正中位于院落北侧,处在院落轴线正中。正房也称松木大房,土语称为"田舍",也有叫"麻总格儿"。正房多为一层,有条件的家庭会盖两层,或在局部院角盖角楼。二楼多有宽阔的晒台(以同仁县郭麻日村最为突出),满足日常劳作、诵经需要。正房中间多为堂屋,设有佛龛或佛祖画像,右供奉有地方保护神、旦木建(土语,红花爷)。条件较好的会在正房东间或二层单独开辟佛堂。正房均有檐廊,平日长辈多在檐廊下念经诵佛。东西厢房多无檐廊,多为晚辈的起居室。庄廓墙四角安置白石头,院落中心设置中宫煨桑炉。

厅堂中的陈设根据轴线对称布局,这条轴线往往也是建筑单体或者建筑群的轴线,根据轴线对称分布的东、西(左、右)厢房是卧室。庄廓民居的正房一般都处在院落轴线上,土族民居传统的平面形式是以"一明两暗"三开间组合,采用以堂屋为中心,联系两边居室的做法,开间尺寸 2.7 米,进深 3.3 米。堂屋两端卧房用木隔断,并以富有浓厚民族特色的流线型线条构成门洞,两边设有雕刻木窗,间接采光,设置合理,给人一种典雅、古朴的感觉。一般来说,正房中间为堂屋,常设有佛龛或贴有佛祖或活佛的画像,有条件的家庭会在堂屋旁独立开辟出一开间来作为佛堂。厢房与附属用房分列两侧,院落平面以轴线呈现一种均衡的对称关系。与其他传统中国民居相同,土族庄廓民居院落空间的轴线层次在横轴上展现得较为克制,多为别院或附属院落空间。在空间层次上着重突出纵向轴线,反映出青海河湟地区庄廓民居含蓄内敛的建筑文化品格,同时亦是青海土族一种心理性格的反映。

正房设有檐廊,檐廊下的"灰空间"是一个充满阳光的生活区,类似于起居厅的作用,平日里长辈们通常会在檐廊下念经诵佛或照看家中的小孩。东西厢房为晚辈居住的场所,厨房一般设在厢房与正房连接的角落处,卫生间或独立于院外,或设在院落一角,通常不与正房和厢房相接。南侧多为柴草堆或牲畜棚,也有的建成房屋,堆放粮食与农用器具。

土族民居按照平面形式大体可分为三类:"冂"形,俗称虎抱头;"┑"形,俗称钥匙头;"一"形,俗称一字型。

虎抱头在青海河湟地区传统庄廓民居中十分普遍,主体的堂屋高大宽敞,一般处于庄廓的中轴线上,多为三开间(亦有四开间、五开间),除了山墙和后墙为夯土或砖砌以外,前墙几乎全部采用木质结构,房顶前出檐,檐下形成一个1米左右的檐廊,便于在廊下进行生产生活活动。正中的一间(或两间、三间)缩进1米左右,形成"凹"字形空间,通常在其内会放置座椅或小床,以供闲暇时休憩。

钥匙头的形式可以看作是变形的一字型庄廓,由于经济、场地、需求等因素的影响,钥匙头也是十分常见的一种建筑形式。一般来说,这种形式多出现于两代共同生活的家庭中,转角的卧室提供了家庭增添新丁的充足空间。近代以来,为了抵御严寒,当地居民大多在钥匙头的檐廊下以钢架与玻璃结合,形成阳光间,不仅保温隔热,同时无形中扩大了房间的使用空间。但在建造阳光间时没有统一的标准,形成了各式各样的立面效果,极大地破坏了传统庄廓民居的建筑风格,造成村落风貌的缺失。

一字型的布局方式简单明了,大多因经济原因或使用需求较少而形成,建筑功能简单,与一般关中民居中一字形的民居基本一致。一字形的庄廓民居的开间数并不一定按照中国传统建筑的三、五、七等奇数开间,而是按照各自的使用需求营建。在经济条件较好或用地条件紧张的居民家中,常常建成两层形式。一字形布局大多带有檐廊或深约1.2米的出檐,形成一个可供平时生产活动或休闲的场所。

土族民居不管采用何种平面建筑形式,其三面(也有四面的)房屋的角房与房屋连接形成完整的"回"字形,与庄廓墙形成对应的围合空间。

3. 设计精致的建筑小品

(1) 壁橱。

土族在建造庄廓时是先打起庄廓墙、后砌各房屋的围护隔墙,因此,房屋的后墙就与相邻的庄廓墙各自独立,形成"两张皮",并且在设置中这"两张皮"还相隔一定距离。土族人常将这一夹层做成壁橱,在紧贴房屋的后墙或利用房屋后墙与庄廓墙间的夹层空间设置于房屋木构架的柱间,它不仅能贮放物品,还增强了木构架的稳定性,并对房屋起到了保温、防寒的作用。

(2) 炕。

"炕"是北方传统民居重要的设施,土族民居的炕一般的构造作法主要有木板炕和塌泥炕两种。北方除堂屋之外的两间房子里都会盘一个满间炕,叫"斜炕",是家中小辈们居住的地方,布局比较简单。

土族在盘炕时首先以土坯(现在多用砖)砌炕沿,炕沿墙高约60厘米,然后再正中砌一道墙用来担炕板。这堵墙叫花墙,花墙除具有承重的功能外,还可以通炕烟。最后将10厘米厚的红砂石板担在两墙上。这种石板是河湟地区山石天然风化而成的,具有受热快、耐保温的特点。铺石板前要用沙子或大白土填充,大石板铺不到的边角处铺小石板。炕面完成后把填充物再挖出来。石板上用细白土和成泥将炕面抹平,因此也叫塌泥炕。塌泥炕的燃料口即"炕洞门"设在屋外的窗下或侧面的墙下的角房里。土族很早以前还有一种炕叫板炕,板炕的炕面由木板搭成,中间掀开煨火,添碎干草,或以晒干的马、牛、羊粪为燃料续热。由于这种炕不太卫生,现在已被土族淘汰。炕上铺毡,现在的土族人家很讲究,在毡的上面铺棉絮,最后铺上漂亮的炕单。炕上有炕桌,炕桌一般有四方形和长方形的,木料制作,本色或金黄色油漆,有的还绘以梅、兰、竹、菊的图案,用作饭桌。在炕的一侧或炕正对面靠后墙处置炕柜,柜里置衣物,柜上码被褥。炕除了是主人休息的场所,还兼有起居和待客的功能,客人到来就会被恭请上炕并以茯茶、手抓肉等招待,与主人闲话家常。

在庄廓院的厢房里,土族人家有一种建筑格局叫"锅头连炕",就是将锅台和炕连在一起(图 2-17)。这种特殊的"炕"的建造过程是先砌起锅台,一般留两个灶火门(灶口),锅台上安三口锅,分别是里锅、外锅、带锅,外锅和带锅连在一起,接一个灶火门,里锅接一个灶火门。锅台后面是炕,中间用一段小矮墙隔开,通过设于两者隔墙上的烟道将锅台和炕相连,锅台火一烧起,热量就通过土炕,炕就热起来,墙里留有烟囱,烟从烟囱冒出。这个锅台类似于厨房灶台,兼具做饭功能,也可以叫灶台,因此也叫"灶连炕"。人口较少的人家将有灶连炕的房间兼作主房,炕上有一个小木桌,吃饭时,一家人围炕桌而坐。这种灶连炕做饭的同时可以取暖,一举两得,既节省了空间,又节省了燃料,经济实用,缺点是不够卫生,由于土族人家一般以农作物秸秆或麦衣草为燃料,房里一旦烧起火,到处都是灰尘。

炕是土族人根据燃料来源和实际生活需要而创造的,随着居住条件的改善,这种"锅头连炕"的建筑格局渐渐被淘汰了,厨房和

图 2-17

卧室分离,屋子变得亮堂干净,有些人家还裱糊顶棚,装饰炕围子,不断美化居住环境。

4. 外藏内露的院落围合布局

土族庄廓民居院落基本呈正方形或接近正方形的矩形,不像山西窄院那么瘦长,更类似于北京的四合院。高高的庄廓墙用来强调外部围合空间,因此,大门常与所在墙面成一小角度斜设于庄廓一角。进门后穿过一处角房才进入内院,从而较好地避免了风沙和视线对家庭内部活动的直接干扰,并针对外土内木、外粗内精的建筑形式起到欲扬先抑的作用,达到有收有放的空间效果。青海河湟地区土族庄廓墙除大门外,其他三面墙体均不开孔洞。大门方位多设置在南墙上,具体位置依据庄廓院落内部布局而定,在"冂"形、"一"形等中轴对称的院落布局庄廓中,大门位于南墙正中布局者较为多见,在"┐"形的院落布局庄廓中,大门多偏向东侧布置。传统大门较现代大门矮小,一般宽1.5米、高1.8米左右,多为木质双开,更早的土族民居大门多为单扇。大门体量小,在整面庄廓墙中的占比小,整个民居经过庄廓门小的入口首先进入回转的角房空间,角房作为过渡,既弥补了庄廓墙视觉的缺口又避免了风沙对院落的直接干扰,然后进入小中见大的院落,空间序列先抑后扬。庄廓院内平面布局严整方正、中轴对称,形成四合院式平面布局。院落内部空间以明空间处理为主,用庄廓内的房屋突出"空"的院落,通过庭院绿植造景的手段引景入院,四角的角房与四边的房屋连接形成完整的"回"字形,以曲求伸,形成一种水平回转,由正房、东西厢房、南房围合而成外封内敞的院落式空间格局。

5. 自然和谐的村落空间形态

庄廓型土族民居形成的居民点表现为每户人家都有自己独门独院的庄廓,若干个庄廓围墙相互共用或紧靠而形成庄廓群,最终由若干个庄廓群和一些公用设施通过道路相连,构成村庄。土族社会早期多是聚族相居,同宗同族且有一定血缘关系的单一姓氏组成一个自然村。随着社会的发展,人们频繁地迁徙和交往,以前许多地方由单一姓氏组成的自然村逐渐被改变,形成了不少杂姓村庄。尽管这样,土族至今仍在一定程度上表现出聚族而居的特点,力求布局紧凑,表现出较强的整体感。

(1) 村落的空间形态。

土族人在创造生活生产环境空间时,往往借自然景观来营造村落环境。村落的选址、布局以当地的自然地理环境为依托,顺从、顺应于自然规律,因地制宜,充分发挥和利用自然潜力以及生态环境的条件,来满足人们的生产生活需求,形成了独特的村落空间形态。土族传统村落布局与山水等自然要素紧密结合,相得益彰,有效地借助自然山水之势、地形地貌条件,把建筑与自然有机地结合在了一起,并以一切有利于居住和生活、方便生产、抵御寒冷和风沙、节约土地等为主要原则,使人与自然和谐共存,充分体现了"赞天地之化育"的基本生态观。在村址选择及民居的方位、朝向等方面,注重自然条件,追求"天人合一"的选址理念。

土族早期为游牧民族,村落选址多在山区,民居建在山坳之中的向阳坡面,这些山区多与河谷形成"U"形山坳以求避风、向阳、临水,也可满足半农半牧生活生产方式的需求。村落中的大树、水都具有宗教意义,村民以其特有的方式建造了大量的宗教设施表达自己的信仰,村前后的山被称为"神山",庙宇、山头"鄂博"(嘛呢方堆)周边的古老大树为神树,村落入口处设置"本康"、民居建筑群等。

同时,土族庄廓布局顺应河湟地区的复杂地形特点,修筑于向阳的缓坡上。村庄近水布局,村落主、次巷道笔直、规整,纵横交错,连接每户庄廓,户户毗邻,夹道布置,成片而居。若干个庄廓毗邻形成庄廓群,若干个庄廓群通过户前主、次巷道与一些公用设施、宗教信仰标志相连成片,在有限的土地资源条件下庄廓布局紧凑,形成村庄。村落格局高低错落,与周围山形地势美妙结合。

(2)上寺下村的布局形态。

宗教建筑是体现土族村落传统风貌的典型空间标志和要素。土族历史上长期处于以寺院为核心的政教合一管辖体系内,为了加强政教合一体制,在聚落附近修建寺院,于是就形成了上寺下村的布局形态。遵循藏传佛教"僧俗不混"的原则,寺庙与佛塔位于高地,醒目突出,村落位于寺庙之下,邻近水源,方便交通,形成宗教至上的特色鲜明的村落景观风貌。

如郭麻日寺(塔)无论是在地形上还是在村寺布局关系上都居于控制地位,可以此体现宗教的威严。郭麻日古堡总体布局以及村寺关系,是同仁隆务河谷流域典型的村寺布局方式。宗教至上,顺应自然地形,上寺下村,主从有序,村落建设围绕寺院展开,形成了丰富的空间层次和独特的景观风貌,从郭麻日寺门前白塔上俯瞰村庄,可以看见村庄的全貌。郭麻日村落周边地势南部高北部低,靠近山峦的西边高,靠近河谷的东边低。因其地形,郭麻日寺地处村落南部的一处西边山峦台地之上,台地与郭麻日村高差有近 20 米,寺庙高高在上,背靠西面大山,面朝开阔的河谷,高耸的时轮佛塔更增强了寺院在整个村落中的凸显性,在村落几乎所有开阔区域都可以一眼看见寺庙,昭示人们佛的无处不在,从而达到对于信众们的一种隐性心理暗示。郭麻日寺与古寨相隔约 250 米,后来随村落发展,郭麻日村古寨周边不断扩建村落,寺庙与村落之间的距离不断被缩小,但是因郭麻日寺与村落有一河之隔,且地势间高差巨大,从行走的通达性上和心理的区分性上都造成了巨大的障碍,因此始终没有融入村落的整个居民生活体系之中,以至于在寺院内部形成了一个完全独立于村落之外的自我生活区域。

(二)洁净神圣的信仰空间

土族院落通常呈矩形,位于整个庄廓正中或正中靠前的位置。在青海河湟地区庄廓民居中,中国传统"择中观"的体现尤为明显,院落是整个建筑的"虚主体",并不真实存在于物质形态,但却占据了主体的地位。这与其宗教信仰和民俗习惯有很大的关系。土族建庄廓时在庭院正中位置会请喇嘛或阴阳先生埋设"崩巴"(宝瓶一类)以镇家宅。这一正中位置就是院落的中宫,土族人通常在中宫上面用黄土筑成直径 2 米左右、高 1 米左右的圆形(称为圆槽,土语称"圆索尔"),中间竖一高达数米的"达日加克"即嘛呢旗杆,上面挂经幡,圆槽朝正房的方向设煨桑炉,为祭佛烧香处。与煨桑炉正对的北面的正房堂屋是佛堂,内部设佛龛。以圆槽为中心的庭院也就成了土族人举行各种宗教、婚丧嫁娶等家族活动的主要场所。随着生活条件的不断变化,土族在圆槽中种植绿植花卉,庭院成了主要的生活空间,家庭活动的重要场所。

土族民居大门精确的方位要请阴阳先生来确定,按照风水观念,土族人家大门的方向依山势而定,并在主房对面设置。安大门时特别注意选择照山,也就是大门必须对准正前方最高大、最雄伟、最完整的山,若没有理想之山,则立照壁,以为屏障。照壁一般是一堵3米多高、4米多长的墙,照壁的顶部放置三块白石头,表示镇邪。照壁的背后,一般种三株松树或杨树作为陪衬,有的在照壁墙洞里还放一只石狮子镇邪。在风水观念中,南方为吉方,所以南房正中设一大门,当地俗称大门为财门,设大门有祭门庆贺之仪,以期招财进宝、兴旺发达,表达一种美好的夙愿。

土族人认为庄廓大门是招财进宝的关口,绝不许邪祟冲撞玷污,所以特别注意维护大门的圣洁。如安新大门,要忌门七天,门头插松柏为标志,任何人不得入内。生孩子,要忌门一天,门旁贴红绿纸为标志,男左女右。禁止月婆出大门,满月前,孝子、司神人员忌入大门。家有患传染病或危重病人时要忌门,时间根据情况而定,一般在门旁挂筝、筛为号,外人一律谢绝入内。若遇瘟疫等,昼夜煨一堆火在大门口,严禁与外界交往。

土族民居的空间布局与宗教信仰息息相关,布局有序、主次分明的院落空间也是土族洁净神圣的信仰空间。

三、主从明确的建筑装饰

土族建筑装饰运用了对比、平衡、韵律、和谐与统一等构图规律和审美思想,艺术造诣深厚,是土族宗教艺术、文化艺术和建筑艺术的综合体现。在土族建筑装饰中使用的主要艺术形式和手法,有石刻、木雕和绘画等。一方面,在由若干要素组成的建筑整体中,每一个要素在整体中所占的比重和所处的地位,将会影响到整体的统一性。倘使所有要素都竞相突出自己,或者都处于同等重要的地位,不分主次,便会削弱整体的完整统一性。在建筑设计实践中,从平面组合到立面处理,从内部空间到外部体形,从细部装饰到群体组合,为达到统一,都应当处理好主与从、重点和一般的关系。土族建筑体现主从关系的形式是多种多样的,比如在民居中,左右对称的建筑布局中通常呈现一主两从的关系,主体部分位于中央,地位突出。土族建筑体现主从差异的形式并不限于建筑布局,也表现在建筑装饰上,建筑装饰的精华部分在建筑中往往居于重要地位。另一方面,源于宗教信仰,宗教建筑在土族建筑中具有重要地位,因此土族宗教建筑大多体量宏大、气势宏伟,尤其是在建筑装饰上更加表现出与民居的不同,而土族民居也会因建筑装饰部件的突出而显现建筑本身的地位和作用。具体来说,土族民居中多通过院内木装修、宗教建筑多以彩绘和砖雕为重点手法,以达到建筑主从明确的目的。土族建筑既有坚固粗犷的一面,也有精雕细刻、流光溢彩、富丽堂皇的一面,置身其中仿佛走进建筑艺术的殿堂。

(一)民居建筑装饰

土族民居立面造型既华丽而又古朴、庄重,有着土族独特的艺术风格。以平面布局形式居多的土族庄廓中大量使用木材和木工。建筑的门窗等细部往往是装饰的重点部位。土族的木雕、砖雕形式精美,受汉族、藏族、蒙古族等多民族的影响,集成了各民族的艺术精粹。民居的整个立面木材不施色彩,显露出木材本色。

年代已久的民居,经风吹雨淋,呈黑黄色,显出一种浓厚的乡土气息,别具特色。木雕也以原木本色为主,古朴自然,木雕装饰主要集中在正房檐廊和大门门楼部分,根据不同构建所承担的作用,进行木雕装饰,图案样式精美。

除此之外,土族民居的窗户也是装饰的重点。窗户主要分为支摘窗及方格窗两种类型,图案种类繁多,如步步锦、八卦套等,很有地域特色,具有很强的装饰性。一般根据不同房间的不同功能选择不同形式的窗户:正房一般选取支摘窗或大的方格窗,窗户面积大,采光好,图案精美复杂;其他房间一般选取方格窗,图案样式简单,朴素大方,规格逊于正房。

土族民居装饰除门、窗之外,隔扇、桌柜及外廊挡板、檐口底部及柱身都雕刻着精美的纹路图案。底层木柱之间用木雕线条构成,呈圆弧框形。二层的柱之间,用整块木雕形成门形。雕刻内容有代表吉祥如意的蝙蝠、代表富贵安定的牡丹、寿山福海、花鸟鱼虫、暗八仙等,动物和植物都可以成为雕刻题材,花纹繁多,寓意清雅自然,在民居建筑的室内外都有体现。此外,因为土族信奉藏传佛教,所以大量的宗教元素也被融入他们的雕刻装饰中。浮雕和透雕是门窗装饰普遍使用的木雕工艺。土族木雕构图严谨,配列均衡,动植物和几何纹样采用中轴对称的形式。造型上,运用装饰性较强的抽象图案,与主题鲜明的写实图案相结合,形成线条流畅、造型生动的装饰效果。土族民居建筑装饰在精雕细凿后涂以清漆保留木料本色,建筑的细部装饰在朴素之余也不乏对美的追求,有种画龙点睛的效果。

土族传统庄廓外粗内细,夯土的外墙给人以粗犷、笨重的印象,而内部木结构部分则增添了轻巧、通透、精致的细节之美。根据土、木材料的属性、结构形式的特点,木雕及门窗装饰成为重点。正房等级最高,装饰也最为讲究,木雕精美、门窗样式考究;其他房间不做过多的装饰,仅体现合理的结构逻辑关系及满足房间功能用途即可。这种有区别性的细节表现,反映了不同的建筑体在土族人民生活中的主次区别、信仰中的尊卑之分。

1. 装饰重点

(1) 大房装饰。

大房(也叫北房或正房)作为庄廓的核心部分,也是庄廓内的主体建筑,坐北朝南,布置在宅院中轴线上。大房建于1米高的台基上,高于院内其他房屋,在完全由单层建筑组成的庄廓院中,大房的体量本身也高大于庄廓内的其他建筑,因此大房是整个庄廓院落中轴线的最高点。大房的装修在用料、装饰及规格上格外讲究,比其他房屋要精美细致一些。大房堂间安四扇格子门,又叫隔扇门,由三部分组成,上部叫作隔扇心,下部叫作裙板,夹在裙板上下两端有一横条,通常面积较小而被称为绦环板。建筑中的每个开间用的格子门不等,有四扇、六扇、八扇之分,隔扇心为雕刻的重点,运用镂雕的手法确保建筑拥有良好的通光性能。雕刻造型有竹纹、回纹、十字纹、套方、灯笼罩纹。绦环板和裙板采用浮雕的手法,装饰适当的几何纹样或织锦纹样等。窗户为方形槛窗,多用直线、回纹、十字纹、八角纹、灯笼罩纹等,刻画细致灵动。

财力富足的土族人家还会装饰大房的室内吊顶,土族人称作"仰尘"。在互助大庄村的古民居中就有木质寿字纹装饰的室内吊顶,一般人家糊纸吊顶,现代民居多用 PVC 板吊顶。民和地区因地处黄河边,气候湿润,民居内不做吊顶,易于散热又凸显了木料的质感。次间、稍间各安花格支摘窗(图 2-18),支摘窗又叫和合窗,由下往上作纵向开启,再用摘钩固定,通常上为支窗,下为摘窗。窗下一般砌砖雕槛墙。土族民居内多设隔断来分割室内空间,在隔断、门窗、桌柜等器物上均喜爱雕刻或绘画出精美的动物、植物图案。

图 2-18 （王存辉摄）

门窗的开设是土族家庭关系的反应,其结构和装饰直接反映出房的主次关系。大房门窗高大精美,厢房形式次于大房,门窗小而简陋。土族对门窗的装饰受汉族和藏族的影响较深,吉祥装饰图案的主题与汉族、藏族也相似,在民间广为流传的大多为接近人生主题的,从祈福纳吉、功名利禄、延年增寿、招财纳福、驱邪避灾诸方面予以表现。窗格图案多为传统几何套方图案、动植物图案等。角房只有门房,主要通过院落天井采光通风。

除了门窗设置、装饰的主次之别外,大房内外墙均为白泥抹光,坚实且富有美感,减少了水、风对墙体的腐烛。其室内常以牡丹图装饰,牡丹被土族视为月亮之女,是土族人家室内大量采用的装饰图案,大房的堂间有绘有牡丹的大红色面柜,偏房内也有绘满牡丹图案的壁柜,雀替的图案也多以牡丹花图案为主。牡丹被土族人当作吉祥的象征,有"土人家满眼是牡丹"之说。

东厢房一般面阔三间或五间,其建筑装饰与规格逊于大房,一般前檐不做木雕装修,支摘窗也是简单的"一码三箭"。西边布置的房屋为西厢房,作住房或仓库之用。南房一般不作居室,通常建成半开敞式的建筑,房上有屋顶,房下有台基,但不封闭。东北角房一般作为牲畜圈,西南角房则为茅厕。

(2) 檐下装饰。

土族普遍将大房的檐下部分作为装饰的重点,层叠凸凹的木雕为整体平素的建筑构件中取得了画龙点睛的装饰效果,檐下精美细密的木雕装饰下的大房(图2-19)与外观比较质朴粗犷、朴实无华的厢房形成鲜明对比。大房正立面檐下的檐廊形式不仅为院落提供了一个半开敞的、遮风挡雨、充满日照的家庭活动空间,而且还为突出檐枋木雕构建提供了开阔的背景,更加凸显了大房在院落中的突出地位。

图2-19 (王存辉摄)

大房檐下的木雕装饰的构造中遵循木构架的结构逻辑关系,从上到下依次为:檩条、垫板、平板枋、大额枋、花墩、小额枋、雀替。土族建筑檐下木雕形式一般为描檩花牵,檐口下从枋木上挑出层层木雕,俗称"花洞"或"花草",一般为2—3道,多的达11道,以此展现户主的财力。檐下檩一般用中轴对称的图形,图案为龙、凤、牡丹、云纹、卷草纹、草龙纹。檐下枋的木雕造型有牡丹纹、莲花纹、梅花纹、祥云纹等。雀替造型有云纹、花卉、吼兽等吉祥纹样。檐下雕刻图案纹样繁多,同时也最能表达出建筑的性格和主人的审美趣味。多以象征吉祥、如意、平安、福寿为题材,把现实中优美的动植物形象加以概括,给予适当的概括抽象和图案化,如以满堂富贵、花草树木等图案进行装饰,还有以梵文六字真言、藏八宝、莲花、佛手、暗八仙等具有宗教意义的图案进行装饰。檐下的木雕装饰构件除花牵外一般还有:花牙子、压条、荷叶墩、瓣玛、平枋、隔间墩、插梁等。隔间墩头和插梁头常雕刻成鸽子头形象,所以又称作鹁鸽头,如果是雕刻成皮靴状的,则名为靴子头。花牵作为檐下面积最大的雕刻装饰部位,其制作首先把所要雕作的花纹用薄板锼制出来,将锼制好的图案按层次要求作进一步的雕做加工,然后用胶贴在平板上,形成浮雕的效果。这种雕法省工省力,花纹四周底面绝对平整,并常在花牵板下衬以不同色彩的木板,将花纹与底面分色,还可以取得很好的艺术效果。有时还在花牵板、牙子上镶嵌更为突起的雕饰,如雕有兽身花纹图案的花牵,其上镶嵌巴扎头等兽头,更加增强了立体感和装饰性(图 2-20)。

(3) 大门装饰。

门楼是土族民居建筑重要的组成部分,不仅满足采光、通风、安全的需求,也通过建筑装饰工艺承载着当地风俗文化。梁、檐、门、框等土族庄廓木构件要素中,对大门的装饰尤其讲究,门楣、门框均有精美的图案。

土族庄廓的大门大体可以分为三个部分:一部分是门柱,多为砖砌,多抹成土色,还有很多民居则没有涂抹。另一部分主要是门身,包括门板、门框、门槛等。这部分主要以木材为主,装饰不多,多为木头原色。第三部分就是门头,由雀替、梁坊、檩条、椽木构成,大门中的特色就是门头木雕,装饰丰富,工艺精湛。精致雕刻的门头是整个大门的装饰重点(图2-21)。

图2-20 (王存辉摄)

图2-21 (王存辉摄)

大门门楼一般分为双面坡和单面坡两种形式，双坡面尺度较大。单坡面多是墙包门的形式，与藏族大门类似，结构简单，门边两边砌筑两道突出于墙面的砖柱，两柱之间设置横枋，梁枋设计较少，没有繁杂的装饰图案，枋上多为单层、卜拱，屋面排水也常设于门的一侧。双面坡门多有复杂的木雕图案，土族擅长木刻，做工精细，体现在大门传统装饰图案工艺上，其装饰艺术受到藏文化影响较深，装饰题材多为祈福纳吉、延年益寿、招财纳福等寓意，包括宗教题材图案如五瓣梅、太极图、转魁子等，传统文化类型图案如石播花、孔雀戏牡丹、寒雀探梅等，民俗文化图案如大面积唐草、仙桃、五蝠祝寿、佛手等题材，象征主人的修养和品德。

下面选取互助县五十镇土观村两种典型双面坡大门进行分析。

形式一：门楼略高出庄廓墙体50厘米左右，是双面坡结构。屋顶是两排圆木呈人字形搭建而成，其屋檐依次排有七层精美的图案，寓意吉祥如意。门楼为尖山式硬山顶，门廊从墙体向前后延伸1米左右，形成门身。门廊之上建造大门的门头，从大门两外墙之间安装横枋，辅长椽，与层层递进的梁枋共同形成支撑屋檐的作用；再一层短檩木，其上覆黏土，留一瓦片作出水口，不多作装饰。梁枋的层数象征着主人的财力和身份。门楼的屋顶是由两排原木呈"人"字形搭筑，其上铺好木板，再于木板上铺好泥土而成。

形式二：这种大门有"骑门梁"，即横跨在柱子上的大梁，间距和尺寸都比第一种大。骑门梁在大门的位置较独特，装饰木雕以花卉为主，象征富贵如意。土族的大门的门柱装饰借鉴了藏式风格，花纹多样复杂，不同的是梁、柱形式相对简洁，梁枋、斗拱形式完整，色彩保留土族特色，以原木色为主。古代风水理念中视门户为"咽喉"，土族的大门多不与主房相对，两者交错方位布置：庄廓外以正对神山、神树为吉祥,忌正对墙角、空物。或是在庭院、大门外建造照壁,起到遮蔽作用,表达不愿福气外流的风水观念。不同地域、不同民族对大门朝向、方位的设置也不同,土族大门多面朝南,民俗中有"抢阳"的说法,意在希望阳光顺南北方向照入院落内。据调查,土观村的大门与街巷的关系主要为:正对街开,不能直接面街而开的,大门前做照壁正对街开。土族大多数庄廓大门都是面向街道而开,形成了一个明朗的入口空间;如果庄廓面对狭小的巷道,大门也就直面巷道而开;周边空间充裕的民居多在靠街的一侧开辟入口,入口与大门之间形成类似胡同的引导过渡空间;宅前宽敞、地位显赫的家族在门前设置照壁,与大门形成一个围合空间,避免"福气外漏"。

土族人将镶在庄廓大门上方的两根方木称作门当,门页两侧的两扇门板称作户对。门当越粗、户对越宽,则主人的实力越强,门当与户对也就成了旧时土族男女谈婚论嫁的首要条件。随着生活的变化,民间也就有"砖大门对砖大门,土大门对土大门"的说法。

土族大门门楼色彩相对简洁,土色的墙体和门柱,原木色门身和门头。在土族文化中,黄色代表收获,大门色彩则是土族朴实气质与当地自然环境的融合。在无任何美化、装饰的门柱和门身背景下,大门的木雕刚好烘托出门头繁复的装饰手法,凸显重要的地位。整个大门门楼的装饰风格呈现粗犷中见细巧、质朴中透着精致华丽的艺术效果。

2. 装饰方法

(1) 装饰题材。

装饰题材大致可分为几何纹饰、植物纹饰、动物纹饰、人物纹饰、佛教纹饰、文字纹饰、自然星象纹饰等。

土族人将生活中出现的直线、折线、弧线为主的线性几何图案,以三角形、圆形、菱形、圈形等为主的平面几何图形广泛运用到装饰中,通过木雕匠人的创造力将这些图案重组,创造出了许多适用于木雕的抽象化的几何纹饰,如十字纹、回纹、卍纹、水波纹、长城纹、涡旋纹等,木雕中这些纹饰一般以单形或二方连续形式出现。宗教图案中的道教图案也是常用的装饰题材,常用的暗八仙图案就是汉钟离、吕洞宾、张果老、曹国舅、铁拐李、韩湘子、蓝采和、何仙姑八位仙人的手持之物,即芭蕉扇、宝剑、渔鼓、拍板、葫芦、笛子、花篮、荷花。在木雕中表现植物时,工匠们注意雕刻线条的旋转,将花、叶的形在原始生长的基础上进行概括变形,使之变化更加自如,但又不失自身特点,常见到的植物纹饰有宝相花、牡丹纹、卷草纹、缠枝纹、梅花纹、菊花纹、莲纹、木瓜、芥子等,其中与佛教相关的莲花最为常见;传统神话传说中的和汉族装饰题材中常见的动物,如龙、凤凰、麒麟、蝙蝠等,也有随佛教传入的动物和日常生活中的动物,经过工匠们的艺术加工成为木雕图案,如大象、狮子、老虎、鹿、羊、马、鱼、金翅鸟、猴子、青蛙等形象;佛教教义内容,如八宝相、八瑞物、五妙玉、转轮王、六长寿、藏八宝、兵器、佛七珍宝、曼陀罗、塔纹、十字金刚杵等;文字在木雕中也有很强的表现力,极具装饰性,常见的文字饰样有六字真言、丁字纹、福、寿字纹,最具代表性的文字纹饰是"朗久旺丹",即"十相自在"。

在木雕的构图上,通常是将梅兰竹菊、牡丹桃李、仙鹤、荷花、鱼等题材根据寓意组合在一起,或将"寿"字为圆心四周雕刻蝙蝠的"福寿双全"图案,排列在同一扇门的下群中心和四角,称之为"五福庆寿"。

(2) 装饰方法。

土族木雕工艺属于雕榫结合的形式,技艺具有地方特色。装饰的表现形式主要分为三种:同居,所有的天头地脚共用同一种图画;组图,在装饰图案中天头地脚用两幅图案结合形成一幅图案;复合局,将有关联性但不同的四幅图重新组合。

(二) 宗教建筑装饰

土族宗教建筑一般依山就势而筑,既有青藏高原藏式建筑厚墙、平顶、深窗的稳重坚实的建筑造型特点和托木承重、柱网密布、天井通柱、回形平顶的结构特征,又有中原及汉地建筑的歇山、悬山、硬山等屋面形式和坡面屋顶,使整体建筑在庄重之中又增添了灵动之美。许多建筑还采用了当地汉族、土族、藏族传统民居庄廓的平面布局和结构,是多民族艺术合璧的产物。

"建筑装饰在给人带来情感上的审美愉悦外,更是传递着地域性的历史文化信息,也昭示着一个时代的社会人文理念。"[①]建筑物的美感因素和动感色彩,它们融装饰艺术和建筑结构为一体,表现出绮丽多姿、精美绝伦的艺术特色。土族宗教建筑艺术经过历史的积淀,承载着丰富的土族文化内涵。

土族宗教建筑装饰更偏向于华丽庄严,寺院经堂的梁、枋、柱头上都有精美的图案和纹样,建筑上的砖雕有飞檐上的吻兽、墙壁上的浮雕、屋脊上的花边、门头上的木雕等。

土族宗教建筑装饰在色彩的选择上更加注重与自然环境的对比与协调。经堂建筑一般用矿物颜料将墙体染成红色,建筑顶部色彩用鎏金处理,一般建筑墙面是低调的白色或粗糙质感的土质墙面,与蓝天相互衬托,在视觉艺术上,达到了震撼人心的效果,体现着土族对自然美的追求及对宗教虔诚的信仰。

宗教建筑不论是在建筑外形上还是所处的地理位置方面与一般民居都有很大的区别,便于在民居中被凸显、划分出来,显示出其地位的特殊和崇高。宗教建筑的体量大,色彩亮丽,常使用金

---

① 朱大发:《从徽雕看徽文化的敛与放》,《文物鉴定与鉴赏》2012年第3期。

顶,结构形态较为复杂,所处地理位置一般也较高,有一种主宰整体的感觉。民居建筑体量相对较小,颜色较灰暗,多为木条板屋顶,黄夯土墙面,低调古朴,形态单一质朴,地形位置相比寺庙也较低,以此来凸显出寺庙的至高形象与地位。如佑宁寺在建筑布局上最大的特点是非常巧妙地利用了当地的山势地形,沿山脚和平缓地带布置,并尽量利用原有洞窟修建殿堂,恰似一个个悬空殿宇镶嵌在山腰。总体建筑群形成建筑形体有大有小、有繁有简、错落有致,建筑格局有主有从、主次分明。这些建筑主要以大、小经堂为重心布置,整座寺院主体建筑位置显要,其他建筑则因地制宜,布局灵活。

土族宗教建筑装饰手法多样、题材广泛、工艺精湛。在雕刻技法方面,木雕注重技法的精细纯熟,提倡精雕细刻,追求华美。藏八宝等佛教题材纹饰在寺院的建筑、佛龛、经桌等地方以浮雕的方式出现,有固定排列组合出现的纹饰,也有单独使用的现象。还有镂空雕刻或浮雕的菩提翠叶、莲台金座、法轮、祥麟法轮、十相自在图,精雕细琢,追求华美(图2-22)。在造型艺术方面,无论是作具象刻画还是作抽象表现,木雕、砖雕、彩绘的形象造型都经过雕刻技师对原始形象的高度概括和提炼。如比较具象的人物、动物或植物形象,就将最具有特征性的地方进行突出表现;对相对抽象的图案,就采用去繁存精、简练明快的刻画笔法。

土族寺院的佛像和殿堂的装饰,部分采用土族刺绣。互助土族盘绣作为国家级"非遗"项目,在互助的佛教寺院顶棚上的横幔、柱子上的垂幛、佛桌上的苫布以及佛衣、法器、幢幡、佛像等,无不显示出刺绣的功能,盘绣制作的唐卡更是寺院殿堂必有之物。

同时作为藏族文化中一种独具特色的绘画艺术形式,唐卡在佛教寺院艺术中占据重要地位。唐卡艺术起源于1 000多年前,所用颜料全部来自天然的矿物和植物,如金箔、珊瑚、朱砂、大黄

图 2-22

等,因此能历经千年而不褪色。2009 年,唐卡与堆绣、泥塑等以"热贡艺术"的名义被列入联合国教科文组织人类非物质文化遗产代表作名录。"热贡唐卡"技艺独特、题材广泛、手法细腻、构图饱满、视野广阔,具有浓郁的民族和地方特色。热贡人传承着宗教寺院绘塑艺术,使佛教建筑大放异彩。以年都乎寺为中心的同仁地区,其从艺人员之多,群体技艺之精湛,令人叹为观止。到 17 世纪中叶,年都乎乡已成为"人人会作画,家家以艺术为业"的画乡。

以佑宁寺装饰风格为例,佑宁寺建筑装修、装饰艺术有其显著特点。其文物建筑艺术装饰十分丰富,大量运用木雕木刻显示出古代工匠的高超技艺。大小经堂、佛殿的柱形有圆柱、方柱、包镶柱、瓜楞柱等,柱形各异。柱头、托木、门楣、窗棂、梁枋、雀替等雕饰华丽,如托木雕饰自下而上就有亦堂亦室、工字形梁、上枭形莲瓣、连珠、蜂窝形凹雕、短方椽、长方椽、闸挡板、望板、倒置飞檐、连檐等十几层组成,繁缛精美。活佛府邸、僧舍建筑中大量吸收融合汉族、土族、藏族、回族等民族的装饰风格和民俗民风，或雕梁画栋、雕饰华丽，或简洁明快、修饰古朴。如僧舍中木饰墙裙通体炕等，充满着浓郁的土族风情风俗。彩绘以藏式风格最为突出，对门、窗、柱、梁、枋等木质构建除精雕细刻外，或施以单色厚重油彩，或在门扇、隔断、板壁上绘制宗教装饰图案及相应护法神像。精巧的建筑装饰加上鞭麻墙、宝镜、宝顶、十相自在、经幢、吻饰等的烘托，使建筑异彩纷呈，美不胜收。装饰在殿堂内外的造像、壁画内容丰富、造型生动、手法细腻、线条流畅、栩栩如生。

第三节　土族建筑文化的特征

建筑是人类物质文明和精神文明的产物，它本身代表着一种文化类型，反映了一定的民族特点。土族在迁徙、发展、融合的历史进程中创造了灿烂的文化，而建筑便是其重要组成部分。应生活之需，土族形成了独特的生活方式、习俗风尚，其中也就产生了土族独特的建筑形式。土族建筑深植于独特的藏传佛教文化土壤之中，虽吸收了汉族建筑的一些形象和手法，却与特殊的地域融合而自成体系。土族传统建筑在追求实用性的过程中，为了适应地理、文化条件，形成了独具特色的形态和规模。造型浑朴含韵，艺术性格质朴古拙，非常富于特色。

建筑在为人们提供遮风避雨的空间的物质需要的同时，也提供了其和谐生活的框架以满足人们的心理意向，寄托人们的审美情趣和精神需求。文化渗入建筑语言表达的方方面面，创造出体现不同地域特色的情感空间。土族建筑借鉴中原建筑文化之所长，同时，融入本民族信仰而形成了独特的土族建筑文化，其民族建筑发展过程中体现出融合性和适应性（图 2-23）。

图 2-23 （王存辉摄）

一、生成环境

（一）土族生产方式转变的历史

明清之前，土族以畜牧为主要的生产生活方式。这一时期，土族聚居地为发展畜牧业提供了良好的条件，《南齐书·河南传》描述吐谷浑辖区"多畜，逐水草，无城郭"。《西宁府机关志·地理志》记载民和地区"巴暖三川，延柔二百余里……水草繁茂，可耕可牧"。民和县史纳境内和杏儿、三川等地就是当时东李土司的重要牧场，毛荷堡《陈氏宗谱》中载互助地区"川有木，山有林，牛羊众多"。清朝中叶，大通部分土族还住着帐篷，以牧为业，明朝永乐年间，明朝设置甘肃马寺于乐都，设六监二十四苑，其中四监十六苑基本上都在土族地区。

明朝初年，土族生产方式大规模地由畜牧业转变为农业，但是从记载看,土族先民早在3世纪末就会耕种,吐谷浑父亲涉归率部在辽河流域定居就对属民"教以农桑"。吐谷浑人在甘青立国后经营农业,"亦知种田,有大麦、粟、豆,然其北界气候多寒,唯有芜菁,故其俗贫多富少"。以后,农业生产在吐谷浑生活占据一定的比重,吐谷浑其部在河湟地势平坦、气候温和的河湟谷地经营农业,吐谷浑亡国后,其遗民中的一些人留居本土耕作。元朝,土族农业已有较大发展,但仍以畜牧为主。明洪武年间,明王朝派军户在青海东部大规模屯田,"三分守城,七分屯田"。《西宁府新志》卷三四云:"按宁郡诸土司计十六家,皆自前明洪武时授以世职,安置于西、碾二属。是时地广人稀,城池座前水地给民树艺,边远旱地赐各土司各领所耕牧。"土族开始了农牧并重的生活。屯田制的推行,汉族移民人口的大量增加使土族地区人口结构发生重大变化,各民族交往密切,土族很快掌握了先进的生产工具和耕作技术,兴修水利,开辟耕地。明末清初,土族已成为农业民族。清中叶,土族地区土司原有的"军马田"大都成为良田,耕地面积大量增加。新中国成立后,土族对土地的开垦、利用还在不断进行。

土族生产方式的转变使得居住习俗发生了重大的变化。土族先民在逐水草流徙的畜牧生活中,以血缘关系为单位组成阿寅勒(村落)。百姓用毡帐绕成一个环形,阿寅勒长老的毡房就在环形的中心点。现在的土族地区还保留着什格·忽你乞(大羊圈)、木拉·忽你乞(小羊圈)以及马圈、牛圈这样的阿寅勒名称。明朝初年,土族先民辗转来到现在居住的河湟地区,学会了农耕技术,于是游牧的、流动不休的阿寅勒逐步演变为农业的、定居的阿寅勒。

(二) 土族宗教信仰的发展与演变

土族宗教信仰的产生,最早可以追溯到2世纪中叶至3世纪末叶的慕容鲜卑时期。作为今天土族主要族源的吐谷浑人,属于辽东慕容鲜卑的一支,和乌桓人同俗。而乌桓人"敬鬼神,祠天地日月星辰山川。及先大人有健名者,亦同祠以牛羊,祠毕皆烧之"(《三国志·魏志》)。可见当时的慕容鲜卑人(包括吐谷浑人)已经有了原始宗教的自然崇拜观念。同时,他们信巫术、敬巫师(通古斯语称为"萨满"),原始萨满教的巫术已渗透到吐谷浑人的日常生活中。自然崇拜观念的产生和对萨满教的信奉,表明作为今天土族主要族源的吐谷浑人,已有了原始的宗教信仰。吐谷浑到445—452年,也就是慕利统治后期,与临近的北朝、南朝、柔然、于阗、龟兹等政权交往日益频繁,先期传入上述地区的佛教,经西域和中原两路,逐渐传入吐谷浑。元朝,藏传佛教萨迦派(红教)首先传入土族地区,并在今互助土族地区修建萨迦派寺院一座,即佑宁寺的前身。之后宁玛派、噶举派等教派先后传入,15世纪初,由宗喀巴创立的藏传佛教格鲁派(黄教)传入土族地区,得到迅速发展,并逐渐超越萨迦、宁玛、噶举三派。1604年,格鲁派寺院郭隆寺(清雍正时赐名"佑宁寺")在今互助土族地区建成。藏传佛教格鲁派成为土族信仰的主要宗教。土族文化教育也相应的以寺院教育为主。由于明清封建统治者对藏传佛教格鲁派推崇备至,形成了"政教合一"的统治。新中国成立后,废除了土族地区宗教寺院的一切封建特权和剥削压迫制度,实行政教分离、宗教信仰自由的政策。

由于宗教众多,各民族间信仰出现了一定程度的融合,都不同程度地融合了当地文化和民间宗教信仰。土族建筑离不开宗教元素,其形制、布局、装饰甚至营建过程无一不受宗教影响。

二、宗教性

中国传统民居建筑是中国宗教文化的载体。宗教信仰对土族建筑文化的影响深刻而广泛。土族信奉藏传佛教,因此,其建筑立面造型、建筑色彩与装饰中均体现出藏传佛教建筑的特点,色彩鲜明、亮丽,题材多为佛教法器与瑞兽。同时,土族建筑兼容并蓄,汉文化对于土族建筑文化的影响是显而易见的,尤其是汉传佛教、道教等宗教在其建筑中均有体现,也影响了土族建筑庭院格局和建筑装饰。土族建筑中,尤其是土族民居中变迁较小的是其浓厚的宗教氛围。

(一) 土族建筑中的佛教文化

1. 院落形制中的佛教文化

土族要在庭院的中心"中宫"位置设置煨桑炉,立高三丈左右的"嘛呢杆",杆上悬挂印有六字真言或平安经的蓝白布经幡,避邪除灾,保佑全家四季平安。在互助县的土族人家中,早先由于在半农半牧的生产和生活中牲畜扮演重要的角色,民居院落中通常围绕嘛呢杆盘成圆槽(土语叫"圆索尔")饲养马和骡子,随着生产方式的变化,这种设置逐渐消失。现在土族在庄廓中宫上一般用砖围起来修建一个花坛,里面种花,花坛围墙正对堂屋供奉煨桑炉供老人煨桑拜佛使用。在民和地区,家中有喇嘛的人家才会在花坛上立经杆,张挂经幡。在互助县的贺尔郡,更有特色的一点是庄廓的大门或者四角的墙上要插一杆印有经文的幡,每当微风吹拂,嘛呢杆迎风飘扬,土族认为这样相当于经文得到了传扬。黄南土族一般会将嘛呢杆竖在庄廓一角,煨桑炉的位置也不严格规定,大门立小转经筒或一较低的嘛呢旗杆。黄南年都乎寺近旁的土族人家中,有砖木结合的大门的人家在砖柱中间放石佛像,在北房和大门正中张挂红、白、蓝、黄、绿五色印有经文的幡。一般情况下,如果没有专门的佛堂,土族也会在北房堂屋的大红面柜上(民和官亭土族在八仙桌上)供奉菩萨,挂宗喀巴、班禅活佛等的照片,每天早晚烧香祈祷。

2. 村落布局中的佛教文化

土族村落由"崩康"和"拉康"等建筑组成了浓厚的佛教文化空间。村落以寺庙作为神礼中心,村入口处设有"崩康"供奉泥佛保佑收成与安康,祭祀场所称为"拉康",意为"神殿"或"佛堂",类似于汉族地区的庙观。"拉康"或为平房,或为两层阁楼式建筑,内供藏传佛教的佛像、佛塔及佛经等。青海互助县五十乡的霍尔郡村的"拉康"内供有神箭"切什强"和娘娘神,当地土族将其称为"佛爷",拉康平日由"庙管爷"(即庙祝)看守,负责点灯煨桑、打扫卫生等事务。平时土族的许多集体信仰活动都是在"拉康"中完成的。"拉康"是土族村落集体信仰活动的重要场所,在村落的精神世界中地位显赫。位于互助县中部的"中国民间文化艺术之乡"丹麻镇境内的东家村,东伴丹麻河,西倚西山,南邻桦林村,北靠西丹麻村,是一个典型的土族聚居村落。东家村的村庙东家庙位于东家村的东北方,砖混结构两层小楼,里面供着各种佛像、经文及东姓人家的祖宗牌位。据村里老人说,东家庙属于佑宁寺管辖范围,受佑宁寺护佑。东家村的"本康"是一座方形无门窗的土木结构建筑,四面绘有佛像,供奉着度母娘娘,位于东家广场中央,主要用来祈祷家庭和睦、老人健康长寿和孩子健康成长,寄托着东家村信教群众对生活的美好愿望。

3. 营建仪式中的佛教文化

寺院建筑的外部建筑实体,内部的佛像、壁画等装饰完工后,为了避免不洁之物进入,寺院建筑完工之后很快就要举行藏传佛教的竣工仪式即开光仪式。寺院的法物、宗教艺术品经过开光仪式迎得神灵安住,才能成为信徒崇拜的对象。因而开光又称"安神"或"善住"。在举行开光仪式之前,首先要对购置好的佛像、佛塔进行装藏,主要装入三类物品:作为法身藏物的经卷;作为佛身藏物的舍利；谷、芥舍利。将这些代表佛之身、语、意的圣物请到新落成的寺院殿堂内，安置于佛盒和经架之上，然后举行开光仪式。举行竣工仪式的日期要根据藏历选定吉日，迎请活佛或高僧主持开光仪式，举行宗教仪式的僧人人数要在七位以上。开光仪式的规模、程序可以根据人们的意愿而定，隆重的开光仪式一般需要三天，中等需要两天，简单的也需要一天或一两个小时，但具体做法包括禅定闭关、念诵经文、背诵陀罗尼等要严格依照仪轨文献的规定进行。

（二）土族建筑中的道教文化

土族建筑除了受到藏传佛教的影响之外，也受到道教的影响。隋朝时期，隋炀帝为纪念随军征讨吐谷浑时逝世于大通金峨山的妃子金娥，命人在金峨山修建道观，取名圣母祠，改山名为金峨山，并留随行道士主持圣母祠。唐朝时，驻守在乐都的文官武将在乐都武当山及周边地区修观建庙。明朝时，大通元朔修建太元宫、紫峰观等道教建筑。崇祯十五年（1642），互助县威远镇五峰乡白多脑村五峰山上营建了五峰寺。明末清初内地道教逐渐衰落，许多游方道士流落青海，在民间传道。清乾隆时期，西宁金事杨应琚在五峰寺建三楹房舍，名"寒泉精舍"，立《五峰碑记》。民国时期，在古鄯、巴州隍庙有出家的道人、尼姑居住，进行修道和传教。道教很早就在土族聚居的地区传播，留下了许多道教建筑。土族建筑也受到道教文化的影响，如选址、奠基、立柱、封顶、竣工及乔迁等的礼仪与禁忌都有道教文化的因素。道教在土族建筑中的影响突出表现在安宅祈福的建筑仪式上。

1. 奠基仪式

河湟地区的"花儿"里有这样的歌句："新打的庄廓下罗经，四角子下的是宝瓶。""下宝瓶"就是打庄廓时非常有宗教特色的一项活动。土族人盖房前要在庄廓的中宫和大门两边、四个墙脚下埋"崩巴",一般是请"阴阳先生"(或喇嘛)来操作,一边诵经一边在事先准备好的黑陶罐中倒入少许水,然后放入活鱼、青蛙、蜈蚣、穿山甲、石燕等"五腥",或装入麦、豆、青稞、菜籽五色粮食,金、银、铜、铁、锡、珊瑚、珍珠、玛瑙等"八珍",海龙、海马、天南星、地南星等十二味"金药",以及发面、佛经、符箓等物,埋于中宫,作为镇宅之物,以保佑家宅平安,镇避邪气。"宝瓶"被认为有"镇宅发家"的作用,如果家里六畜兴旺,人丁安康就是宝瓶起作用了,反之,如果家里有人畜生病,祸事不断,则要请"阴阳先生"(或喇嘛)来重新念经下宝瓶。宝瓶内装的物什(如金、银等贵金属),一方面视家主经济条件而定,另一方面视地域而略有不同。中宫上要砌上花坛,形状或方或圆。方的其上培土当花坛;圆的在很早以前的互助土族地区多作为拴牲口的转槽,称为"中宫圆槽"。现在方形居多,种植芍药、牡丹类土族喜爱的花草。花坛之上再设小桑炉用于宗教祭祀。埋有崩巴的花坛上不能随便践踏、攀爬,更不能摆放脏东西。

2. 上梁仪式

受中原道教文化的影响,在青海土族地区重视屋架内的大梁,当房屋木架结构基本结束时,不论是寺院还是民居,都要举行隆重的上梁仪式,要有建宅文与上梁文。隋唐五代时,人们在盖房之前,破土动工时需要举行一种仪式,宣读一篇"建宅文";在上大梁前,要唱一种"上梁文"。这种风俗很流行,《沙州文录补》上有一篇《康再荣建宅文》就是吐蕃时期关于建房上梁的仪式记录,文中说:"维岁次丁卯三月丙寅朔廿三日戊子,沙州大蕃纶骨萨部落使康再荣建立其宅,唯愿青龙西北处绝阳,招摇东南,阴伏藏摄提,人们当母位,太阴鬼之自开张。……伏愿部落使子父昆弟等,坐家丰侯,子孙永昌,□保遐算,寿福无疆,官高盖代,世世康强,大富大贵,梦麻吉祥,无诸中夭,寿命延长,百病除愈,身体轻强。祝愿已毕,请受春装,赏赐博士,美酒肥羊。"①此文内容明显受到当时民间信仰道教的影响,因此它是属于受道教影响的建宅文。建宅文由主持仪式的工匠宣读,祈福纳吉,以求吉祥如意。土族上梁的日子由"阴阳先生"择吉日而定,当日主人一大早会煨桑点灯,焚烧香表,以祈求上梁仪式平安顺利。上梁仪式中,木匠师傅在大梁的中心部位挖一长方形的小槽,里面填充金银、粮食、柏枝等象征财富的物品,然后用发酵面封口,再用画有太极八卦的红布包住其口,用红、白、绿、黑、黄五色线扎紧,上面再栓一条哈达,大梁上还要写上"大吉大利""上梁大吉"等语。吉时一到,建房的把式就上至梁架上,念诵祝福五谷丰登、吉祥如意等的上梁文(吉祥文)。然后由事先选定的有吉相(即属相不与主家上梁之事相冲相克)的两人稳稳抬起大梁,送上屋顶,安置妥当。届时鸣放鞭炮,并从梁上撒早已准备好的糖果、花生、核桃、红枣、钱币、"德日麻"(面豆)、馍馍等,众人纷纷上前争抢,不使之落地,认为得到者得财或得福。周围的亲朋好友们携带绸缎、哈达、酒、茯茶、馍馍等礼品前来祝福,绸缎都搭在梁上,馍馍放在房内的供桌上。房梁上完后,主家准备酒菜,款待匠人和亲朋好友们。这种仪式今天在民间依然十分盛行。如果是寺院的经堂建筑,僧人们会用长调诵经,祈祷佛法昌盛。

3. 祭灶神

土族人家厨房内供奉的灶神是庄廓内另一个重要的设施。土族人家的灶神供奉在厨房的一角,具体位置根据厨房的布局自行选择,一般供于灶头,但具体的神位也因地区不同而有差异。互助

---

① 金良年主编:《中国神秘文化百科知识》,上海文化出版社 1994 年版,第 449 页。

的土族人认为,阳光直接照射在灶神的神座上,灶神就比较厉害,易发怒,祸及家庭,所以灶神的位置选在无阳光照射的地方。在互助五十镇的土族地区,流行这样一种灶神的形象,它是一幅用黄泥和白面混合画出的图画:先用黄泥在厨房的墙壁上均匀地抹出一个长方形的背景,然后在上面画出面团、擀面杖、菜刀组成的图案。在图画下方要钉木板架子,架子上供放酥油灯、馍馍等祭品。这幅图案是由家中主妇在腊月二十四日的晚上画的,但是在这一天并不将此幅图案画完整,而只是先用新泥抹出长方形的黄泥背景,然后用软面画出三点,更换新的祭品。家庭主妇会烙七个圆饼,点上油灯,在灶内煨桑,跪地磕头,并默念祝词,感谢灶神一年来对家人的保佑,意在给灶神饯行,祈求灶神"上天言好事,下界保平安"。此后不许任何人进厨房,直到第二天方可进入。到了腊月三十日的晚上,主妇用大拇指沾着软面团,把其余的灶神图案补画完整,重新更换祭品,点上油灯,人们跪地磕头,然后在院子里燃放爆竹,迎接灶神。接下来从正月初一到十五,要一直点亮酥油灯来供奉灶神。民和三川土族的灶神与汉族的相同,在锅灶上方或案板上方贴着用黄表纸写的牌位:"供奉东厨司命灶君之位"。

  灶神信仰在许多民族中都是存在的,其真实的含义是为了祈求五谷丰登、人丁兴旺,在土族中的民俗意义也是如此。只是土族和汉族祭灶的时间不同,具体的民俗事项也有很多的差异。相传很久以前,有一户土族人家,一户汉族人家,两家人比邻而居。汉族人家在腊月二十三日这一天晚上用隆重的仪式打发灶王爷上天去"言好事,保平安",可是,土族人家却因为贫穷而不能举行这一仪式。第二天,一筹莫展的土族家长终于借到了一只白公鸡,在腊月二十四日的晚上,土族的灶神骑着这只羽毛洁白的雄鸡冉冉升空,给憨厚朴实的土族人留下了心灵的慰藉。于是腊月二十四日就成为土族祭灶神的时间,和汉族腊月二十三日的"小年"相差一天。汉族的习俗是"男不拜月,女不祭灶"。而土族却恰恰相反,祭灶的诸事要由家中主事的主妇亲自操办,尚未生育的儿媳妇和尚未出嫁的姑娘不能代替去行这一祭事。祭灶神的活动成为已婚且有子(女)的家庭主妇的专利,实际上蕴含着深刻的象征意义。在土族婚俗中,土族新娘被迎进婆家后,要直奔厨房,从正在燃烧的炉膛中抓起一把灶灰,然后双手合十拜灶,意为从此成为该家的人,要在家中生儿育女,传递香火。《八央九月》封灯曲中有言:"第一盏灯是天大爷爷的灯,第二盏灯是财神爷的灯,第三盏灯是门神爷的灯,第四盏灯是灶神奶奶的灯,第五盏灯是女厢阿姑的灯。"作为农业民族,土族的灶神信仰中既包含有祈求子嗣的愿望,同时也有着强烈的农业丰产意识,希望通过有生育能力的主妇的祭灶行为来祈求上天的保佑,获得"仓有余粮,灶无亏空"的报答。

4. 安大门

土族的安大门仪式中也有上保梁的仪式,同时,土族也因袭民俗奉道教的门神。门神是家庭安全保护神。民间信奉门神,由来已久。自先秦以来,上至天子下至庶人,皆崇拜门神。汉族古代沿袭祀典,无论皇室、百官与平民,一概有祭祀门神的传统,甚至把它与灶神并列为重要的家神。最早的守门二神名为神荼、郁垒。据《山海经》载,此二神食虎,阅领万鬼,受到黄帝的敬重,画于门户,以驱邪祟,以后俗称门神。唐代以后又以唐将秦叔宝、尉迟恭守宫护驾的俗信,改他们为二门神。由于唐代又有钟馗捉鬼的传说,因而钟馗像或写有"钟进士"的纸条也成为防御门户的另一选择。一般来说,武士装束的门神更为普遍。然而,各地区因信仰不同,武士所指的对象也有差异,有画孙膑、庞涓的,有画赵云、赵公明的,都是在历史上或传说中声名显赫的武将。明清时,门神的防御功能逐步为祈愿功能所取代。因此,爵鹿、蝠喜、状元、福禄寿星、财神也就成为门神的主题了。逢辞岁迎新时,各户焚香致祭,并按俗张贴神像于左右二门板上。土族深受汉文化影响,信仰门神中的武门神秦琼、尉迟恭,但也因所处地域和民族融合的影响形成了自己独特的"门神"文化,如黄南同仁土族视格萨尔王为门神,除夕傍晚将其神像贴于门上,初一至初三部分民和土族人家还要在门梁上点两盏油灯,供两颗红枣,祈求门神驱邪避鬼,卫家宅、保平安、助功利、降吉祥等。

三、多元性

(一) 多元性生成因素

1. 多民族文化的影响

土族在形成过程中吸收融合了其他的民族成分,如蒙古族、藏族、汉族等。《佑宁寺志》记载,从前大地梵天姜格尔汗即成吉思汗的部将格日利特带领部属来到这里,现今的霍尔人多为他们的后裔。在佑宁寺的藏文经书中记载成吉思汗的远征军中有一支百十人的队伍掉了队,住在今互助县。这些记载表明,土族在形成和发展过程中都吸收有蒙古驻军的成分。土族中也融合了藏族的成分,如佑宁寺的松布佛,现为土族,但松布这一姓原为西藏十八大姓中的第三姓,由西南地区迁至互助后,长期居住在巴红村,后逐渐由藏族变成了土族。土族在明清时期也吸收了从山西、四川、甘肃等地迁入青海的汉族成分,在土族地区有很多家族还有着汉族家谱。由此可见,土族人一直就有族源上多民族的背景。因此它的文化传统中有很多民族的文化的遗存。再加上土族人本身没有文字,因此本民族的文化在传播或传承的过程中就会由于缺乏文字载体而显得单薄。当遇到其他强势文化的冲击时,往往比较容易吸收外来文化以填补人们在生产生活以及心理上的需求。土族所属的河湟地区,自古以来就是多民族杂居区,这些民族在不断的争战和融合中,其文化、宗教信仰以及习俗等也不断地冲突交流、相互吸收融合成一种新的文化体系。

2. 多民族信仰的融合

宗教不仅是一种信仰,也是具有浓厚的民族和地域特色的文化现象。宗教信仰对土族传统文化特别是建筑文化的影响是深刻的。人的精神状态可分为潜意识、显意识和超意识三个层面。信仰是在潜意识和显意识基础之上的一种在后天文化环境中"修炼""提炼"而成的自由化了的精神状态,其实质是意识层由抽象而升华为超意识阶段的产物。人类丰富的精神需求与现实无法满足的矛盾日益尖锐,于是转向宗教,靠自己对神灵的虔诚和崇拜实现心理的平衡、精神的安慰和异己力量对自己事业成功的保佑,获得安全感的满足、生命力宣泄的满足、审美愉悦需要的满足。就宗教信仰而言,很多崇拜的对象、祭祀的仪式以及神话传说等随着文化的交流而流传下来,到了今天变成一种习惯或者是约定俗成的惯例而为土族人共同信仰、崇拜或遵从。因此土族人现在的信仰中包含了许多民族的宗教如道教、佛教、苯教等的成分,这与土族的多民族融合的历史渊源密不可分。

土族的宗教信仰是以藏传佛教为主体,佛教、道教、萨满教等宗教并行的多元宗教体系。在土族的庄廓中,可以供奉他们认为可以保佑家宅平安的灶神和其他神佛,这是受汉族的影响,但从土族筑庄廓的一系列仪式可以看出土族人普遍信奉藏传佛教。除此之外,还有各种民间信仰,且民间信仰在各地不完全相同。而这种信仰的影响,就是所处地理环境和社会环境的产物。"由于土族处于汉族和藏族的连接地带,其文化是一种典型的连接地带文化。土族人置身于汉藏之间,他们在文化上也是走的一条中间路线。土族文化是一种典型的兼收并蓄的产物,接受的汉藏文化因素比比皆是。"① 在土族信仰中，还有对天神、白石等萨满教要素的信奉，有对龙王、娘娘、二郎、四郎的地方保护神信仰，祖先崇拜、阴阳和风水先生等。从民族渊源可以划分为三类：喇嘛教是吸收藏族文化的标志；萨满教是作为同属于阿尔泰语系的土族基础的蒙古人、突厥人固有的原始信仰，可以视为土族先民的固有信仰；其他几种显然类同于汉族的民间信仰，可以视为受汉族文化影响的产物。藏传佛教和汉族民间信仰成为土族宗教信仰的主要成分。土族的宗教信仰是上述三类的组合，时代不同、地区各异，其组合方式也有所不同。藏传佛教、萨满教和汉族信仰在土族人的精神生活中并行不悖，从而使土族人在精神上既不同于汉族，又不同于藏族。这种复杂的精神生活表现在土族民居的建筑中，既不同于汉族民居，又不同于藏族民居。但对于一个在其他民族的包围之中形成的民族，其语言、审美观念、风俗习惯、宗教信仰都可能体现出它所受民族影响的特点。

多重宗教信仰对土族民间文化的影响和作用是巨大的，以萨满教为"底色"，与道教、苯教相融合，形成了以道教为内容和形式的混合性宗教；汉传佛教与藏传佛教并存。这些交错相织的宗教因素构成了土族民间文化的兼容并蓄、包罗万象、丰富多彩的特色。究其原因：萨满教、苯教都是原始宗教，其信仰有很多相似之处；道教本身就是在我国原始巫术和秦汉以来神仙方士的基础上形成的，可以说是民间多种宗教信仰的糅和体，因而很容易为土族所接受，与其信仰的萨满教相结合；佛教传入土族地区时间虽早，但在黄教未取得统治地位以前对土族社会的影响远不如前者。但不管道教的传入还是佛教的盛行都是建立在土族原有宗教信仰萨

---

① ［比利时］许让：《甘肃土人的婚姻》，费孝通、王同惠译，辽宁教育出版社1998年版，第242页。

满教基础之上的,不论是佛教中的如来佛还是道教中的元始天尊都大不过"阗格尔"。土族民间文化中的多重宗教信仰并存、相互融合,适应了土族群众不同层次的宗教心理需要;土族群众不同层次心理需求都能在不同的宗教信仰中找到存放的空间。因为地理分布格局的变化以及受周边民族文化的影响,形成了同一民族具有不同地域特色的文化现象。民和土族受汉族文化影响较大,同仁土族受藏族文化影响较深,互助、大通等地土族则一方面受汉藏文化双重影响,一方面又保留着自己独特的文化特征。

(二)土族建筑的多元性特征

土族庄廓"日麻"是土族由游牧民族演变成定居民族、由游牧生活转向农耕生活、由游牧文化发展为农耕文化的活化石。"日麻"的空间结构不仅是土族人民遮风挡雨的建筑物,更是精神上的安全屏障。"日麻"文化是土藏合璧、土汉合璧的产物。土族是一个开放的民族,是一个善于博采众长,善于学习、吸收、接纳其他民族优秀文化且又不失本民族传统文化的民族。在历史的长河里,在社会发展过程中,土族人把自己的心愿、信仰和审美观念,把自己所最希望、最喜爱的东西,用现实的或象征的手法,反映到自己所居住的生活空间——"日麻"中去,使"日麻"既成为土族人的栖身之所,又成为人们精神的寄托之所。

1. 土族建筑中的中原文化

中国北方的传统民居严格按照中轴对称及外实内虚的原则来规划和布置整个院落及房屋,整个院子基本是一个长方形,院落封闭一户一院。这种类型的院落布局一般都只有一个出入口,在平时这个大门是不开的,使整个院落处于一种完全封闭的状态,安全性很高。以庄廓院落为代表的土族民居建筑始终贯穿着浓厚的中原文化理念。

(1) 风水文化。

受中原文化的影响,土族风水观念也讲求"藏风、聚气、得水"的空间环境,选择依山临水而居,以求取势纳气。

"天人合一"观

在中国传统宗法统一和谐思想影响下,土族村落布局、民居建筑随地形变化而随高就低,与自然环境巧妙结合。围合院落的基本布局形式和外观使土族传统民居很容易与大自然融为一体。传统民居的主人们一旦选定房基地,就努力使住宅建筑去适应自然环境。适应地形和地区气候的建筑,保证了统一风格的形成。同一地域的建筑使用统一的天然建筑材料,建房的结构方法也基本相同,这就不仅使建筑物的形制、色彩和质感保持统一的风格,也使土族的建筑物与自然环境十分和谐。

"天人合一"是中国传统文化的主体,讲求人与自然和谐相处。土族崇拜自然,不仅对树木、泉水赋予神的意义,还通过宗教活动进行宣传和保护。聚落的营造布局、传统民居的构建都遵从了顺应自然的思想,村落整体景观雄浑质朴,与自然环境融为一体,比如依山体形态构建农田、房屋,利用乡土材料构筑庄廓,合理安排组织建筑和环境的关系,形成人、建筑、环境相融的良性循环系统和聚落景观。

"风水"观

土族在选址上除受"天人合一"的自然观的影响外,也看重民俗和宗教意义上的"风水"。

土族原是游牧民族,选址多在山区,沿着河谷呈条式布局,其庄廓选址多在向阳的缓坡上,避风、向阳、临水。建筑选址"藏风聚气"。从传统的风水理论看,在山坡择地,要有背山依靠,左右要有围护。从环境条件的选择来说,是为了避风、藏风。坐落的位置一定要是中央略高起来的平地,与后山和左右护龙之间有一条自然的排水道,当大雨来临时,水会在左右形成水流,绕过建筑,流到山下平地,汇入河川之中。泉水、河流是人们聚居的核心,水系形成了村落的最初"骨架",村落或沿水系布置或围绕泉眼向外扩展,人们逐水而居,路随水转,形成自然村落。

土族民居院墙沿用了全封闭的形式,四周只开设一大门,不仅防御性强且内外分明、挡风聚气。《宅谱大成》说:"一道墙当一重山,宅四周有墙,墙多则气厚。"土族围合的庄廓院落的"院墙"正是这一风水理论的最佳表现形式,是土族传统民居的一大特色。院落中,北方为吉方,在青海土族群众的聚居区互助县和民和县三川地区,北房被当地人称为"大房"或"妙林",是最典型和最普遍的庄廓院内正房布局。

土族建筑中的门在布局、装饰、民俗等方面明显受到中原传统文化的影响,土族建筑中门的设置十分重要,大门在当地俗称为财门,其位置和朝向的选择都是风水中至为重要的关键点。传统风水理论中南方为吉方,所以大门的位置一般在庄廓南院墙开设,大门朝向东南避风趋吉的风水上,大门不正对内院,通常通过一处门房作为过渡,避免风沙对院落的侵扰。它是引导福气、趋吉避凶的关键所在。土族人家的大门也是因地制宜地采取了适宜于自然环境的建造方式,整体建筑符合风水学理论背山面水的特点,重视房屋朝向的选择,大门要面对林木茂盛的高山,不能对沟壑及庙宇。按依山傍水的习惯,在主房对面设置大门。大门的设置上首先是朝向问题,在我国的传统民居民俗中,被风水理论所接受的是子午向,也就是坐北朝南。安大门的时候特别注意照山的选择,如果没有理想的山体,土族人会采用两种设计:或者使院门侧斜,避开潜在的危险;或者在院门外筑一块照壁,通过选择照壁作为屏障,照壁约3米高、4米长,顶部也会放置和庄廓院墙一样的白石,通常会放置三块白石镇邪,照壁背后会种三株松树或杨树作为陪衬。

除了各种大门设置中的禳解之法外，土族人还在日常生活中特别注意维护大门的圣洁，杜绝邪祟冲撞玷污。土族的生活中有忌门的风俗，依据门头的标志不同，忌门的缘由也不同：门头插松柏，表明此门刚建；门旁贴红绿纸，表明家中新添人丁，男左女右，一目了然，孝子、司神人员就不会入大门。除了为忌门而插标志性物件告知外人外，土族的门头上也会有汉族的风俗，过年会贴对联、门神，端午节到来，门头会挂杨树、柳树枝，也会悬挂艾草驱邪。

（2）礼制文化。

血缘家族是土族社会的基础。家族聚族而居要求建筑的群体组织。土族民居"一正两厢"布局是小农经济、大一统的政治和儒家人伦教化的思想在建筑上的集中反映。受儒家思想文化的影响，长幼有序的道德规范在土族建筑的院落空间和村落布局安排上都有所体现，形成了中尊侧卑的体系，即前尊后卑、左尊右卑、北尊南卑。这是土族传统建筑的群体意识的全面表现，尤其是民居建筑中包含丰富的礼制文化。

土族院落形制上呈现出浓郁的礼制文化特色。受中原文化影响较深的土族庭院民居院落布置随着人们的实践活动而产生，院内建筑也受礼制思想的影响表现出各个建筑的等级和重要性。礼制中的"门堂之制"明确了院落布置方式。如正房、厢房的位置、开间数、尺寸、高度、形制、材质等都有明确的区分，住房居住严格按长幼、辈分安排，具体表现为"中轴对称""居中为尊""尊卑有序"等礼制思想。

土族民居的正北面的房子称为北房或正房、大房，互助土族称"大房"，民和称"田舍"，也叫"麻总格儿"。大房在宅院中占有举足轻重的地位，理所当然地成为庄廓院中最重要的建筑，它承担着家庭日常起居、生活待客、宗教活动等功能，是宅院中地位和规格形制最高的单体建筑，居中朝南放置在院落的中轴顶端，以体现"居中为尊"这一思想。其布置延用传统民居的形制：堂屋居中，卧房侧立，角房辅助，大门居中等。

大房坐北朝南，以其独特的建筑形式区别于庄廓内的其他建筑。其建于1米高的台基上，高于院内其他房屋，设有较大平挑檐口，环以檐廊，檐下空地俗称"台子"，抹得很光，既可以晾晒粮食等物，也可以纳凉吃饭。在完全由单层建筑组成的庄廓院中，大房的体量本身也高大于庄廓内的其他建筑，因此大房是整个庄廓院落中轴线的最高点。

大房开间三至五间，进深两间，有良好的采光和通风。三间大房中间为堂屋即明间，民和官亭的土族人家堂屋的家具陈设与大多数汉族民居相似，堂屋中心靠墙放置长案，案前放八仙桌，桌两侧配太师椅。墙正中挂中堂字画，两侧配条幅。中堂条幅由当地木匠制作，通常也是满间长，分为两格或三格。互助、大通等地的土族则在堂屋当中摆着一对大红油漆的面柜，四方形面柜柜脚没有雕饰，与厚实轴承相楔，高100—120厘米左右。每一格面柜边有花边雕饰，柜面绘富贵牡丹或吉祥佛手类花卉，面柜内储存面粉、腌肉等食物。大红面柜上面摆着各种敬神的设施和供品，面柜之上的墙体为"中壁"，供天地财神、佛像之位。堂屋是接待宾客和举办家庭婚丧大事的场所，它是一个多种功能的房间(图2-24)。

大房的稍间配有较大的起居间，宽敞而舒适。靠窗户处设有满间炕，正如土族的花儿里吟唱的："三间大房满间炕，四六棉毡双铺上。"

大房一般用于长辈居住，也作为接待长辈亲戚、尊贵的客人的住房。有些土族人家的大房为两层，在二层设置"佛堂"。

厢房可分为东、西两座，位于院落的两旁，大多对称布置。厢房大多以四方式为主，最多不超过五开间。它的高度和规格不能超过大房，院内大房地位最高，东厢房次之，西厢房再次。东、西厢

图 2-24

房一般用来作为晚辈的卧房、厨房、杂物间或其他功能使用。在互助、同仁、大通等地土族中,利用厢房为"锅头连炕"式厨房。炕的炕面为石板,上抹白泥,炕面密封,与塌泥炕相似,不过"炕洞门"与锅台相连,炕与灶中间有薄墙相隔,灶膛烟道通过炕下直通烟囱。做饭时,余热烧暖炕面,故称"烧炕",土语为"牌"或"秀光"。带有锅连炕的厢房是全家人平时吃饭、休息的地方。在同仁的郭麻日古堡中由于庄廓狭小,很多人家的大房里也用锅头连炕取暖做饭。

土族建筑装饰中也蕴含有丰富的礼制文化。土族庄廓院中的大房和庄廓门在土族民居建筑中处于重要地位。庄廓院看似简陋,却是粗中有细,土族通过精美的装饰手段来突显大房和大门在庭院里的重要地位,体现了长幼、尊卑、秩序的礼制思想。

大房的装修在用料、装饰和规格上格外讲究,比其他房屋要精美细致。它以松木柱、梁、檩为承重结构,以精细木雕进行装饰。

大房门窗高大精美,明间安四扇格子门,次间、稍间安花格支摘窗,支摘窗有多种图案,如步步锦、八卦套等,窗下砌砖雕槛墙。前檐木雕装修十分精美,内容多为藏八宝、暗八仙、富贵牡丹、寿山福海等,具有浓厚的民族、地域特色。厢房的形式次于正房,门窗小而简陋,窗格图案多为传统几何套方图案、动植物图案等。角房只有门房,主要通过院落天井采光通风。

土族庄廓大门的装饰在木雕的图案、做工的精细程度上要求十分严格,木雕装饰精致、美观,以显示主人的地位和财富。

土族建筑装饰在民居和宗教建筑中的不同,显现出宗教建筑在土族生活中至高的地位。从建筑装饰上讲,一般土族民居装饰色彩朴素、装饰简洁,而寺院色彩艳丽、装饰复杂,可以看出寺院在土族生活中的主导地位和重要性。寺院建筑装饰更偏向于华丽庄严,有飞檐吻兽、墙壁浮雕、屋脊花边、门头木雕等。寺庙的经堂从梁、枋到柱头都有精美的图案和纹样。

土族村落布局也以礼制文化为基础。土族村落即土族"阿寅勒",其结构形式中佛教寺院建筑一般不和民居混合布置。寺院一般建在较高的位置,是一个村落地位最高的核心建筑。从村落与寺院的空间布局来看,一般以上寺下村的轴线方式布局。以郭麻日古堡为例,其总体布局以及村寺关系,是同仁隆务河谷流域典型的村(城)寺布局方式。宗教至上,郭麻日村落周边地势南部高北部低,靠近山峦的西边高,靠近河谷的东边低。因其地形,故而在郭麻日寺选址时选在了村落南部的一处西边山峦台地之上,台地与郭麻日村高差有近 20 米。寺庙高高在上,背靠西面大山,面朝开阔的河谷,高耸的时轮佛塔更增强了寺院在整个村落中的凸显性,在村落几乎所有开阔区域都可以一眼看见寺庙,昭示佛的无处不在。上寺下村的布局顺应自然地形,主从有序,村落建设围绕寺院展开,形成了丰富的空间层次和独特的景观风貌。宗教建筑是体现郭麻日村落传统风貌的典型空间标志和要素,郭麻日寺无论是在地形上还是在村寺布局关系上都居于控制地位,可见宗教建筑对村庄的建设发展起着重要作用。从村庄的历史发展与演变,村庄与自然的关系看,是山、村关系由远而近,逐步密切的过程。一方面,结合地形的自由式道路系统,体现出村庄与自然环境的有机结合;另一方面,寺院位于高地,醒目突出,生活居住位于其下,邻近水源,方便交通,形成村落环绕寺院、宗教至上的特色鲜明的村庄景观风貌。

宗教建筑在土族建筑中的重要地位的另一个表现在于土族村落中的"拉康"。拉康即村落佛堂,土族拉康的选址由法拉来确定。拉康占地约半亩,多与庄廓院落大小相仿。出于神圣与世俗的考虑,拉康的正门多朝北开,以区别于民居庄廓。一般情况下,拉康正门在岁时节日及庙会期间才会打开,平常只会开侧面的小门进出。拉康大多是砖木结构尖脊形式,大殿多为三间:中间供奉本村庙神神轿,两侧供奉二郎神牌位以及山神、土地神画像。有的村落供奉的神灵较多,会按照民间的排位顺序将神位一字排开,在供奉神灵的后墙上画有相应神灵的图案,两侧画有在二郎神带领下捉拿恶灵场面的壁画。大殿廊檐均为吉祥图案木雕,门窗上绘有藏八宝、暗八仙等图案,有些也吸纳汉族的琴棋书画等题材。庙堂院中栽植松树、柏树。左右厢房,一侧多为庙倌日常起居的空间,一侧为初一、十五由嘛呢其念诵嘛呢经的空间。庙门前小广场中心位置多树立一对神杆,上端有神斗。拉康是土族人平时进行宗教活动的主要场所,在村落中地位神圣。

2. 土族建筑中的多元文化

土族在其发展进程中经历了从游牧到农耕的生活方式的转变,在自然地理环境和人文地理环境的影响下,吸收蒙古族、藏族、汉族等民族的文化,形成了以宗教文化为聚落精神核心,以父系家族成员组成群体居住形式,以宗教寺庙为聚落结构核心的聚居模式,信仰空间与居住空间自然结合的独具地域特色的建筑。

(1)信仰空间的多元化。

在与其他民族共同生活中,土族借鉴和吸收其他民族先进的生产知识与技能,共享优秀的文明,不断丰富着本民族的文化。从建筑的视角看,土族文化的丰富性表现在村落中完备的信仰空间布局。

土族的宗教信仰体系是以藏传佛教为主体的多教融合的产物。土族人在"灵""魂"观念的主宰下崇拜自然,对天地日月星辰、山岳树木、河流泉水无不崇敬,因此聚落建筑呈现出多神崇拜的遗俗,树立了无数个神:掌管雷雨风雹、解除灾难疾病的山神,管耕种保丰收的神农,护家宅保平安的家神以及村落内部的古树、泉水都被赋予宗教意义加以保护。聚落布局中大壑置鄂博,村头村尾修本康、筑塔、拉康等宗教类吉祥设施。虽然这些建筑是土族人祭祀神灵、虔诚祈福的重要场所,以满足人们单纯的期冀神灵护佑的愿望,然而这些宗教建筑却蕴含着丰富的、多元的文化。就聚落布局元素中居于村落高处的拉什则来说,这一宗教设施是古苯教宗教标志之一,后被喇嘛教格鲁派吸收,长期延续。拉什则是地方土主神的宗教标志,是土主神的象征。村落的拉康里尊奉的神不仅有佛教神祇还有道教神祇,龙王和娘娘及民间信仰的二郎神等也在其中。在大型的信仰活动中,须有藏传佛教的喇嘛念经,亦有藏传佛教的风格。此外,一些土族还信奉灶神(互助地区)、财神、门神等,体现了其信仰的多元化。

(2)居住空间的多元化。

土族村落的建立是与多民族长期接触、各民族文化融合发展的结果,土族建筑文化的多元性还体现在土族人的居住空间中。

土族村落"悉依山傍险,屯居相保,自守甚严,莫敢犯其疆域者"。从村落到庄廓院,土族在选择居住地时同样遵循汉文化中的"四神全备,五患不侵,后有所倚,前有所凭,左右完固,地势平夷"的吉地风水原则。庄廓院建筑也受汉族建筑派系的影响与北方的四合院一脉相承,但又有独特的西北自然因素的展示。"由于土族处于汉族和藏族的连接地带,其文化是一种典型的连接地带文化。土族人置身于汉藏之间,他们在文化上也是走的一条中间路线。土族文化是一种典型的兼收并蓄的产物,接受的汉藏文化因素比比皆是。"①从宅基地的选址、方位、开工时间及筑庄廓过程中的一系列仪式,可以看出土族人信奉藏传佛教外,还有各种民间信仰,且民间信仰在各地不完全相同。土族人立户安家的仪式主持者可以是阴阳先生(民间称"老师傅")、苯伯子(苯教法师),也可以是喇嘛或者拉康里供奉的"佛爷"。仪式环节完成方式可有多种形式,如中宫的奠基仪式既可以请喇嘛念经也可用汉族划穴起土律令:"天圆地方,律令九章,今辰破土,万事吉昌。金犁一锄,天降百祥,魑魅魍魉,远遁他方;金犁再锄,调和阴阳,凶煞避匿,富贵永昌;金犁三锄,吉宅兴旺,后嗣崛起,五世其昌。"中宫宝瓶里会放活鱼、青蛙、蜈蚁、穿山甲、石燕等"五腥",麦、豆、青稞、菜籽等五色粮食,金、银、铜、铁、锡、珊瑚、珍珠、玛瑙等"八珍",海龙、海马、天南星、地南星等十二味"金药",以及佛经、符箓等物。中宫宝瓶所埋之物是萨满教、佛教、汉族民间宗教惯用的安宅、驱邪避鬼物件的混合。土族院落竖的经幡杆在土族人的信仰里象征宇宙树,其源于在萨满教时期土族先民的"三界观",人们将世界区分为上、中、下三界,或者天、人、鬼三界。土族民众认为天在任何地方、任何时间都在俯视着每个人的所作所为,其下再细分为三十三天。三十三尺长

---

① [比利时]许让:《甘肃土人的婚姻》,费孝通、王同惠译,辽宁教育出版社1998年版,第172、242、266页。

的经幡杆对应三十三天,幡杆底一尺八寸长的部分对应十八层地狱,一根幡杆将宇宙象征性地加以缩微,藏传佛教的融入,宇宙树上系上了经文布,也就永恒定格成土族居住空间里佛教的神圣标志。由此可见,土族建筑观的构建,受藏传佛教、萨满教、儒释道及民间信仰的深刻影响,而且它们可以在土族人的居住文化里并行不悖。

土族建筑在吸收其他民族文化的基础之上,从建筑的各方面表达福禄长寿、陶冶情操、德化教育、风水除凶的观念意识。不同地区的土族民居有着不同的观念意识物化处理方式,表达方式多样,形成了异彩纷呈的土族建筑文化。无论表达方式如何变化,土族建筑最终的美好愿望都是趋吉避邪,向往美好生活。

体育篇

第三章
撒拉族传统体育文化

撒拉族先民是崇拜雄鹰、敬重苍狼、崇尚力量的民族,在长期的历史发展中,撒拉族人民创造了丰富多彩的传统文化。经过社会不断地发展,撒拉族特有的风俗文化传统也不断被人们赋予新的文化形式,从开始的游牧文化演变成现在以农业经济为主干,多元化、多方面协调发展的文化形态,为民族传统体育发展铺平了道路。

第一节 撒拉族传统体育的起源和发展

撒拉族特有的民族传统体育项目都有深厚的文化底蕴,是撒拉族生活的重要组成部分,这些项目印证着撒拉族先辈们的勤劳和智慧。撒拉族对本民族传统体育项目情有独钟,这是撒拉族经过本民族文化长期熏陶培养出来的。

一、起源于游牧狩猎与征战

撒拉族的先祖属于我国古代西突厥的一部分,是一个典型的游牧民族。因为遭受政治上的迫害,撒拉族祖先带领族人辗转多地,终于在今天青海东部的循化县扎根,就此生活下来。这是最早的关于撒拉族征战的记载。清朝时期,撒拉族也有过三次上规模的征战斗争,早期的征战生活对撒拉族的体育文化产生了重要影响。撒拉族体育项目中的马术与摔跤、武术等项目,都是战争影响的最好体现和诠释①。进取独立与自由成了全体撒拉族人共同为之奋斗的目标,撒拉族人不断创新自己的战术,以便在战争中取得胜利。和平时期,在平时的体育活动中,撒拉族人也会继承和发扬本民族的体育文化和民族精神。

撒拉族早先是一支善于游牧的民族,他们好马术,会打猎,善于运用弓箭②。起初撒拉族运用的弓箭还有硬弓箭与软弓箭之分。明朝末年,火炮与火枪也被撒拉族运用起来,配合以土法炮制的工具进行狩猎。在狩猎过程中,一般是一个人独立完成。假如狩猎时有三五人或六七人进行合伙的话,撒拉族人将其称为"一把卡"。在多人进行合作狩猎,也就是"一把卡"的过程中,狩猎的猎物要集体平分。这样的狩猎方式致使后期出现了与之类同的体育活动——"射弩"。这种体育项目出现的目的是为了锻炼族人,获取生活资料,不丢掉传统技能,提高撒拉族人的搏斗技能。此外撒拉族还有一项和蒙古族相同的体育项目——摔跤,这是一种力量型的体育项目。摔跤对训练士兵非常有用。摔跤在撒拉族人中也

---

① 马玲:《撒拉族体育研究》,《体育文化导刊》2015年第12期。
② 同上。

叫拔腰,顾名思义,就是在比赛的过程中,抓住对方的腰,用力往上拔。这种体育比赛对场地的要求不高,绿荫树下或者河源之上都可以进行。比赛过程中,精装干练的撒拉族人个个斗志昂扬,精神抖擞,争先恐后地意欲抱住对方的腰部,一旦其中的任何一方被抓住腰部,随时都会有输掉的危险。由于撒拉族本身就是一个充满血性的游牧民族,因此撒拉族人几乎每个人都擅长马术与弓箭,这充分地体现了撒拉族人由来已久的豪迈与血性的男儿气质以及坚忍不拔的民族精神。

二、受宗教文化影响较大

每一位撒拉族人都信奉伊斯兰教,伊斯兰教提倡穆斯林强身健体,拥有强健的体魄,这样的人会受到真主的喜爱。伊斯兰教的先知在对穆斯林进行教诲时也强调要重视自己的身体,保持健康。穆斯林都相信良好的体能储备是进行宗教礼仪和完成社会任务的保障,良好的生活习惯能保持身体健康,也能培养积极向上的宗教理念。很多撒拉族人都是以运动的形式表达对自己信仰的虔诚,这也是撒拉族人参与体育项目的动力所在。

信奉伊斯兰教,遵守教规,正是在这种全民信教的背景下,撒拉族文化潜移默化发生着改变,这也包括在文化、艺术以及体育方面都不同程度地受到了伊斯兰文化的熏陶,撒拉族文化也是伊斯兰文化的另一种形式的展现。

在历史的发展中,伊斯兰教的上层领导者思想闭塞,坚守传统的理念,这些思想限制了撒拉族风俗文化的发展和演变。在撒拉族经常举行的传统体育项目类型上能分析出活动类型少、形式单一、缺乏创新性,甚至一些古老的集体性活动,因为上层领导者的担忧,在撒拉族文化中被遗忘。比如突厥民族在欢度佳节或者军队获得战果时,会自发点燃制作的火炬,相约一起把酒联欢、载歌载舞。这种传统的庆典活动至今还流传在一些突厥语民族文化传承中,但是很难在撒拉族文化中找寻这一活动的历史资料。再比如一些体育运动项目在撒拉族的历史资料里也没有留下只言片语,马球这项运动在突厥民族中有着广泛的群众基础,受到了积极的追捧,在古代贵族十分热衷这个球类项目,唐代称为"击鞠"。因为马球比赛是参赛者骑在马背上击打地面上的球,所以动作危险。马球项目的比赛规则是以保护参赛者为目的设置的,在马球比赛时场上攻守两队参与比赛,每队 4 人骑马手持木制球杆,通过 4 人之间相互配合用球杆击球射门得分,防守的 4 名队员在规则范围内合理地围追堵截。这项对抗激烈、展现精湛骑术的球类项目也没有融合进撒拉族文化,这说明撒拉族上层领导者心理保守,难以与他们认为不稳定的文化相融合。

三、与生产活动密切相关

撒拉族先民西突厥人在历史上主要从事畜牧业,尕勒莽率众定居在黄河上游南岸宜农宜牧的循化地方,从事以农为主、农牧兼营的经济生活,一直到今,这就使得撒拉族产生了游牧民族特点的体育活动项目,比如赛马、射箭、赛骆驼,也有留下农耕烙印的民间体育活动,如拔腰、蹬棍,等等[①]。

在农业发展的过程中,撒拉族人充分参与社会实践与劳动,创造了很多独具撒拉族特色的民族体育项目,比如打蚂蚱、打缸等。从这些体育项目的名称上看,我们就能得出其产生与农业生产有密切关系的结论。

民族传统体育项目来源于生产、生活,体育学科就是生活中不

---

① 逯克胜:《青海少数民族传统体育可持续发展研究》,青海人民出版社 2015 年版,第 120 页。

断发明创造的一门学科,从一些撒拉族特有的民族传统体育项目的类型上就能看出群众生活方式的影子。如皮筏子,就跟撒拉族的早期经济活动有很大的关系。

根据历史资料记载,撒拉族因生活环境原因,运送货物多数是通过水路运输的方式运送的,很多撒拉族群众制作木筏在河道上通过运送货物、搭载乘客谋生,很多撒拉族孩童一出生就陪父母在河道上穿梭,这些孩童生性好水,练就了精湛的游泳技能。当时每年内地大批商人来到青海收购羊毛、木材等运回内地高价转卖,由于交通不便,这些被商人收购的货物只能通过水路运输。聪明勤劳的撒拉族群众想出了解决问题的方法:他们把木材制成木筏方便运送,木筏下水之后在上面放上羊毛等货物顺黄河水道漂流而下,运送到内地商人手中;撒拉族群众返回家乡时走陆路,随身携带在家乡比较稀缺紧俏的货物,到家乡进行转卖。20世纪初,一位来中国求学的美国摄影师通过相机拍摄记录了这些水手运送货物的全程,从照片上可以看出运送货物所走的河道的情况:水流十分湍急,河道的宽窄也会不断地变化,途中还有急流、漩涡、礁石。在运送货物时要求水手有丰富的经验,去积极处理所面对的突发状况,稍有不慎就可能人财两空。

每年农历三月之前,黄河河道里的水是冰冻状态,随着气温一天天升高,冰面开始融化,等到黄河水大面积融化时,就开始了在黄河河道上运送货物的业务。有专门负责收购、运输、贩卖羊毛和羊毛制品的商人,在每年的夏天结束之后,这些商人就开始收购羊毛存放在河岸边,堆起一座座白色小山。为了节约运输成本,商人根据水流的特点、漂浮的原理,想出了运输的方法。屠宰牛羊时要保持牛羊皮的完整性,以割喉放血的方式结束牛羊的生命,然后用刀切掉牛羊的四蹄,从牛羊小腿开始剥离出来一张完整的皮。之后用绳子扎口,用嘴往皮子里吹进空气,使皮子像气球一样膨胀起来。为了增强皮子的防水性能,在皮子上涂上菜油,抹上盐巴,用手揉搓,最后晾置阴干,经过这样处理的皮子就可以下水了。在皮子里填充贩卖的羊毛,之后再把皮子密封,最后把一个个皮子用绳子并排相互连接,这样就能在皮子上放置木板,木板被绑在皮子上面,水手在木板上控制皮筏进行航行,沿着黄河河道顺流而下。

现在的黄河上,国家已经修建了许多跨河大桥,已经无人真正需要羊皮筏子过河了,公路和铁路修通后也不需要用皮筏子运羊毛。但是,撒拉族人民仍然怀念他们用皮筏子的情景。为了保护和发展民族文化,循化县政府从2000年开始举办用羊皮袋子漂流的比赛,村民们(甚至还有70多岁的撒拉族老人)都踊跃参加。曾消失了很长时间的划皮筏运动,在新的历史条件下演变为撒拉族人民的休闲体育活动,并成为增加撒拉族地区历史感与提升文化品位的一个重要途径。

四、受生活环境的一定影响

循化县是撒拉族的主要聚居地,位于青海省东部边缘的黄河岸边,在交通不发达的过去,跨越黄河抵达彼岸进行物质和信息交流,是所有居住河流两岸人民的愿望,撒拉族也不例外。于是河道运输成为撒拉族重要的生计方式之一,皮筏子应势而生,围绕循化县城所在地积石镇形成的大大小小五六个渡口主要有古什群峡渡、伊麻目渡及盐泉渡口等,使通往县城的陆路水路四通八达,非常方便。这种体育项目不仅仅考验参赛者的心理与身体素质,还考验参赛者的谋略、胆量以及团队协作能力。撒拉族人用顽强的意志克服困难,在社会实践和对抗自然的过程中,用自己的智慧创造了丰富多彩的体育项目,并一直沿袭至今,这和他们的生产、生活环境有直接的关系。随着中华人民共和国成立后大桥的建设和拓宽,渡口逐渐消失,但由此而产生的羊皮筏子、泅渡以及滑冰等项目却保留下来,而且随着人民生活水平的提高,这些体育活动项目越来越受到大家的关注。

五、与周围民族的不断交融

撒拉族传统体育虽然表现了鲜明的地域文化特色,但在漫长的历史发展过程中,伴随着民族的迁徙、移动,以及与各民族之间的文化交流与渗透,使传统体育的不少项目与其他民族体育项目相互交融。

在河湟地区撒拉族居住地,两汉及更早时期居住的羌人以游牧为主。4世纪初,鲜卑吐谷浑人移居这里。隋唐时期,有汉族等到这里开垦拓殖,唐代及以后,吐蕃人居住在这里[①]。13世纪,撒拉族先民迁居这里,与蒙族、回族、汉族、藏族等民族长期相处,相互交融。撒拉族一些传统体育项目的形成,也与这些民族的影响是分不开的。

长期以来撒拉族与周边民族面对恶劣的自然环境,发挥各自所长,结下了密切的友邻关系,在一定程度上也促进了与周边民族的交融,有些在撒拉族进行的传统体育活动在回族、蒙古族、汉族、藏族、土族等民族中也进行,如骑马、射箭、抱石头等。

第二节 撒拉族传统体育项目

巍峨的小积石山下,滔滔的黄河水滨,勤劳、顽强、勇悍的撒拉族就生活在这里。几百年来,在母亲河的滋养下,撒拉族人民艰苦开拓,用辛勤的双手建起自己美丽的循化家园,创造了丰富而独特

---

① 芈一之:《撒拉族史》,四川民族出版社2004年版,第68页。

的民族文化。

撒拉族人从小喜爱文体活动,喜欢竞技比赛,他们在同恶劣的环境、艰辛的生活抗争过程中,逐渐养成了粗犷强悍、勇敢无畏的尚武精神,而这种在长期的历史中所形成的强烈的尚武精神,大都反映在撒拉族民间体育方面。

撒拉族民间体育形式多样,种类繁多,独具民族特色,主要项目有拔腰、打缸、摔跤、射箭、赛马、打蚂蚱等。

一、骑射类

(一) 赛马

赛马是很多民族都有的传统体育项目,是骑手骑乘经过挑选、精心饲养的良驹,在规定路程下,以用时少、速度快赢取比赛的体育项目。对于在马背上长大的年轻小伙子来说,赛马代表一种顽强拼搏、不怕失败的进取精神。早期的突厥民族是游牧民族,为防范外敌侵入,建立了骑射部队。现在撒拉族的生活方式已经从游牧转化为开荒务农的、饲养家畜的、稳定的、不再迁移的生活方式,所以文化传承中已经没有骑兵的踪迹。但是因为撒拉族有饲养马匹的传统,所以至今仍有很多人骑艺精湛,在田间地头经常能看到年轻小伙子三五成群骑马驰骋。每年撒拉族为赛马爱好者提供比赛的平台,有大量的赛马爱好者参加,最终赢取比赛的那个人会收获人们的敬意和赞誉。每逢撒拉族的重大节日,都会举办赛马比赛,参赛者向众人展示骑艺,展示自己饲养的良驹(图 3-1)。

值得注意的是,参赛者在饲养良驹时,会按照马术运动的驯马方法驯养自己的良驹。待马匹稍大,就每天清晨骑着它行走十几千米,因为比赛时主要看马的姿态是否健美、走姿是否轻快、是否平稳舒适等。

图 3-1 （循化县文广局非遗办供图）

(二) 射箭

射箭这一民族传统体育项目历史悠久，经过不断地传承被保留至今。由于射箭规则简单，易于掌握，在撒拉族群众中普及率高。远古的撒拉族先民经常召集族人举办射箭比赛，因为当时撒拉族生活在大山下，食物大都来自山上，山上多飞禽猛兽，传统的刀剑不便于捕捉，射箭是获取猎物的主要方法，也是要求必须掌握的基本求生技能，射箭技术最高超者在族中有很高的威望。另外因为射程远，易守难攻，射箭技术也被撒拉族用来防御侵略。

二、角力类

(一) 蹬棍

蹬棍是撒拉族群众喜欢开展的活动。比赛时两人面对面坐在地上，互相蹬着双脚，双手同时紧抓一根二尺来长结实的木棍，膝关节处伸直，不得弯曲，然后用力向自己的一边拉，被拉起者输。

如甲方将乙方拉到臀部离地,就算甲方胜。比赛以三局二胜或五局三胜评定胜负。比赛时,还要对唱撒拉族民歌,熔文娱、体育于一炉,富有民族特色。

(二) 拔腰

拔腰表现出撒拉族游牧部落时期豪爽、奔放的民族个性。这一民族传统体育项目比赛规则简单,比赛时不使用比赛器械,没有规定的比赛场地,在平坦广阔的场地就能举行比赛。这一体育项目能锻炼提高人的力量、爆发力、耐力、柔韧性、灵活性等。进行拔腰比赛的时候,两名参赛者面对面站立,双腿微屈,争先抢抱对方腰部,相互较量把对手身体向上提起,谁双脚先离开地面,裁判就宣布谁失败(图3-2)。

图3-2 (马建新摄)

拔腰还有一种比赛方式：用麻绳或绸布，两人各站一边拼命向相反方向拉扯，谁跨过中间分水岭谁就以失败论处（图3-3）。

图3-3　（循化县文广局非遗办供图）

（三）摔跤

撒拉语叫"巴拉西"，这一民族传统体育项目历史悠久，因为具有撒拉族鲜明的特色，所以流传至今。和传统的摔跤项目最大的不同是，传统摔跤可以通过参赛者使用腿部的摔跤技巧直接把对手摔倒，但是撒拉族的摔跤，腿部不能有技术动作参与到摔跤比赛中，参赛者必须完全通过上肢的力量、上肢的技巧动作变换和对手相搏，也就是说所有摔倒对手的技巧和方法都是上肢的动作变化。因此增加了将对手摔倒的难度，也增添了比赛的观赏性。许多撒拉族男子因为从小就受到摔跤文化的熏陶，所以小时候就接受了系统的摔跤训练。

（四）抛石索

撒拉语称之为"草热麻吾日"，是将绳索与皮条或布连接在一起,用石球击打目标的放牧工具,后来转变为娱乐工具。这种抛石索一般为约2米长的绳索,中间连接一块软皮条或较宽的布(放置石球的部位)(图3-4)。石球最大的重1.5千克,最小的重100克,直径为5—10厘米不等。粗大的石球可直接投掷野兽,使用时,绳的两端握在手里,利用旋转的力量将石球甩出去,射程可达五六十米,远的可达200多米。抛石索比赛一般在空旷平坦的场地上进行,根据抛射距离的远近来决定胜负,比赛失利者要接受惩罚。

图3-4 (马建新摄)

三、水上项目

(一) 划皮筏

皮筏是撒拉族原始的渡河交通工具。过去的撒拉族人从事羊毛生意,驾驭皮筏的撒拉族汉子们把收购的羊毛、皮子装进牛皮筏子里,凭着顽强的毅力和高超的技术,在黄河浪尖上奋力拼搏越过险礁,顺激流而下,最终到兰州、宁夏等地销售,换上生活用品之后沿羊肠小道平安返回。制作皮筏时,先民们先将牛宰好,把皮子囫囫剥下,烫去毛,皮子上面涂少许食用油并用双手使劲揉搓,待皮子变得柔软为止,然后将三脚和脖颈处扎紧,从剩下的一脚处吹气,使皮袋鼓起并马上扎口。接下来把鼓起的数个皮袋连在一起,上面排放几根圆木扎好,才算牛皮筏子制作完成(图3-5)。

图3-5 (循化县文广局非遗办供图)

划皮筏子的水手被称为"筏子客",他们都是有多年经验、深谙水性的老"把式",但是首次出行还是要挂红、放炮、焚香、祭奠河神。现在黄河的水情不像从前那样险恶,为了安全,皮筏子也只在比较浅的水域行驶,"筏子客"使出"压""抓""提"等招式划桨,并高亢地扯着嗓子唱几句颤悠悠的"花儿"……这一切都使人感受到撒拉族这项传统项目的独特韵味。

岁月如梭,社会在发展进步,如今,随着地方交通事业的快速发展和人民生活水平的不断提高,在古老的黄河峡谷中再也看不到筏子客的身影。这些传统的水上交通工具已衍变为撒拉族男子展示搏击黄河浪涛,尽显水手本领和水平的水上运动项目。在国际抢渡黄河极限挑战赛上,这些古老的渡河工具作为赛事前一个必不可少的表演项目,被赋予了新的时代价值。在抢渡黄河赛的带动下,经过近十年的发展,循化现在拥有一支近百人组成的皮筏子队伍,为每年的赛事增光添彩,在滔滔黄河上,大家再次看到了撒拉族汉子划着皮筏子激流勇进的场面(图3-6)。

图3-6 (马建新摄)

2007年5月,撒拉族皮筏子入选第二批青海省省级非物质文化遗产名录。

(二) 赛瓦

在早年,撒拉族先民发现树叶、树干在水里会漂浮,又发现树叶能负荷的重量很小,树干能负荷的重量大,树干越粗大,其所能承受的重量也越大。人们还发现圆柱形的树干在水里不稳定,它会翻滚,人在上面坐立不稳,根本无法在这种圆柱形树干上面活动。于是,撒拉族先民将圆圆的树干削平,制作成一种叫"木洼"的交通工具,长三四米,宽以能坐下一人为度,船桨长两米左右。这种船小的只容一人,由一截树干挖成的独木舟叫"单洼",两个"单洼"榫合成的叫"双洼"。经过不断地发展和演变,这种撒拉族传统体育项目被保留了下来,称"赛瓦(洼)"(图3-7)。

图3-7 （韩立军摄）

在撒拉族群众举行的传统婚礼上也会使用这种特殊的木洼。一般是使用双木洼,木洼上画有黄、白、蓝、红等颜色的波纹状图案,古意盎然。

四、游戏类

(一) 踢毽子

撒拉族群众称之为"桃奥后奥依那",其所用毽子和传统花毽制作方法相似,使用鸡毛、铜钱等材料。就规则来说,只要连续踢到上空,不落地,就都算数,越多越好。踢毽子还有花样技巧比赛,常以肩、背、胸、腹、头与两脚配合,做出各种姿势,使毽子经久不落地,缠身绕腿,翻转自如(图3-8)。比赛动作有踢、进、盘、跳等,比赛分为双人赛和分组赛,比赛形式有两种：单项比赛和成套比赛。单项比赛以数量踢得多者为胜,成套比赛以先完成规定动作者为胜。输方将毽子抛向胜者,胜者任意踢出,输方用手接住后才算结束。

图 3-8 （马建新摄）

（二）下方

下方是撒拉族人普遍喜爱的一种对弈比赛活动，属于石子棋类，在地上画一个棋盘，捡些石子，就可以玩了。棋盘在撒拉族传承中流传下来的有十余种。游戏时，对弈双方中一方用棋子代表"狼"，另一方用棋子代表"羊"。"狼"吃"羊"的时候，只要隔着一个点跳过去，就可以吃掉（拿走）一只"羊"。"羊"就要想办法走成连在一起的两个点，"狼"就吃不成了，最后十几只"羊"围堵一只"狼"，"狼"被"羊"逼得走投无路，"羊"就赢了。反之，"狼"把"羊"吃完，"狼"就赢了。

（三）打缸

打缸是撒拉族的一种投掷击打类游戏。在空旷平坦的场地上画好放置投掷击打目标的标志线，击打目标是成年男子手掌大小的砖头或石块。进行游戏时，需要站在距离击打目标 3—4 米的投掷线外,投掷者按照固定的顺序,依次在全身能发力的部位放置小石头,并投掷击打目标(图3-9)。每成功完成一次击打才能使用身体下一部位进行击打,击打不成功则换下一名投掷者击打。先全部完成规定动作者取得比赛胜利。撒拉族群众通过这一体育项目锻炼上、下肢力量,提高射击能力。

图3-9 (马建新摄)

(四) 打石靶

早期撒拉族人把石头作为武器,应用于军队、狩猎、驱赶猛兽,所以很多和石头有关的竞技游戏流传了下来。打石靶就是一种石头游戏,游戏时,在目标区域放置一块10厘米左右长、5厘米左右宽的石块,投掷区距离投掷目标约15米,然后用手中的石子去击打石块。打的方式很多,主要用手、脚面、腿、额、鼻梁、头、肩膀、五指等部位,而且每个部位又有几种花样。这种活动对锻炼人的臂力、腿力,提高射击能力有很大的帮助。

(五) 打蚂蚱

这种体育项目曾是第三届全国少数民族运动会的表演项目，引起许多观众的兴趣。"打蚂蚱"是撒拉族民间传统的体育活动之一，深受当地青少年喜爱，不仅能丰富课外生活，还可以增强体质。活动形式与垒球相似，风格独特。打击时，蹦飞迅速，就像凌空飞行的蚂蚱，故称"蚂蚱"。"蚂蚱"粗2厘米左右，长7—8厘米，型呈枣核状，木质。打蚂蚱所用的拍板由一块长约70厘米、宽约7厘米的刀形木板做成。比赛时，攻守双方分别由1人或2人组成。在场地定位后，就地划一个直径为2米的圆圈为雷区。攻方在雷区内用拍板将"蚂蚱"击出，随着"蚂蚱"飞行方向，由守方在跑动中力求将"蚂蚱"接住，若接不住，也可以在"蚂蚱"落地处快速捡起并掷向雷区（图3-10）。若掷不进雷区，则攻方继续打，并用板拍丈量"蚂蚱"落地到雷区的距离，谁先达到规定板数即为获胜者。若守方能将"蚂蚱"接住，或将"蚂蚱"掷进雷区，则攻守两方互换进行比赛。最后，获胜者罚输者单腿跳一段距离或表演其他节目。

图3-10　（循化县文广局非遗办供图）

(六) 抽陀螺

这种体育项目,撒拉族群众称之为"得思更洽后",是撒拉族儿童经常在平地进行的一种游戏。陀螺为木制的圆锥形,上大下尖。抽陀螺时,以绳绕螺身,将尖头着地,然后迅速拉开鞭绳,使陀螺旋转;或用手直接旋转陀螺,待陀螺着地,以绳抽之,使之旋转。当陀螺旋转缓慢下来时,再用绳子抽它,给它加速,一直到陀螺倒地,游戏才算结束(图 3-11)。

图 3-11 (马建新摄)

(七) 老鹰抓小鸡

这是一种儿童游戏,游戏的角色有老鹰、小鸡以及保护小鸡的母鸡。在进行游戏时,"老鹰"的任务是抓住排在最后的一只"小鸡","母鸡"的责任是保护"小鸡",不让"老鹰"抓走"小鸡"(图 3-12)。如果"小鸡"被"老鹰"抓到,"小鸡"就会被罚下场。"小鸡"被罚下以后,就不能再做这轮游戏了。当"老鹰"抓到所有的"小鸡",只剩下"母鸡"时,该轮比赛结束。然后众儿童围成一圈坐下,双手放到地上,叉开指头。这时,"母鸡"问"老鹰":"到哪里去取火?""老鹰"回答:"到厨房去取火。"随后,"母鸡"用双手在众儿童的指头间做刨开动作,刨上一圈后撒腿就跑,众儿童倏地站起围过去抓住"母鸡"。接下来,众儿童排成一行,让"母鸡"从每个人的前面走过去,"母鸡"走过去的一瞬间,每个人往"母鸡"头上拍手,以示惩罚。

图 3-12 (马建新摄)

(八) 数脚尖

这是一种儿童游戏,撒拉族群众称之为"丢丢班奥依那"。游戏时,选出一个游戏者进行数脚尖,剩余参与者背靠墙站立,数脚尖者会嘴里念着撒拉族儿歌,儿歌是固定的歌词,数脚尖者每念一个字就会用自己的脚尖点靠墙者的脚尖,念下一个字时点下一名的脚尖,以此类推。当念到最后一个字时,点到谁的脚,谁就将那只脚收回,直到剩下两人为止。然后这两个参与者要进行第二阶段的游戏,即扮演"盲人"和"跛脚者":一人的双眼用红布蒙住,另一人的左手腕和左脚踝绑在一起,其他儿童围成一圈坐下来,在圈里"跛脚者"要不断躲避"盲人"的追赶,"跛脚者"还要用右手抓"盲人"的腿,若"盲人"抓住"跛脚者",则游戏结束(图3-13)。

图3-13 (马建新摄)

(九) 踢瓦片

这是一种撒拉族儿童在田间地头经常玩的游戏,撒拉语称之为"阿合咱侯奥依那"。踢瓦片游戏可以一人独自玩,也可以多人一起玩。在平整的场院、房前屋后等处,用粉笔、木棍或比较尖利的瓦片,先在地上画出进行游戏的格子。格子的类型有很多种,每个格子大小要一致,不能太大,也不能太小,太大的话跳起来费劲,太小的话不好玩。通过猜选决定游戏的先后顺序。踢瓦片的时候,站在格子之外,手拿瓦片,先将瓦片平稳地扔进第一个格子。踢瓦片时注意瓦片不能停在线上,脚不能踩线,否则算出局。扔好瓦片之后,就可以跳了。要求单腿跳,另一只腿弯曲不能着地,向前跳的过程中用脚轻轻向前踢瓦片,逐格向上踢,直到踢到最后一格,然后原路返回。如果跳累了可以换另外一只腿跳,换腿时也不能双脚同时着地,始终要求单腿跳。除了脚以外,身体的其他部位不能接触地面;要调整好跳跃的节奏和步伐大小,不能踩线,也不能跳出格子之外;踢瓦片的时候要小心翼翼,瓦片在每一格都要停留,逐格按顺序踢,不能越格。如果踢瓦片者犯规,则换下一参赛者进行游戏,直至有参与游戏者踢完所有格子,取得比赛胜利。

(十) 耍石子

撒拉族人称之为"带绕后奥依那",是一种儿童游戏,可以两个人或者多个人进行游戏。这种游戏可以锻炼手腕、手部肌肉的灵活性。石子光滑、均匀,大小如玻璃球,每位参与游戏的人都要准备 20 个左右的小石子,所有参与游戏的小石子要汇集在一起,3 个一起相互排列,拿起一个石子放在手上向上抛起,趁向上抛的石子未落地前,抓起地面上随机在一起的 3 个石子,再接住刚才向上抛的石子,然后把抓起的 3 个石子放在指定区域,再次向上抛起那个石子,再抓起另外 3 个石子(图 3-14)。在整个过程中如果石子落地或者触碰到其他石子,算本轮游戏失败,换下一位游戏者进行游戏,依此类推,获小石子最多的为胜者。石子数量可以增加,规则也会相应变复杂。

(十一) 掏窝石

这是一种益智、策略类儿童游戏,锻炼脑、眼、手的游戏,使人

图 3-14 （马建新摄）

在游戏中获得逻辑思维能力和灵敏度，撒拉族人称之为"八里保"。游戏的规则是：在土地上挖 10 个直径 10 厘米左右、深 5 厘米左右的坑，10 个坑排列成两横排，选取 50 个光滑、均匀、大小如玻璃球的石子，每个土坑里放置 5 个石子；通过猜拳决定参与者的先后顺序，第一个参与者随机抓取一个土坑内的全部石子，然后根据规则按照固定的路线方向，每坑放一石子依次前进，直至石子全部放完；在前进方向的下一个土坑内若是有石子就必须重复之前放置石子的过程，若放完石子之后下一个土坑里面没有石子，则没有石子这个土坑的下一个坑内的石子全部归这个参与者所有；若取出石子后前进方向连续两坑没有石子或者下一坑有石子就换下一参与者进行游戏，最终，获得石子最多的参与者赢得胜利（图 3-15）。

图 3-15 （马建新摄）

五、舞蹈类

撒拉族有自己的传统舞蹈，主要是表达撒拉族青年对爱情和美好生活追求的娱乐性歌舞。勤劳勇敢的撒拉族人民历来就能歌善舞，每个舞蹈尽管动作及队形变换简单，又无甚乐器伴奏，但却具有浓郁的乡土气息和鲜明强烈的民族特色，深为撒拉族人民喜闻乐见。

在撒拉族民间，有着可供挖掘、提炼、加工的雄厚的舞蹈基础，在别具特色的婚嫁丧葬和门类众多的生产劳动中，蕴藏着大量可资借鉴的有独特风格的动作，诸如婚礼中的"阿里玛""奥些儿，芒阿奥些儿"，种地时的撒种、打碾时的打连枷、筑墙时的打墙等。

(一) 骆驼舞

骆驼舞是一种带有戏剧色彩又具有浓郁的民族特色的撒拉族传统舞蹈,撒拉语叫"多依奥依纳",主要流传在青海省循化撒拉族自治县撒拉族人生活的村庄。骆驼舞是一种古老的民族舞蹈,至今大概有六七百年的历史。它来源于撒拉族人追忆祖先从西亚东迁到青海循化县的原因及其艰辛的过程,一般在新婚之夜表演。骆驼舞的表演有三个部分:第一部分是蒙古人和撒拉族祖先的对话;第二部分是讲述撒拉族祖先东迁的艰难;第三部分则是骆驼表演。骆驼舞由5人表演,其中2人扮演撒拉族的阿訇,2人扮演骆驼,还有1人扮演蒙古人。在清末民初前后,骆驼舞由4人表演,2人反穿皮袄一前一后扮作骆驼,1人身穿长袍,头缠巾("达斯达尔"),牵着骆驼,扮演尕勒莽(撒拉族人的祖先),1人扮演本地人(蒙古人)。后来则改为5人表演,增加了"阿霍莽"——尕勒莽的兄弟。还有一个变化是在民间表演时也有使用骆驼披具的,使骆驼更加形象,更能吸引观众。如图3-16为1996年9月首届撒拉族艺术节骆驼舞表演。骆驼舞表演时无音乐伴奏,只是由扮演骆驼者手上绑着的铜铃按骆驼的脚步节奏摇铃作响。骆驼舞对撒拉族人民来说不仅是一个舞蹈,也是一门进行历史教育的生动课程,象征着本民族不屈不挠的精神。近年来,"骆驼舞"多次在环青海湖自行车赛中进行表演。

(二) 阿里玛

"阿里玛"这一舞蹈一般在婚嫁喜庆的夜晚表演,但在田间地头也常能见到。拔草季节对撒拉族妇女来说,可谓弹唱歌舞的大好时光。她们穿着五颜六色的服装,头顶"盖头"(纱巾),雁群般蹲在麦田里,起铲拔草,放喉歌唱。这时,英俊的小伙子们三三两两,也趁浇水的良机,不谋而合地来到地边,以优雅的舞姿,边歌边舞。

图 3-16 (循化县文广局非遗办供图)

他们将俊俏的撒拉族妇女比作"阿里玛"(即海棠),予以热情的赞扬和夸奖。

(三) 奥些儿,芒阿奥些儿

"奥些儿,芒阿奥些儿"是一种撒拉族传统婚礼仪式上的舞蹈。舞蹈时,两名年轻小伙子通过自行发挥创造,用生动的肢体语言,为人们展示年轻小伙子在节日中穿上新衣,兴高采烈、激动无比的心情。

(四) 撒拉族婚俗中的舞蹈

青海省循化撒拉族自治县申报的撒拉族婚礼经国务院批准列入第一批国家级非物质文化遗产名录。现在撒拉族婚宴中,来贺喜的年轻人把新郎的父亲、哥哥、阿舅捉起来,满脸涂上锅灰"化妆"一番,用木棒抬起或让骑牦牛转圈,热闹非凡,接着就表演"骆驼戏""宴席曲"。结婚仪式完成后,当天晚上要在新郎家举行婚礼晚会,载歌载舞,场面十分热闹①。

(五) 撒种子

每年撒拉族群众播种时,将种子均匀地撒于田地表面。根据作物的不同特性及当地具体条件,撒播后可覆土或不覆土。撒播是一种古老而粗放的播种方式,大多用手工操作,简便省工。表演时通常是几名撒拉族女性根据播种时的情景,用舞蹈的形式将其展现出来。

(六) 连枷舞

这种舞蹈源自撒拉族人打碾时的劳动动作。打碾时,男女夹杂在一起,先围绕整个麦场用连枷打一圈,然后面对面站成两排,交叉而打,此起彼伏。此时,伴之以节奏感舒缓的打碾号子,并慢慢地加快节奏。这个特定场面的特定劳动动作节奏快、旋律起伏大、形体动作舒展性强,特别是劳动节奏舒缓时,人的腰部、胯部有轻微的扭动,脚步一进一退,具有舞蹈动作的韵律感。

(七) 打墙

打墙是撒拉族人民又一较为红火的劳动场面。与其他撒拉族舞蹈相比,这一舞蹈更显示出了浓郁的生活气息,体现了撒拉族男子乐观、勤劳的性格特征和精神面貌。打墙时本"孔木散"(同一血缘系统的人组成的一个社会组织)的所有男子都来帮忙,一部分人运土,一部分人打墙。打墙者动作不那么丰富,这个劳动环境决定了不可能有更多的丰富的动作出现,但仅有的

---

① 逯克胜:《青海少数民族传统体育可持续发展研究》,青海人民出版社 2015 年版,第 234 页。

一点动作却很有特色。先看装束:头戴白圆帽,手搭腰背,有时还搭在同伴的肩上,裤脚上捋,赤足踏墙,动作颤动性较强,特别是腰的扭动,腿的弯曲,脚步的自然进退,轻快细腻,给人很美的舞蹈感①。

(八) 背水

这是根据撒拉族群众生活劳动方式创编的一种舞蹈。过去撒拉族群众因为生活居住地缺水,需要到附近的流动水源用木桶装水。在背装水的木桶时,由于女性力气较小,她们便用绳子先把木桶吊在脖子上,然后双手掂住木桶的底部,借助腰部的力量把木桶提起来,放在高处方便转换位置的地方,然后用背部把木桶背回家。到家后先把木桶放在缸边,然后转过身,抱住木桶弓腰往缸里倒水。舞蹈通过优美的动作展现了舀水、背水、倒水等情景。

(九) 依秀儿玛秀儿

"依秀儿玛秀儿"主要流行于地处崇山峻岭、交通闭塞的循化孟达地区。全由男子表演,一般为2人,也可4人或多人参加,多在举行婚礼时进行表演。"依秀儿玛秀儿",意为"瞧呀! 全向我身上瞧呀!"主要是炫耀撒拉族青年男子英俊、精干、勇敢、勤劳、敦厚的品格。表演者豪情满怀,精神抖擞,你来我住,步履潇洒,感人甚深。

(十) 尕牙尕得肉

"尕牙尕得肉"是牧童放牧在野地里玩耍时跳的一种舞蹈。表演时,在一块平坦的场地中间垒起一个石堆,舞者各自手拿数块石

---

① 马有义主编:《中国撒拉族绿色家园——循化旅游文化》,青海人民出版社2008年版,第113页。

子,将一块顶在头上,围成圆圈,跳起各种旋转和跳跃的动作,使头顶的石头击中石堆,然后众人再欢跳一阵表现出击中后的喜悦情绪的动作,就此反复多次,至大家不愿跳为止。这一舞蹈,动作欢快,情绪饱满,表现牧童玩耍时那种天真活泼的喜悦之情,是一种富有民族特色的表现牧童生活的舞蹈①。

(十一) 打猎舞

打猎舞是由撒拉族群众打猎时流传下来的 6 个小故事改编的哑剧舞蹈,分为 6 个段落:"盲人上街""猎人巡山""大鹿逃猎""笨熊逍遥""断腿丢命""割取熊胆"。表演没有乐器伴奏,只有围观者在大鹿及笨熊出现时按其动作节奏击掌合拍,表现大鹿灵巧、笨熊笨拙而已。舞蹈以模仿动物动作为手段,表现一猎人为治好盲人眼疾,往深山老林寻猎求药,将药用于为盲人治病,使盲人重见光明,表现撒拉族人民勇敢善良的高尚品格。

第三节 撒拉族传统体育项目的特征

撒拉族传统体育文化植根于特定的社会生活和生存环境,又作用于这个生存环境,充分体现了撒拉族在该地区长期生活并发展积淀形成的思想观念、价值取向和审美情趣,并且随着时间的推移又彰显着自身与时俱进的特征。

一、宗教性

在千百年的历史发展中,撒拉族在宗教文化以及其他民族的

---

① 马成俊、鄂崇荣、韩喜玉:《守望远逝的精神家园——黄河上游人口较少民族非物质文化抢救与保护研究》,民族出版社 2012 年版,第 166 页。

影响下，形成了独具特色的民族体育项目。可以这么说，撒拉族的宗教信仰已经深入撒拉族的民族精神之中，渗透到其生活的方方面面，在这样的情况下，撒拉族的体育项目就具有宗教的特点。

二、民俗性

撒拉族在长期的历史进程中，受伊斯兰教的影响比较深入，在其民族形成和发展中也与伊斯兰教结下了不解之缘，教义教规在其民族意识、民族心理和民族性格上占有重要地位，可以讲，伊斯兰教已渗透到撒拉族社会生活的各个方面。因此，在这个大背景下发展起来的撒拉族传统体育项目也带有浓厚的民俗色彩。

三、历史性

撒拉族传统体育的形成与其民族的形成相辅相成。根据史书记载，撒拉人的先民是乌古斯部的撒鲁尔人，原本是我国古代少数民族西突厥的一个支系，游牧在伊犁河一带。经过迁徙后定居于今循化县，通过自身繁衍和不断从其他民族中吸收新鲜血液，形成祖国民族大家庭的一员。撒拉族的文化从游牧文化演变成一个以农业经济为主干、高度发达、极端成熟的文化形态，并由此繁衍出独特的体育文化。撒拉族先民长期受到沉重的阶级压迫和民族压迫，也形成了他们特有的民族性格特征，英勇、强悍而富有反抗精神，他们在长期的生存斗争和社会实践中创造并形成了许多独特的文化和风俗习惯，其中独树一帜的当数多彩的撒拉族传统体育活动。

四、多样性

中国历史朝代的不断变更，造就了撒拉族勤劳、热情、勇敢、智慧、顽强和不屈不挠的民族性格。伴随着长期的生产劳动、生活、宗教习俗及民族自我保护意识，撒拉族逐渐形成了丰富多彩的民族传统体育，如赛马、射箭、拔腰、摔跤、划皮筏、踢毽子、蹬棍、打缸、打蚂蚱和赛瓦等。根据中国传统体育按内容分类的方法，可将民族传统体育分为竞技类、养生类、游戏类、游乐类及表演类五大类。青海撒拉族传统体育作为中华民族传统体育的组成部分，也涵盖了上述几个方面的内容。

五、群众性

青海撒拉族传统体育的起源及其社会功能决定了其具有群众性。健身娱乐是人民参与少数民族传统体育活动的最根本、最直接的追求目的，正是出于各种各样的强身健体和消遣娱乐目的，撒拉族人民创造出了对健康和身心愉快有益的体育活动。这些活动是由群众创造并服务于群众的，因此，群众性是撒拉族传统体育项目的又一显著特点。

六、娱乐性

纵观青海撒拉族传统体育，以强身健体为目的的趣味性、娱乐性项目居多。这些活动大都是在农闲和业余时间进行的，欢庆丰收、欢度佳节、祝贺新婚、休闲消费，将体育寓于娱乐之中。体育活动成为主要的消遣娱乐方式，满足和调节人们的心理需求，丰富人们的业余生活，让人们在欢悦的体育活动中既能得到美的享受，又可以强身健体。例如赛马、射箭、拔腰、摔跤、踢毽子、蹬棍、打缸等体育活动，这些项目对场地要求不高，方便易行，而且易学易掌握，便于推广、易于普及，对人们的健身也很有益处，组织起来活动妙趣横生、风格独特，深受广大人民的喜爱。

第四章
土族传统体育文化

土族传统体育文化丰富多彩,古朴而独特。土族的多元形成以及居住区域的差异性,使其体育文化呈现出异彩纷呈之势。

丰富而独特的土族传统体育文化植根于民族、时代、社会等文化基础之中,以其鲜明的民族特色而成为一种独特的文化形态,在土族文化乃至世界文化中都具有十分重要的价值。

第一节 土族传统体育项目

土族人民热爱生活、热爱家园,所创造出的体育文化艺术洋溢着纯朴、原始的自然之美。轮子秋、安昭舞等反映了土族人民丰富的艺术创造能力。土族传统体育项目有骑射类、角力类、球类、棋牌类、游戏类、舞蹈类等多种类型。

一、骑射类

土族先民本为游牧民族,男子以擅长骑射而建立战功。现在,赛马、射箭等骑射技艺已成为传统的体育项目。

土族中老年男子和青壮年男子都特别热衷于赛马活动,渴望在赛马中展现自己。青海省互助县、大通县、民和县等土族聚居区经常举办为赛马爱好者提供施展平台的赛马竞技比赛,同时,赛马也是青海省少数民族传统体育运动会上的比赛项目。

土族民间赛马技艺形式分为四大类。第一种是驰骤(走马),注重马的平稳、协调及美观。比赛规定参赛马在四条腿不能同时悬空的规则下竞速,在规定距离内用时少者取胜。第二种是疾驰赛,不讲究驰骋技术的高超与否,而是看谁的速度快,比马的速度和耐力,人骑马跑,谁家的马跑得快,先到达指定位置就算谁赢。这类赛马是比较普遍的形式。第三种是骑射赛,注重马上技巧,同时也结合马的速度。有规定动作和自选动作,项目以单人单马为主、多人多马为辅。项目有准度和难度之分,准度表现准确性,比如马上射箭;难度要看在马上表演动作的难度高低,比如骑马点火枪。第四种就是技巧赛,主要看难度和美观。项目有单人单马、单人双马、双人双马等。动作有快速跃登、马上倒立、马背前迎、镫里藏身、鞍心倒立、左右侧横躺、马上拾哈达等,花样繁多,不一而足。如图 4-1 为土族民间赛马会。

除了以上四种外,还有其他的一些相关比赛,如马球、马上投掷等,这类比赛应该是受旧时代骑兵训练的影响,也有注重格斗对抗的,如马上摔跤。

射箭也是骑射类中的重要项目。土族先民为了游牧和战争的需要,形成了射箭、奔跑赛马等基本技能。时至今日,射箭已发展为具有高原特色,集娱乐性和参与性于一体的传统体育项目。青

图 4-1

海省农民运动会和民族运动会上都有民间射箭比赛项目。

土族射箭比赛场地不固定,各村相互邀请,以村为单位,场地一般设在出面邀请的村子里。射箭用的箭在 20 世纪 90 年代前都是自己制作,弓也是自己制作。现在,随着农牧民生活水平的提高,越来越多的人都愿意花钱购买弓箭,很少有人自己制作。射箭比赛中,弓箭越好取胜的概率越大。现在弓箭基本上是复合弓、牛角弓。

民间射箭竞赛为"母子"十箭确定胜负,以中靶箭距靶中心点最近的箭计数,每轮次只能有一方是获胜者。比赛时双方以相等的人数在同一起点线轮流射箭,每名射手射完两支箭即为完成一轮次,更换场地后进行下轮比赛,完成两个轮次为一场比赛结束,最后以有效箭数多少决胜负。

土族人的祖先吐谷浑人长于猎射,能熟练运用饲养良马的技巧,《周书·吐谷浑》中有详尽记载:"好射猎,以肉酪为粮……青海周回千馀里,海内有小山,每冬冰合后,以良牝马置此山,至来冬收之,马皆有孕,所生得驹,号为龙种,必多骏异。"吐谷浑历史上杰出君王阿豺可汗以智慧著称,他垂危之际所做的"折箭遗教"被人们称颂至今。《魏书·吐谷浑》记载:"阿豺有子二十人,纬代,长子也。阿豺又谓曰:'汝等各奉吾一只箭,折之地下。'俄而命母弟慕利延曰:'汝取一只箭折之。'慕利延折之。又曰:'汝取十九只箭折之。'延不能折。阿豺曰:'汝曹知否?单者易折,众则难摧,戮力一心,然后社稷可固。'言终而死。"

很多学者认为,互助土族中的神箭崇拜与阿豺的折箭遗训有关,这一古老的习俗是吐谷浑后裔对阿豺折箭遗训事件和他倡导的"戮力一心"精神的纪念和传承。

赛牦牛也是土族男子喜爱的传统体育项目之一。许多民族传统体育项目来源于生活,土族早期生活中出行和运送货物主要是通过骑乘马和牦牛,因为土族居住地多处于高原地区,所以出行经常需要翻山越岭。出行时不适合骑乘马走山路,勤劳智慧的土族人民在生活中找寻到了解决问题的方法,他们在射猎时发现牦牛体型健壮,耐力好,生在高原,长在高原,天生具备在高原生存的本领。土族人民发现牦牛的这一特点并进行驯养,以之代替马作为高原山区出行的主要交通工具。经过时代的发展,土族人民为了丰富农闲生活,发明了赛牦牛这项运动,一般在本民族举行盛大节日活动时举办。青海省开展比较好的是同仁地区的巴扎牦牛赛和嘉定牦牛赛,比赛规定在每年 8 月到 10 月之间择期举行。骑乘牦牛按规定距离竞速赛,牦牛由主办方提供,参赛队员从中自行挑选。

2009 年 7 月 5 日,青海省第四届少数民族传统体育运动会第一次把赛牦牛比赛正式列为新的竞赛项目。比赛时骑手身着土族盛装,牦牛角裹彩绸,尾扎布花,身披坐缛,头配美观笼头。比赛按一定规则分组进行。赛牦牛的场面激烈而欢快,反映了土族人民对美好生活的憧憬和追求。赛牦牛这一天,土族人民穿上节日盛装,带着青稞酒、酥油茶和牛羊肉,兴高采烈地为骑手喝彩、鼓掌加油。

二、角力类

(一) 摔跤

摔跤是一种勇武男儿的游戏,也是土族人民日常生活中喜爱的体育活动之一。最常见的摔跤方式是一对一的决斗,两人抱成一团,脚绊抱摔,竭尽全力,想尽办法将对方摔倒。每逢节日,土族人民都要举行摔跤比赛,常见的摔跤比赛方式类似于自由式摔跤。比赛前选好对手,在围观人群的吆喝声中,双方选手出场较量,施展捉、拉、扯、推、压多种动作,通过抱单腿、过背、夹臂、翻、穿腿等方式,一方双肩着地为负,对方即胜一局。一般连摔三局,赢二局为胜。在青海民运会上也设有民族式摔跤比赛项目。

(二) 拔棍

拔棍是土族喜爱的一项民间体育活动(图4-2)。比赛时,两人相对席地而坐,双腿伸直并拢,两人同握一根长0.5—1米的木棍,脚掌相抵。号令"开始"后,两人同时用脚、腰、臂的力量争取将对方拉起,谁将对方的臀部拔离地面,谁就算胜利。拔棍时双膝不能弯曲。

拔棍是土族人农闲或节日时进行的一项传统项目,方法简单,所用棍棒到处都有,需要的场地也不大,所以深为土族男子所喜爱。

拔棍不仅深受土族男子喜爱,同样,也受到土族女子的青睐。在互助县东山乡白牙合村举行的庆元旦运动会上,就设有女子拔棍项目。

图 4-2

(三) 拔腰

拔腰是土族青壮年参与度较高的体育项目,不受场地器械的限制,田间、村头等空地两人或两人以上就能开始力量的较量。项目要求参赛者两脚前后站立,右脚在前,左脚在后,两脚之间两脚宽,大小腿弯曲120度左右,弓腰侧身反搂住对方的腰部。裁判发令比赛开始,参赛者相互发力将对方身体向上提起,一方被另一方提起双脚同时悬空时比赛结束。

(四) 拉扒牛

拉扒牛是在土族民间流行的一种传统体育项目。一根绳子两头分别绑在两个人的腰上(通常是同性之间比,参加的人必须身体健康),等裁判下令后同时把对方往自己的方向用力拉,主要是比谁的力气大。采用三局两胜的比赛规则,胜者会得到一定的奖励。

拉扒牛不受场地、参加人数的限制,深受土族群众喜爱。现在这个运动项目已作为比赛项目进入全国少数民族传统体育运动会。

(五) 腰带拔河

腰带拔河是和土族服饰有关的体育项目,参赛人数可多可少,比赛规则简单,参赛人群主要是土族妇女和儿童。比赛时要求各队站立呈一路纵队队形,两纵队排头队员面对面站立,与传统的拔河、拔绳子不同,腰带拔河是两纵队排头队员相互抓紧对方腰带,剩余队员双手抓住前一名队员腰带,双腿蹬地向自己身后移动,直至将对方拉过规定标志线后取胜。

(六) 土族花腰带

"土族花腰带"是土族民间独有的竞技娱乐项目(图4-3)。比赛时,两人各站一边,相距大约3—4米,把拴牢的绸带套在双方的脖子上,比赛场地有标志线,裁判发令后,双方双腿蹬地向身后移动,谁跨过中间界线谁就以失败论处。

"土族花腰带"方法简单,不受场地、参加人数的限制,所以深受土族群众喜爱。观看活动者的加油声此起彼伏,欢声笑语不断,人人开心健身,其乐无穷。

(七) 甩抛尕

甩抛尕在青海河湟地区叫作"抛儿石",原是牧民吆喝牲畜停止的一种办法,在草原上为了不使牛羊离群,常用石块打击个别离群者。因臂力有限,便创造一种简单的投掷工具,后发展成为一种体育比赛项目。

源于牧区生产的甩抛尕,在青海农牧区各地都有其活跃的身影。制作甩抛尕的用具是毛皮和毛绳。用牛羊毛编织成长10厘

图4-3 （互助县文化馆供图）

米、宽5厘米的椭圆网状毛皮，俗称"窝子"，两端各连接一根长约80厘米的毛绳，其一顶端有小环套在手指上，"窝子"里包住石块，握住另一绳端急速旋转，然后突然撒开绳端，"窝子"里的石块便借离心力作用离"窝"飞去。经过长期练习，其远距离的投准率十分惊人，成为放牧中必要而有效的一种手段。在牧童玩耍比赛中，以谁打得远（臂力）、打得准（角度和技巧）、打得响（速度快时呼呼作响）者为胜。甩抛尕是一项颇具危险性的体育活动，人口密集区域不适宜开展此项活动。

三、球类

（一）打毛蛋

打毛蛋，这种项目是土族历史悠久的传统球类游戏。比赛时用的球多是以羊、牛或者驴毛织品，利用这些牲畜的毛遇热水收缩的特点，包裹编织进花花绿绿的棉布内，供土族小孩玩耍的普通球。

比赛时用的另一种球是羊或者猪以及牛等大型家畜的膀胱，人为充气密封之后作为内胆。青海是畜牧大省，每年家畜要定期剪毛，土族群众利用剪下的家畜毛作为填充物，用牲畜的毛纺线作为球皮。这种高级球材料奢侈、工艺复杂、弹性好，可以进行传球、花式拍球、争抢球等比赛。

土族中比较盛行、流传极广的有以下四种形式的毛蛋比赛。

花样拍毛蛋比赛：比赛在草场上进行，比赛要求参赛者拍毛蛋时毛蛋不能和参赛者腿部接触，以拍毛蛋的动作难度和次数作为赢取比赛的条件。常见的花样拍毛蛋的动作有转体拍毛蛋类、胯下拍毛蛋类等。

踢毛蛋比赛：以花样毛蛋的踢法，如盘踢毛蛋、削踢毛蛋、抗踢毛蛋、蹲踢毛蛋、跳踢毛蛋作为技能，按照规定的编排组合以动作的难、美取胜。

传毛蛋比赛：进行比赛时，在指定的场地规则下，两队进行攻守转换。场上持球队参赛者可以运用传滚毛蛋、空中传毛蛋等技术，无球队方可以抢夺毛蛋。

投掷毛蛋比赛：以毛蛋为投掷物，比赛投掷的准确度或者距离的远近。

(二) 打作若

这个体育项目是土族的一种球类游戏，比赛用球被土族称为"作若"。"作若"是由实木材质制成一个长3厘米、直径约1.5厘米的椭圆形木球。与垒球一样都是需要棒子来击打球进行比赛的，击打"作若"的棒子为实木材质，长1米左右。比赛可以在空旷平坦的草场或者土地上进行，比赛场地由发球区和击球区两部分构成，与垒球区域一样攻防两队各占一个区域。击球区又分两部分：第一部分是在比赛场地上画出半月形实线区域，土族称为"门道"，也就是击球队员合理击球区域；第二部分是半圆形区域连接一个长方形实线区域，土族称为"隔挡"，也就是等候击球区域，长方形区域的大小按照一队参赛人数的多少可以扩大或者缩小。比赛通过两队派队员轮流用手量同一根木棍，哪一队先用手抓住木棍顶哪一队就在击球区，另一队在发球区。如甲组站在发球区球员发球向击球区投掷"作若"，乙组击球区球员只用木棒击打"作若"，将"作若"击打回发球区方向，丈量"作若"落地点到隔挡区域之间的距离计分。如果折打失空或乙组把"作若"扔入隔线之内，又交替到本组下一名队员击打。甲、乙组依次循环轮打，最后分数多者为胜。每 10 分罚一次"走"，胜者在地上斜插一根木棍，尖头上放好"作若"，并拿木棍折打出去，负者憋足气嘴里喊"走——"，跑步过去把"作若"拣回来，若在半途换气，停喊"走"，则把甲组背到起步地点。青少年十分喜爱以分数高低确定胜负的"打作若"。

（三）挑作若

这一项目比赛场地只有击球区，击球区是在土地上一圆形坑内，在圆坑中间插入 Y 形树枝，"作若"卡在树枝上，击球球员通过用木棒快速挥打树枝使"作若"弹起悬空，然后击球球员再次用木棒击打悬空的"作若"。队员击打时三次击空，换下一名队员击打。"挑作若"的参赛人数和比赛的计分方式，以及比赛的惩罚方式是和"打作若"一样的。

（四）抢作若

这是同场激烈对抗计分类项目，比赛场地要求平坦空旷，在场地上标识出场地边界线，在场地两条底线的土地中埋有"作若"，比赛开始时需要两队队员先挖出"作若"，然后双方队员摆出各自阵型进行传抢"作若"。胜利条件是一队先把自己队伍的"作若"打出对方防守的规定标志线,累计完成三次则赢取整场比赛。

(五) 路路套

这一体育项目是一种球类游戏,比赛要求在平坦的土地上进行,在场地内有炒锅盖大小的一个坑,在此区域外约150厘米处有若干小坑,小坑总数比参赛总人数少一个。比赛开始时通过抽签决定进攻者一名,进攻者手持木棍去推赶一枚小石头,其他参赛者作为防守者手持木棍守护自己的小坑,阻止进攻者把小石子推赶进自己的小坑内,同时阻挡进攻者把小石子推赶进大坑内。如果进攻者把小石子推赶进某个防守者的小坑内,就成为小坑的新的防守者,没有防守成功的那名防守者便开始发动自己的第一次进攻。如果进攻者把小石子推进大坑内,所有的小坑防守者都要互换位置,没有抢到小坑的那个人成为下一次进攻的发动者。

四、棋牌类

(一) 罕跃

这是一种棋类体育项目,起源是古代游牧民族的君王为争夺草原,下令臣民驱赶土族家畜迁移,达到扩张领土的目的。随着历史的不断发展演变成为一种棋类游戏,以纪念当时的历史。

(二) 阿斯陶

"阿斯陶"是一种策略类对弈棋类游戏。比赛规则简单,对弈时在规定的棋盘内双方各执不同两子(可以用小石头或者土蛋蛋代替),对弈双方一方为赶"牛"人,另一方用石子作"牛",躲避赶"牛"人的追赶和围困。执"牛"子者先走,执"赶牛子"者后走,双方交替走子,执"赶牛子"者要把"牛"赶入棋盘顶端规定格子内方能获取比赛胜利。

(三)喇嘛走

"喇嘛走"在土语中称为"喇嘛跃",是土族民间的一种两人对弈的棋类游戏。玩时,先画一棋盘,棋盘为两个倒置的相似三角形,画时先画两底边,然后交叉连接,通过交点画出高,再在三角形腰上取中点并连接,棋盘就画好了(图4-4)。

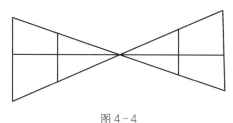

图4-4

玩时,先准备7枚棋子,其中6枚一样,另一枚要区别于这6枚棋子,一人为"喇嘛",只有一枚棋子,其棋子用"石子","喇嘛"先把棋子放在两个倒置三角形的对称点上;另一人要围住"喇嘛",在一侧的三角形内所有交点上置6枚棋子。弈棋时,"喇嘛"可以吃围住他的棋子(直接跳跃一子即为吃),直至吃完棋子为胜。而"围喇嘛"的棋子要设法不让"喇嘛"吃掉,以围住"喇嘛"为胜。

五、游戏类

(一)台毽巴嘎

台毽巴嘎,土族语,意为"踢毽子"。毽子的底座一般以布裹麻钱制成,上插一束公鸡毛或山羊毛,然后用线绑好,制成一个可以用来当作娱乐和体育锻炼的毽子。

每逢闲暇,街头巷尾、村落麦场,人们聚集在一起,踢毽子的好手纷纷出场献技。土乡踢毽子活动形式多样,有多种套路,踢法由易到难,从脚到头,错落有致,环环紧扣,一般由踢、削、盘、键、抗、蹲、蹲落、肘打、跳、凑、窝等动作组成不同套路。

土族的这种特有的踢毽子比赛分为两种:一种是按照规定的踢法进行,不计时,有效踢毽子次数多者赢取比赛;另一种是参赛队员按照规定的组合套路踢法进行,根据动作完成质量进行评比。在规定踢法计数赛中,失利者要接受胜利者的惩罚,执行惩罚时由失利者抛毽子,胜利者随机向自己前面、左面或右面踢,失利者去追胜利者踢出的毽子,这种惩罚被土族人民称作"拾毛"。当然,胜利者执行惩罚时也有踢空或者踢到失利者身上的时候,这时裁判宣布惩罚结束。

(二) 轮子秋

轮子秋是源于土族人民生产劳动的一项传统体育项目,土语叫"卜日热",意思是"车轮子上的秋千",后来也被人们誉为"空中芭蕾"。

这项运动的器材与土族群众的劳动生活息息相关:最初的轮子秋就是由几件简单的农具组合而成,将大板车的车轴连同轱辘竖起来,底扇压上碌碡或大石头,顶扇绑两根横杆或一把梯子,横杆或梯子两头栓上皮绳,人坐在绳圈里,然后车轮就可以载着人在空中飞速旋转起来。此时,人们围着轮子秋载歌载舞,为荡秋千的人加油、喝彩。如图4-5为原始的轮子秋。

每年秋季庄稼打碾完毕,人们在平整宽阔的打麦场或者广场上,卸掉车棚,竖起车轱辘,制作成简易的"车轮秋",在闲暇时玩耍,一直到来年春耕时才恢复成板车的模样,开始一年的农业生产。初期轮子秋也叫"车轮秋",后来人们约定俗称为"轮子秋"。

随着岁月的推移,轮子秋已由过去简单的木板车轮及牛毛绳扎制而成的简单工具发展成为用钢管做顶柱、钢板做底盘的较为

图4-5　(王存辉摄,互助县文化馆供图)

结实的道具,成为群众开展娱乐活动的娱乐工具和具有浓郁民族特色的民间竞技体育活动。

这几年,轮子秋已被列为全国农民运动会和民族运动会上的表演或比赛项目,从某种意义来讲,土族轮子秋已成为青海省少数民族体育项目最具特色的一张七彩名片,经常代表青海少数民族体育项目参加全国民族运动会(图4-6)。

现在的轮子秋表演,一般是由数名身着七彩花袖衫的阿姑和腰勒绣花腰带的阿哥共同表演。他们足踩悬吊在钢盘边缘的踏板上,随着大圆盘飞快地旋转,不时做出"喜鹊探春""嫦娥奔月""猛虎下山""大鹏展翅""比翼双飞""龙凤呈祥""百鸟朝凤""龙凤合鸣"等各种高难度空中动作。一招一式,如行云流水,似风驰电掣,流光溢彩,是土乡生活的折射,也是土族精神的凝聚[①]。

---

① 刘应军、唐占宇:《土族轮子秋》,青海民族出版社2015年版,第32页。

图4-6 （王存辉摄，互助县文化馆供图）

2008年6月，土族轮子秋被国务院列入第二批国家级非物质文化遗产保护名单，确定张守生、胡宗显两位为该项目传承人。如图4-7为胡宗显。

图4-7

(三) 合尼瓦日

一种土族男女儿童都可以参与的游戏。玩游戏时,大家选定出两人,一人扮演饿狼,一人扮演守护羊群的牧羊人,其余参与儿童扮演一只只小羊,小羊群排成纵队抓住前人衣物,牧羊人在羊群排头,饿狼要追逐小羊,牧羊人要不断地张开双臂阻止饿狼抓小羊。

(四) 打秋千

打秋千在土乡被赋予了美好的含义,认为打秋千可以岁岁平安、万事如意,因此受到土族人民的青睐。每逢农闲或者节日,根据村民居住的环境条件,勤劳智慧的土族人会在自家庭院中、家门口的大树上、家中的房梁上架设起一条秋千。村中的广场上、空地上也会架起公用秋千,无论男女老少都会加入到打秋千这一运动中。比赛时谁玩的花样多、技巧高,谁获胜。有时站在秋千架上,越荡越高,有时用双脚勾住木板,来一个倒挂金钟,引得旁观者喝彩声如雷。

(五) 打麻鞭

"打麻鞭"是土族这个从马背走向田野的民族缅怀祖先的一种方式。土族中相传鬼最怕人用左手打它,因此用左手拧成的鞭子能驱赶妖魔鬼怪。"打麻鞭"本来是土族人驱鬼的一种巫术,现在已经演变成一种游戏。每年立秋之后,小伙子们开始"打麻鞭",用麻绳制成一根两米左右的麻鞭,在空中甩动,使麻鞭发出清脆、响亮的声音。

(六) 打儿冈

"打儿冈"也是土族群众喜爱的传统体育活动,青少年最为喜欢。"儿冈"是土语词,指"一块石头或砖头",是比赛器械,圆形、扑克牌大小。双人对攻或者分组进行对攻,比赛以投掷技能为主导,以击打精准为表现。比赛时,先把"儿冈"一字形立起;比赛者站在离"儿冈"4—5米处,按规定的动作顺序,手拿小石片击砖,先击打平着排列的三块砖头,之后击打斜着排列的三块砖头;然后将"儿冈"放在额头、单眼、双眼、耳朵、肩背、肚、脚背、脚心、绕腿等部位,击打时先要瞄准要击打的砖头,通过击打使砖头倒地即可得分,比赛获胜者可以惩罚负者背胜者绕比赛场地行走一圈。

(七) 阿斯苦着

"阿斯苦着"意思是分牛或分牲畜。2人或2人以上就可以开始比赛,比赛工具是由羊的粪便捏塑成黄牛、山羊形状,牛形2只,羊形24只。进行比赛时单手抛起这些动物形蛋蛋,用手背去接,使尽量多地停留在手背上,然后再次用手背向空中抛起,最后接住这些蛋蛋,接住越多得分越高。

(八) 丢钱

一种土族传统儿童游戏,亦称"丢尕儿""尕卡尔达",是同场竞技技能主导类表现求准性的体育项目。玩时,在平地上画几个格子,每人拿出自己的钢币丢向格子。格子有点像箭靶,分值最高的可以把其他几个人的钢币拿走,然后再进行第二轮,没有钢币的孩子就不能参加比赛。

六、舞蹈类

土族在生活中、农闲时,跳土族特有的传统舞蹈。土族生活方式的改变、娱乐方式的改变、生产劳动的改变、居住地的改变、受新文化影响的改变以及土族气候环境的改变衍生出了多种土族特有的舞蹈形式,按照土族在青海省内地域的分布不同,有不同的舞蹈形式。这些土族舞蹈共同展现了土族丰富多彩的生活。

(一) 安昭舞

"安昭",土族自称为"千佼日",意思是旋转的舞蹈。该舞历史悠久,男女老少皆可参与,是一种融唱、舞为一体的综合表演形式,每当盛大庆典、重要节日,土族都会用这种独特的舞蹈形式以示庆贺。其唱词涉及广泛,演唱形式主要以领唱、和唱、问答唱为主,主要表达庆贺丰年、辞旧迎新、赞颂祝福以及祈求吉祥如意、五谷丰登、人畜兴旺等内容。安昭主要流行于青海省互助县的红崖子沟、东沟、城关以及哈拉直沟等土族聚居区。跳安昭舞时,双手带动小臂在胸前顺时针画圈,两脚相互交替做踏步动作;然后变为右脚向右边踏步,右前臂向右上方挥动,左脚向左边踏步,左前臂向左上方挥动;之后右前臂向右上方挥动带动身体以右脚为轴做前转身旋转,舞蹈结束时,所有舞者右腿在前,左腿在后,做交叉步,双腿微屈,抬起右手向上挥动带动身体左转360度,呈右手上举、左手下展的动作。需要说明的是,在跳安昭舞的时候根据土族的宗教信仰习惯,所有需要转圈的动作都需要向左方向旋转(图4-8)。

跳舞时都有伴唱,唱词的上句是正词,下句是陪衬词,歌声要求高阔洪亮,按照一定的节奏,在每句歌词末尾降调变成下滑调,很有土族民歌的传统韵味。

安昭舞曲以3/4拍最为常见,还有6/8拍、9/8拍、2/4拍等,曲调高亢优美,基本上是由民间"五声音阶"组成,属于土族"家曲"中的欢乐乐曲。安昭舞曲曲牌有十五六种之多,演唱时无乐器伴奏。曲调紧密配合舞步,其节奏感较强,曲调随着歌词的内容而变化。据初步了解,仅在互助地区流行的曲调就有《占昭什则》《辛中布什索》《安昭索啰啰》《拉热烈》《昭音昭》《新玛啰》《强强什则》等。

图 4-8 （互助县文化馆供图）

其唱词多用土语，五十镇、松多乡地区也借用部分藏语词汇，多为颂扬吉祥如意，不祥之词是禁忌的①。

过去，安昭是重大民俗活动中祈求和庆祝五谷丰登的歌舞表演，在土族婚礼中更是迎接贵客的重要迎宾仪式。现如今，安昭成为表现土族人民内心喜悦的一种方式，在婚礼、节庆等聚会上都要转上一转，放开喉咙纵情歌唱，载歌载舞，以此表达人们对生活的赞美之情。这种舞蹈参与人数不限，有时候可多达千余人。如图 4-9 为土族传统节日"六月六"中丹麻镇千人安昭舞。

安昭是土族群众创造并传承至今的舞蹈形式，是土族群众内心喜悦最纯粹、最直接的表达形式，是土族舞蹈和音乐的根脉所在。为了保护土族这特有的舞蹈文化，2011 年 5 月 23 日，安昭被列为国家级非物质文化遗产。

---

① 刘应军、马亚琼：《安昭》，青海民族出版社 2015 年版，第 30 页。

图4-9 (王存辉摄,互助县文化馆供图)

(二)纳顿节中的舞蹈

民和三川土族每年都要过传统佳节"纳顿节",该节日始于农历七月十二日,要到农历九月十五日才结束,历时三个月之久,被人们称作"世界上最长的狂欢节"。

土族在庆祝"纳顿节"时,要在正会上跳三种舞蹈:会手舞、土族人称为傩戏的面具舞以及法拉舞。

正会的第一部分是跳会手舞(图4-10)。主人村和客人村的会手,在会场面对面排成两列相互平行的横队,两队会手相互踏着节奏,舞动身体,欢快活泼、悠扬轻松。跳会手舞时,主会手队在上,客会手队在下,之后交换两队的位置,寓意两村团结互助、互敬互爱、心连心。主村的会手队有壮年队、中年队、老年队,他们身着

图 4-10 (三川科技文化中心供图)

盛装长衣,挥舞彩旗,舞动柳枝。

老年会手队队员身体重复左转一圈、右转一圈动作,舞动出太极图,轻歌曼舞,节奏舒缓。舞者两脚在歌声中踏着轻快的节奏,双手在脚踏的节拍下,在空中一起一落。在队伍排头的几位老者身穿土族特有传统服饰,手持土族古代兵器,寓意威武肃穆,我们从中可以看到古代土族军中勇士的身影;老年会手队的中间还有几位手持土族箫管的中年人,在箫管后面又是几位手持三角形旗帜的老人;在队伍中部最引人注目的是锣鼓喧天、震彻村庄的锣鼓队伍。锣手和鼓手都是由土族体格健硕的年轻男子组成,锣手头戴柳枝编织成的帽子,身穿长衫,腰上系着红色腰带;鼓手身背绘有土族特有彩色花纹的筒鼓,上身穿轻薄汗衫,打锣鼓时铿锵有力、激情四射、气势磅礴,展现出土族粗犷豪放的性格。队伍最后是代表活力、未来的土族少年,他们挥动着手中的彩色旗帜。队伍的行进路线是按照礼仪制度由会手牌头制定规划好的,行进有缓有急,每到桥头或者是路口时会小歇片刻,寓意过关,意思是日子过得红红火火。

正会的第二部分是跳面具舞,舞者头戴各种古代人物头像面具进行表演(图4-11)。

图4-11 (三川科技文化中心供图)

面具舞的第一部分是面具舞情景剧,即"庄稼其","庄稼其"在土族语字面的意思是"庄稼汉"。舞者按照自己扮演的角色头戴符合扮演角色特点的面具,舞者给人们传达的剧情是浪子回头金不换的故事,讲的是一个生活在农村以种地为生的土族农民家中,有一个好吃懒做、玩心重、不积极学习务农的浪子,他的父亲为了使儿子悬崖勒马,回归正途,分担家里生活压力,扛起家中重担,苦口婆心地对儿子进行言传身教,但是儿子性格倔强,不服管教;无奈之下,父亲只能请出村中长者对儿子进行劝解;经过村中德高望重的长者的劝解点拨,儿子最终走向正道,向父亲表明务农的决心。表演中,"儿子"学习驾牛耕田的技艺,他倒架担架反挂犁,惹得观众哈哈大笑。"老者"帮助"儿子"扶正犁杖,"母亲""儿媳"撒播籽种,"全家人"欢天喜地地耕作,犁铧在场中央铧出一个"田"字后退场。

面具舞的第二部分是五官舞。舞者身穿深色长袖马褂,下身白色长衫,胸部佩戴扇子盒,头戴花翎官帽,打扮类似清朝丞相。舞者共5人,其中1人是领队,相传是皇帝,其余4人是大臣。也有人传说这5名舞者扮演的官员都是清朝官居一品的大臣,也有人传说这5名官员各司其职,分别管理水、火、天、地、人。舞者跳面具舞时,主要给人们展现官员上朝时的情景,揭示官场百态,诙谐幽默(图4-12)。

图4-12 (图片来自人民网)

面具舞的第三部分是三国时期的经典角色的展现,这段舞蹈寓意着土族不怕困难、顽强拼搏的精神。这段舞蹈也类似于大戏中的武戏,所以也被土族称为"三国戏"。"三国戏"是选取三国时期经典故事进行改编的精华片段,舞蹈主要突显三国时期一些重要角色的性格特征,根据舞者面具就能辨别角色的善恶忠奸,熟悉的角色能让观看者回忆历史故事。比如"五将"就是讲述刘、关、张、曹、吕这5个三国中重要的人物角色相互斗智斗勇的复杂的人物关系(图4-13);"三将"讲述刘、关、张3人战吕布的故事。舞蹈表演栩栩如生、通俗易懂,情结环环相扣、高潮起伏。

图4-13 (图片来自民和新闻网)

面具舞的最后一场是"杀虎将",表演的是远古先民狩猎生活和自然崇拜的故事。剧中的主角"杀虎将"头戴牛头面具,其余是一对牛、一对虎、一对猴子。表演时,人们用一具长梯上抬众角色入场(图4-14)。先是牛与虎摔跤相抵,虎摔倒牛,示意虎吃了牛。然后在老者的请求下,"杀虎将"挥动双剑追杀老虎,最终将一对猛虎降服。

正会的第三部分是跳法拉（巫师），法拉口中和身上插钢钎，绕场狂舞，向民众宣示神谕。

土族纳顿节传承久远，源远流长，老百姓自始至终都参与其中。2006年5月20日，该民俗经国务院批准列入第一批国家级非物质文化遗产名录，代表性传承人为徐秀福（图4-15）。

图4-14　（图片来自民和新闻网）　　图4-15　（郑琰摄于官亭）

（三）於菟舞

每年农历十一月二十日，居住在青海省同仁县年都乎村的土族都要跳"於菟"舞。他们希望通过土族独特的念诵经文、人神共乐、驱邪去病的民族传统仪式，来祭拜山神，获取山神的保佑，让生活顺风顺水。土族常年生活在山区，山中多虎豹，人们在和虎豹等猛兽的斗争中磨砺出顽强拼搏、不怕困难的精神。他们在举行祭拜山神的仪式中，身穿动物皮毛，头发上抹上白灰、身上涂画模仿虎豹猛兽的花纹,把自己打扮成猛兽的样子,腰间系上红色腰带,手持木棍,木棍上贴满土族特有的驱魔的符咒;为了使自己扮演的猛兽更加凶猛,他们还用牙齿叼着鲜红的生肉,这寓意土族渴望通过自己打扮成猛兽的样子为本村祈福,驱赶走妖魔、病魔。跳"於菟"舞时,需要 7 个青壮年扮演猛兽虎豹,他们一手持锣,一手持鼓,在村中通过模仿猛兽奔跑、跳跃、吼叫的行为进行舞蹈;这 7 名舞者会集体跑进或者翻进一户户的村民家中,为村民驱除邪气。如果在村民家里发现卧床的病人,还会专门举行驱病仪式赶走病魔。全部仪式结束之后,7 个青壮年来到本村附近的山泉中,此时山区已经结冰,他们会破冰而入,用刺骨的冰泉水清洗身上的花纹,寓意来年的好运(图 4-16)。

图 4-16 (沈光年摄)

关于这种舞蹈还有一个很美丽的传说:很久很久以前,在土族有一位开明仁爱的君王,他深爱自己的爱妃,爱妃也深爱这位君王。突然有一天,这位君王的爱妃得了重病,于是这位君王就派兵找寻名医问诊,但是请来的名医都不能治好王妃的病症;又派出士兵找寻能力高强的大法师，请来的法师看了王妃的病情之后，也束手无策，君王为此焦虑起来。一日君王出行时，见到一村正在跳於菟舞，君王想到这种舞有驱除病魔的作用，于是抱着试试看的心态，让自己手下的士兵穿上动物皮毛，化装成虎豹猛兽，为自己的爱妃驱除病魔。士兵完成仪式之后，王妃奇迹般痊愈了。此时，君王对此种仪式驱除病魔的作用十分相信，于是君王想到了让自己的族人都远离病魔，下令在王土范围内把这种仪式传承下来。于是后来每年农历十一月，人们认为妖魔鬼怪来袭的时候，都会举行这种舞蹈仪式。

青海省同仁县土族特有的这种舞蹈仪式，是土族在不断发展中，融合道家思想、藏传佛教思想礼仪制度，以及对土族特有诸神的崇敬的表现。它作为多民族不同文化孕育的产物，是后人进行民族传统文化研究有效的、宝贵的途径。2006年5月20日，土族"於菟舞"经国务院批准列入第一批国家级非物质文化遗产名录，代表性传承人是阿吾。

(四) 同仁土族"六月会"舞蹈

青海省同仁县热贡地区不仅生活着土族，还生活着藏族，这种特殊的邻里关系造就了两个民族相互结合的文化仪式，每年的农历六月，土族和藏族按照两个民族礼仪制度举行六月盛会，称为"六月会"，也称"六月祭祀"。每年盛会都是从同仁县四合吉村开始，然后在同仁县隆务河经过的藏族、土族的几十个村落里接力进行，每个村根据自己村的情况和特点安排2—5天的时间举行仪式。

六月盛会仪式中，全程贯穿着三种极具特点的舞蹈：第一种是被村民称为拉什则的神舞；第二种是被村民称为勒什则的龙舞；第三种是被村民称为莫合则的军舞。

神舞俗称"龙鼓舞"，藏语叫"拉什则"，"拉什"即"神"，"则"即

"舞"或"玩"的意思。神舞又称"神鼓舞",之所以称为"神鼓舞",是因为舞者跳舞时均要手持"拉锷"(即神鼓)。传统的拉什则只限13名男性青壮年表演,所扮演的角色为13位战神。但现在的部分村寨,在13名男子外还要挑选13位妩媚的姑娘来扮演王母娘娘。她们双手托着贡品盘或哈达轻歌曼舞,身影摇曳,舞罢将供品敬献给扮演13位战神的男子。每逢六月会期间,当地群众身穿节日盛装,踊跃参与,即便是出门在外的人也要按时返回或带来祭品礼物,不能怠慢。拉什则已成为热贡地区藏族、土族群众祈祷人寿年丰、祈福避祸、吉祥平安和娱神、娱己、娱人的一种重要的民间舞蹈(图4-17)。

图4-17

龙舞(勒什则)是热贡地区传统六月会上演出的一种颇具特色的民间舞蹈,意为螭舞(螭,龙的一种),是祭祀龙神的巫舞。献舞者为男性,衣服穿着与跳"莫合则"的人基本一样,只是穿专门做的绣着字纹的布鞋,用花纹带子打着绑腿,象征龙与蛇皮的花纹。演出人员达百人,浩浩荡荡的舞队犹如龙蛇起伏跳跃。"勒什则"包括手持面具舞、雄鹰展翅舞、蛇舞、龙女喜旋舞等 13 种跳法。

军舞(莫合则),又叫"军傩"。跳军舞时会在开阔平坦的广场上进行,和我国彝族的火把节以及布依族的跳花节一样都是参与度高、内容丰富的广场性舞蹈。舞蹈风格体现出威武、雄壮、豪放、欢乐的特点,从中表现了人们向往美好生活、祈求和平安康的美好愿望。表演这种舞蹈时,舞者身穿彩色条纹服饰,头戴虎豹面具,手提弓和矛、刀、军旗等各种武器,高喊"哎哈、哎哈"口号,左转右转,边跳边排成各种队形,舞蹈展现了两个军队相互交战的场景。因为它是古代战争的艺术反映,所以都是由男子来跳。

2006 年 5 月,青海省同仁县申报的热贡六月会经国务院批准列入第一批国家级非物质文化遗产名录。

(五) 婚礼舞

这种舞蹈是土族特有的民族传统舞蹈。土族居民在举行婚礼仪式时,会按照土族的礼仪制度举办婚礼,这种婚礼仪式象征着幸福与欢乐。与安昭舞相依相附贯穿整个婚礼。婚礼舞,随着婚礼程序和场面的变化,要跳 3 次。第一次是阿姑们在女方家门前迎接纳信时,排成两行,手挽着手,由领头的两人手里摆动着纳什金(娶亲人)送的礼物,边唱边向后退,跟随其后的阿姑们亦然,细步慢退,变腰,双臂前后左右摆动。第二次是新娘从改发式到起程,纳什金在新娘的房门、堂屋门和大门前边唱边跳。跳时,双手左右掀动褐衫衣襟,原地踏步或左右摇摆,徐徐移步。第三次是在男方家门前,由送亲的人们跳安昭舞,但不转圈,只手舞足蹈,边唱边跳[①]。

---

① 逯克胜:《青海少数民族传统体育可持续发展研究》,青海人民出版社 2015 年版,第 115 页。

2006年5月20日，土族婚礼舞随"土族婚礼"一道入选第一批国家级非物质文化遗产名录。

（六）土族鼓舞

土族鼓舞是土族特有的运动性舞蹈，清代中期从黄河南岸、河州等地传入，一直延续至今。表演所用的鼓叫"筒鼓"，长二尺五寸、直径一尺二寸，两边是牛皮鼓面，鼓身绘有龙凤、云纹图案，鼓面有太极图图案，用双槌两面敲打。一般在社火当中表演。在筒鼓上场时，扮演的八个鼓手排成一队上场，表演过程中穿插成两队，画面有相互交叉、圆圈、圆圈里面有进出等，伴奏的有多面大锣和大钹。表演的动作有"鹞子翻身""凤凰点头""柳树盘根""牡丹开花""二龙戏珠""双凤朝阳""凤凰展翅"等，反映出土族人民能歌善舞和对美好社会的向往和追求。

传说土族鼓舞的打法有八种，但因传承人去世，现流传下来的只有"凤凰点头""鹞子翻身""柳树盘根""牡丹开花"四种，这四种都是根据打法的动作特点命名的。每个动作都很逼真，难度也比较大。

土族鼓舞的表演曾在青海省传统体育运动会第一、二、三届中以表演节目的形式参赛，三届中均获得了表演项目的二等奖。2013年6月，土族鼓舞被批为省级非物质文化遗产代表性项目。

（七）"四只虎"

根据乐都县土族的老者称，这是一种已经有两个多世纪历史的祭祀仪式，仪式的功能是为土族祈求神明祝福，保佑平安，去污驱邪。这也是生活在达拉乡黑沟顶村土族特有的民族传统仪式。

"四只虎"这种仪式被生活在村中的土族居民称为戏耍老虎，其实就是土族居民扮演老虎的活动，经过历史的不断发展由刚开始的要一只老虎,逐渐演变成现在这种仪式——黑沟顶村在每年正月十五日晚举行为全村人驱鬼逐疫、祈求平安的"四只虎"活动。由村民扮演的四只老虎被称为虎神,在进行仪式时,这四只虎神按照次序逐个到达村中每户家中,村民要在家门口迎接即将到来的四只虎神。四只虎神到来时,先在村民家里的庭院中绕场三次,家中的村民要对虎神祈祷行礼,四只虎神再到各间房屋的每个角落为村民驱妖降魔。如果四只虎神发现村民家中有卧床的病人,四只虎神则模仿老虎吼叫和抓挠的动作为病人驱赶病魔。

(八) 踏灰

踏灰是流传于大通县土族聚居区,反映农民劳动生活的传统舞蹈。每年秋冬交接之际,在青海农村,有在地里烧灰的习俗,即为了来年的丰收,每当庄稼收割后,在地里浇上水,待地里成半干后再用人脚把地里的土踏踩结实,然后用铁锹挖成土块,垒成窑形,里面架柴火燃烧。几天后火烧过的土块变成红色土块,再将其打碎散撒在地里作肥料。踏灰舞生动地再现了这一劳动生活过程和高昂的农民劳动热情。舞者跳舞时,会有节奏地踏起脚步。这种舞蹈多数是踏步舞姿,通过两腿不断地交替变化节奏,产生律动之美。画面调度变化较多,有圆形、直排、前后移动等。表演时以歌伴舞,情绪十分热烈,情趣盎然。

(九) 龙鼓舞

龙鼓舞是纳顿中较独特的舞蹈。鼓是纳顿中主要的伴奏乐器,长二尺左右,直径一尺五寸,两面蒙有牛皮,鼓身绘有金龙、云纹图案,鼓面绘有八卦太极。表演时有数面铜锣伴奏,是一种合文艺、体育于一体的富有民族特色的舞蹈。

纳顿中鼓手的装饰同三川社火的鼓手装饰大同小异。他们身穿白衬衫、黑马甲，头戴小草帽或礼帽，腰系五颜六色的彩绸带，扎紧裤腿，表演时舞步强劲有力，步伐独特，鼓槌挥舞过顶，行一步，敲一槌。在行至桥头路口和会手会合时鼓点加快，双脚起跳，场面极为热烈。在合会手结束后锣鼓队伍还要单独表演一番，这时的鼓手们几杯美酒下肚而红光满面尽其全力，舞步极其欢快，左右摆身晃头，身、心、眼、手配合一致，忽而原地起舞，忽而两队鼓手穿插而过。鼓手们左旋右转双脚起跳，单脚穿插。旋转时，龙鼓甩向前方，腰间腰带飘起，腰身扑向前方，像花蝴蝶在盘旋，尤为好看。会场中间两队锣鼓轮番表演。锣鼓声、鞭炮声和大好的呼声汇成一片，把串亲访友的宾客们吸引出来，等待着更精彩的节目表演（图4-18）。

图4-18　（图片来自中国人大网）

（十）土族社火歌舞

明代起土族就有耍社火的习俗，这是一种传统的民俗文化和艺术形式,丰富多彩且独具特色,主要流行于三川土族当中。三川土族社火有"大秧歌"(扭秧歌)和"神秧歌"(跑秧歌)之分,以"扭秧歌"为主。形式有歌舞、独唱、独舞、群舞等,内容丰富。

表演刚开始由多名马童手持长三尺的木棍并串上铜钱边舞边摇,随后4名花鼓手胸前挂一花鼓边舞边敲,互相交叉前进;之后由2名灯官左手持八卦彩灯,右手持串成的数枚铜铃,脸上画上戏曲武生脸谱,身穿五官、五将服起舞;随后2名抱牌者手持写有"肃静回避"的虎头牌起舞,其后由1人扮演赵匡胤或杨林手持大刀起舞,之后由10名"腊花姐和中郎"手持彩肩、彩巾或彩灯起舞,随后由6—8名鼓手边打边舞,最后由8—10名鼓手身穿白衬衣、青马甲、大红裤子、身背龙凤鼓起舞,舞蹈动作有"孔雀开屏""凤凰展翅""牡丹开花"等数套,可在行进中表演,也可在广场中单独表演;队形有双排、圆圈等。数十名腊花姐、中郎手持彩肩或彩灯用同样的形式表演其中,有手持龙灯表演、旱船和狮子舞等表演,外场有摇婆子、喇嘛等,其阵容庞大(图4-19)。

图4-19 (三川科技文化中心供图)

综上所述,土族的民族体育活动源远流长,项目种类丰富,是我国传统文化中的珍贵遗产。

第二节　土族传统体育的文化渊源

土族传统体育作为土族文化的一部分，有着深远的渊源，尤其是民和土族的"纳顿"、同仁土族的"六月会"、年都乎土族的跳"於菟"、互助土族的"轮子秋"和"安昭"等深受土族群众喜爱的民俗体育项目。

一、纳顿的文化渊源

纳顿为青海省民和县三川地区土族独有的民俗活动，是该地区土族人民喜庆丰收的祭神及社交游乐节日。关于纳顿的来历，在当地有很多传说。

第一个传说：古时候，在青海省民和县黄河对岸北边的甘肃省兰州市境内白塔寺附近，长期居住着一位勤劳能干的木匠，他自幼就有着惊人的木匠天分，能建造宫室台榭，十里八村的乡亲家中需要木匠做活都会邀请他过去，他精湛的木匠手艺得到了乡邻的称赞，当地很多木匠看了他的精巧绝伦的木匠活之后都感到望尘莫及。皇帝需要建造皇宫，当时受技术限制，宫殿的建造都是木质材料，皇帝正在发愁没有能工巧匠建造皇宫，于是有官员向皇帝举荐了这名木匠，派出官兵把他从家中请出，负责建造皇宫。皇帝见木匠巧夺天工的技术之后大喜，便强行把木匠留在宫中。思乡心切、怀念家人的木匠偷跑出皇宫，在官兵的追击之下，逃到了现在的青海省民和县境内，发现这里的人因为灾荒、战乱等因素，生活在水深火热之中，他于是就留了下来，带领大家反对皇帝的压迫。皇帝闻讯之后，派出官兵来查看，木匠指挥大家把制造出的武器都藏起来，指挥大家挥舞扇子跳起舞蹈，成功躲过了官兵的追查。

木匠闹起义是否成功不得而知，但纳顿节形式从此流传下来①。

第二个传说：相传青海省三川地区很久以前，连年干旱无雨，粮食欠收，土族人处在很难填饱肚子的危机下，于是大家不约而同来到附近的文家寺集体高声诵经、祭拜神明，祈求神明降雨赐福，但是过了一段时间之后依然没有雨水降临，于是很多人心灰意冷不再参与这种仪式。这时有一位村民在四川灌县的二郎神庙里请回一尊用木头雕刻的二郎神像，他为大家讲述了四川灌县二郎庙的二郎神的种种神奇，如何保佑当地农民生活顺风顺水，大家相信了这位村民的言辞，选址破土动工建造神庙供奉二郎神，集体诚心祭拜请回来的二郎神像。出乎意料的是，第二年天神降福赐祥，当地连续多次降下大雨，滋润农作物。各村村民的生活丰衣足食，粮食满仓。于是大家相信二郎神保佑了村民的美好生活，举办了庆典，用轿子载着二郎神的神像游街串巷，所到之处的村民都争相焚香还愿，跪拜感谢二郎神的保佑赐福。这次庆典从农历七月开始历经两个月，各个村落相继举办庆典。这种庆典仪式被保留了下来，也就是现在土族的纳顿节日。

不管是为了纪念那位机智勇敢的木匠，还是为了感谢二郎神的赐福，这些传说都给纳顿披上了一件神秘的外衣，也给了土乡人民一个表达他们美好愿望的诉求途径。但传说毕竟是传说，不能当真。其实，从纳顿本身表现的一些主题和内容来说，它很大程度上就是一个带有民族宗教色彩的庆祝丰收的大型的祭祀活动。它不是一朝一夕形成的，是土族先民们在这片肥沃的土地上，在漫长的生产和生活的过程中，不断进行创作加工，丰富完善的。它也不是一成不变的，因为土族没有文字，所以在没有文字记载的情况

---

① 曹娅丽主编：《土族文化艺术》，中国戏剧出版社2004年版，第122页。

下,它在口耳相传的过程中,或多或少糅进了传授者和传承者自己的点滴理解,发生了不少的变异。关于这一点,从不同庄子上的纳顿节目的大同小异上可以窥见到。总之,纳顿不仅生动形象地反映了整个土族历史的发展进程,而且表现了土族人民由游牧生活转向农耕生产的历史过程,这一点是不容置疑的。

据民和县纳顿艺术研究会会长徐秀福1982年在中川乡美一村、峡口乡美二村调查,当地年逾八旬的老人说:"据父辈流传,纳顿中跳会手是为表现三川土族先民御敌获胜,大军凯旋,军民同庆之盛况。"从会手队伍组成看,象征一支古代军队。队伍中持箫管者为随军文官,持兵器者为将帅,持三角旗者为军中传令兵,锣鼓是古代军队指挥打仗的法令器具,谓"击鼓前进,鸣锣收兵"之意,所持彩旗为将帅与军旗。

纳顿以其丰富的文化内涵,艺术地反映了古代西部少数民族与自然的抗争,生存忧患的意识和克敌制胜的狂热激情[①]。

二、六月会的文化渊源

六月会是流传于黄南州土族、藏族聚居的隆务河流域的一种具有独特风格的民间习俗活动,藏族称之为"六月鲁若",意为六月的祭神盛会,"鲁若"意为"与神共舞",亦称"六月傩祭";土族称之为"六月纳顿"。

六月会以宗教仪式重现了传奇般的过去,关于六月会中的民俗舞蹈来源有以下几种传说。

第一种传说:天神说。根据几位土族老者相传,六月会的这三种舞蹈,演出开始,每一个舞步、每一个舞姿、每一个表情,都是按照土族法拉提前设定好的,法拉是按照神的旨意安排的,法拉说

---

① 曹娅丽主编:《土族文化艺术》,中国戏剧出版社2004年版,第124页。

的话语代表天神的话语,法拉做的动作也就是天神想要做的动作。法拉是人间天神的使者,所以在跳舞时必须完全按照法拉的要求去做,不然天神就不会附身于法拉,法拉也自然不会说神的话语。所以,六月会的舞蹈被土族称为神在娱乐。

第二种传说:龙神说。根据土族几个村子里的老者所言,在古代吐蕃,唐朝的军队和吐蕃的军队在今同仁与夏河县交界的甘家等地进行交战。交战持续了很长时间,两边军队都没取得胜利,战乱中民不聊生,于是寺院里有高僧游说于两军之间,最终在高僧的努力之下,两方军队停止交战。吐蕃军队为了庆贺停战,百姓能过上平安的日子,举行了盛大的庆典。在庆典上,军队带领官兵跳起舞蹈,也就是后来流传下来的军舞,百姓也在军队的带领下载歌载舞,其乐融融。这时达加兰海里飞跃出两条真龙,其中一条龙的头似老虎,身子是龙身,另外一条龙的头似豹子,身子是龙身,两条龙在上空盘旋着飞舞着,人神共舞。后人为了纪念龙神就举行了六月会。

第三种传说:"周刚勒柔"(六月歌舞)的传说,和藏族宗教有关。根据藏族寺院僧人相传,在藏传佛教格鲁派的创始人宗喀巴初到西藏时,陪伴他一起来西藏的还有两位管家,一位是后来成为藏传佛教里大护法神的阿尼玛卿,另一位是后来成为藏传佛教里守护安多地区的神叫作切加。在刚开始,三人生活在西藏,宗喀巴发现阿尼玛卿整天郁郁寡欢,于是进行询问得知,阿尼玛卿非常思念家乡,渴望回家乡看望亲人,于是宗喀巴请藏族寺院里的喇嘛僧人排练安多地区的舞蹈,表演给阿尼玛卿看。这段历史被流传下来,寺院里的僧人在藏历每年的十二月十一日和十五日这两日,都会饮酒唱曲,表演安多地方的舞蹈给阿尼玛卿看,缓解他的思乡之情。

第四种传说:六月会庆典活动源于元末明初蒙古军。相传,常年的征战让蒙古百姓人心惶惶，军队里的官兵也不愿意无休止的战争，蒙古首领下决心停止战争。为了向百姓表达停战的决心，下令全部上缴军队的武器，集体销毁在今青海省的热贡地区，百姓为了赞誉蒙古首领的英明，举行了盛大的庆典仪式。"洪武三年五月邓愈自临洮趋'吐蕃等处宣慰使司都元帅府'所在地河州（今甘肃临夏），豫王阿纳忒纳失里和镇西武靖王卜纳剌及宣慰使何琐南普（藏族）据城抵抗。经过激战，五月辛亥（二十三日）明军'进克河州'（《明太祖洪武实录》卷五二）。邓愈安辑流亡，招抚诸部，何琐南普（今甘肃东乡族自治县锁南坝，即何琐南普屯兵处）等率部众纳印请降，豫王西逃。镇西武靖王卜纳剌于六月二十八日在今黄南州境内举部归降。据调查所知：今同仁县隆务河两岸的藏族和土族群众，于每年夏历六月十九日至二十五日举行盛大的祭神歌舞活动，乐舞连天，藏语称'六月鲁热'。据说这项活动起源于元末明初蒙古军。相传，蒙古军为了反对战争继续打下去，安定民心，毅然将全部武器毁于其地。广大群众为庆祝这一义举，举行祭神祝福活动。"①

三、於菟舞的文化渊源

关于这种舞蹈的起源和发展历史，根据历史资料的记载和土族流传下来的传说有以下两种见解。

青海省文化艺术研究所的乔永福研究员提出，这种舞蹈，风格属于楚国经典舞蹈风格。在关于楚国的历史资料里能看出楚国民风喜欢崇拜猛虎，喜欢举行巫术的仪式，土族的於菟舞就是属于楚国巫术风俗的一种流传。乔研究员提出，今青海省同仁县是楚秦

---

① 芈一之主编：《青海蒙古族历史简编》，青海人民出版社1993年版，第48—49页。

时代的边疆,所以常年有军队官兵驻扎在此地,这些军队中部分人来自今长江以南地区,他们到此地镇守边关时,也把江南楚人流传下来的宗教礼仪传入了青海省同仁县等地区。

青海省文化艺术研究所的刘凯研究员提出,历史资料记载青海地区古代距今 5 000 年到 4 000 年前是我国羌族的居民聚集地,在青海的马家窑文化遗址中得到印证,青海省内的土族是蒙古族居民为躲避战乱迁移到了青海地区。

在羌族的历史中,羌族群众受到环境和宗教礼仪传承的影响,在羌族文化中崇敬猛虎。根据羌族历史资料记载,在公元前 400 多年前,羌族的一个奴隶出身的族人成了羌族当时的首领。他熟知耕种技术、精通畜牧养殖,他把自己的农业技术传给族人,带领族人过着富裕的生活,受到了族人的敬仰和爱戴。但是好景不长,羌人受到了秦王的压迫,为了躲避秦军的追赶,他带领族人出走,后被秦军围困于一山洞之中。在生死存亡之际,山洞中突现一只猛虎吓走了围在洞外的秦军。为了感谢这只猛虎的救命之恩,羌人就把猛虎作为图腾,尊称为猛虎神。

目前学术界有专家提出,土族的於菟这种舞蹈仪式就是受到了羌族文化的影响。土族每年都定期举办跳於菟的仪式,土族的巫师是负责和主持这一仪式的,巫师做法时,按照土族的宗教礼仪制度,先祭祀虎神,把虎神请入仪式中,之后按照虎神附身、跳虎神、送虎神这一流程进行。这也是土族特有的民族传统文化。

土族在跳於菟舞时,腰挂皮鼓,这种皮鼓的功能经过多年的演变已经从刚开始的仪式上的重要法器,变成现在具有多种功能的乐器。土族巫师在下虎神过程以及收虎神的过程中都会用到单皮鼓这一器具。资料记载在土族文化中,土族节日庆典、大型仪式都会在当月的九日进行。除了九日以外的日子按照土族的宗教礼仪文化制度是不能跳於菟这种舞蹈的。

四、轮子秋的文化渊源

轮子秋何时在土族群众中流传和传承,因没有资料记载,无从考证,但是土族群众中有关轮子秋的来历有这样一个民间传说:在很久很久以前,土族的先人迁徙到青海省境内大河边定居,在河边建造了房屋,制造了农耕的工具,准备开荒播种粮食,但是没有大型牲畜,只有靠人力去开荒,这种方式既费时又费力,而且许多人都因为开荒累倒了。土族的首领得知后,就带领大家在高山上架起高梯,希望在云彩中擒获青色长龙来犁地开荒。龙飞得太高不易于捕捉,于是首领又带领大家在山野捕捉野牛,但是野牛野性难驯,套上铁犁之后野牛乱跑乱跳。经历了两次失败之后,大家集思广益找寻方法,最终在族人的共同努力之下,首领带领大家擒获黄牛,经过饲养发现黄牛体格健壮,温顺而易于饲养,适合犁地开荒。土族在大河边开垦出大片空地,播撒种子,经过不懈的辛勤劳动,第二年就迎来了大丰收。在运送粮食的过程中,一辆马车翻倒在土地中,运送粮食的族人回到族中请人协助把马车扶正,在众人到达马车翻车地点的时候,发现族中孩童在马车轮上旋转玩耍,看到孩童玩得很开心。大人们被孩童的歌声感染了,有的人也爬到车轱辘上玩起来。此后,每年碾完场,土族人民都要把大板车的车棚抬下,竖起车轱辘,制作成轮子秋玩耍,一直延续到现在。

从故事中可以看出,轮子秋就是土族从游牧转向农耕时发明的一项体育运动。土族人发挥自己的聪明才智,利用闲暇时的农具,就地取材制作成娱乐的运动器材,如今成了土族传统体育运动项目的金字招牌。

五、安昭的文化渊源

具有代表性的土族歌舞安昭是土族世代相传的群众歌舞形

式,它散发着浓厚的土风民情。土族民间流传着安昭舞起源的几种说法。

一种说法是:安昭舞是狩猎、游牧生活文化的民族舞蹈[1]。古时候,土族先民从事的是群体狩猎生活,狩猎成功后,为了抒发自己无比喜悦的情感,便围着自己的猎物欢呼雀跃,以舞蹈的形式表现本民族顽强剽悍的性格,象征劳动后的丰收和胜利。

土族先民长期从事畜牧生产,积累了丰富的劳动经验,并且创造出了很多有关畜牧生产的文化形式,安昭舞便是其中的一种。在长期的狩猎畜牧社会经济的影响下,土族民众为适应当时统一狩猎、畜牧的生产方式,相互合作,创造出一系列与之相匹配的文化内容,安昭舞是为表达土族人民在获得食物后的喜悦心情而创造出来的,在户外大家围绕着篝火,手舞足蹈,充分享受着这种文化方式所带来的快感。

另一种说法是:安昭舞是宗教文化的舞蹈[2]。安昭舞由原来的祭祀舞变化而来,有些唱词内容仍带有浓厚的宗教色彩。土族先民为了礼赞山川神的恩惠,歌颂先民的业绩,祝福土乡人丁兴旺、五谷丰登、牛羊肥壮,以安昭歌舞的形式抒发土族人民对美好生活的热爱和向往。土族的宗教信仰比较复杂,其中萨满教、藏传佛教、道教以及汉族民间信仰等多种信仰共生并存,并相互杂糅在一起。早期社会,生产力水平极其低下,人们在大自然威力面前感到微弱无力,便将自然界的许多现象有灵化、人格化、神圣化,并加以崇拜。土族的自然崇拜对象通常是日、月、山、河等与人们的生产生活有密切联系的现象。自然崇拜往往伴有一定的宗教仪式及宗教舞蹈,感谢神灵禳灾降福于人间。

---

[1] 刘应军、马亚琼:《安昭》,青海民族出版社2015年版,第67页。
[2] 同上,第68页。

第三节 土族传统体育文化的基本特征

作为土族传统文化重要组成部分的土族传统体育文化与其他地区的民族传统体育一样,也具有区别于他者的多种特征,呈现出浓郁的民族特色。

一、独特性

土族的民族传统体育项目蕴含着丰富的土族文化传承,是以游牧文化风俗作为开端,所以土族特有的体育项目都带有鲜明特色。土族民族传统体育项目在土族历史上有过变革,但是丝毫没有影响体育项目本身的风俗特征以及固有特点。虽然土族的文化受到了共同生活的其他民族文化的熏陶,但是体育项目依然保持最初土族鲜明的特色。例如土族的舞蹈类项目安昭舞、於菟舞等都透出了东胡文化萨满教的遗风。

土族轮子秋是土族人在生产生活中发明的一项民族体育活动。仅轮子秋本身而言,可能与土族先民的游牧生活习俗有关,是草原民族豪放性情的一种释放过程;其饰品与土族群众崇尚彩虹的民族精神一脉相承,吉祥图案饰于轮子秋,讲究对称协调。就轮子秋表演动作而言,"喜鹊探春""嫦娥奔月""海底捞月""比翼双飞"等一系列表演动作与汉族文化又融合。轮子秋更是土族节庆活动表演的重要组成部分,所以轮子秋作为土族群众独有的民间运动,具有独特的民俗文化价值。

二、集体性

土族传统体育在出现和传承的过程中呈现出集体性特征。土族传统体育不是某种个体的行为,而是一种集体的行为,是一种集体智慧的结晶。每逢岁时节令、喜庆之日,便举行与祭祀、祛疫逐邪、纳吉祈福、娱神、娱乐等有关的节庆习俗活动,比如"土族纳顿节""热贡六月会""土族社火歌舞"等通常规模庞大,活动范围广、参与人数众多。

安昭是土族人民集体智慧的结晶,婚礼、节日庆典都需要表演安昭,这些庆典活动往往人群密集,参与安昭表演的人多,形成相互交流、相互学习的环境,集体传承起到极大的作用,具有较强的集体传承的特征。

三、区域性

由于土族分布及居住地域的不同,土族传统体育文化形成了各自鲜明的特征,即同一民族具有不同地域特色的体育文化艺术现象。土族居住在大通、互助、同仁、民和等地,他们与周边的汉族、藏族、蒙古族保持着既友好往来又心存戒备的复杂关系,形成了大通、互助、同仁、民和等地的不同地域特征。民和地区纳顿仪式中的体育活动保留着萨满教、道教遗风,凸显了受汉文化影响的特点;黄南同仁土族六月会的神舞、龙舞、军舞等则深受藏文化的影响。

互助土族安昭舞一方面保存着本民族的传统文化艺术,一方面不同程度地受汉文化、藏文化影响。安昭在传承过程中,完全是由群众相互传承至今。在互助地区,纯土族村庄较少,大多与汉族、藏族等民族混居,其文化也受到汉文化、藏文化的影响,安昭也不例外。五十地区与藏族混居的土族,在安昭唱词中借用了许多藏语词汇,有的曲调也有藏曲的影子;威远镇土族村落小庄村,周边都有汉族,在演唱安昭时部分曲令直接用汉语演唱。

轮子秋在互助土族地区出现有其鲜明的地域特征。最初,轮子秋就是用几样简单的农具组装而成，如大板车、碌碡、木梯等。这些农具与北方各民族生产生活息息相关，而唯独土族将这些农具进行组装，成为本民族娱乐玩耍的工具，这充分说明土族群众善于思考、善于创新的民族性格，也与土族敢于挑战的性格有关，具有鲜明的民族地域特征。

四、宗教性与祭祀性

宗教性与祭祀性是土族传统体育最鲜明的特性。民族传统体育项目来源于民族生产生活，和生产生活有密不可分的关系，土族居民每个月农闲的时候都会举办各种形式的传统体育比赛，这些体育项目除了体育功能外，还具备民俗文化特征的功能。体育项目不仅增强体质，还具备多重功能属性，比如有些体育项目可以驱灾除病，有些体育项目可以拜神求神明赐福，还有些体育项目本身就是土族宗教礼仪制度的一种仪式。土族的打麻鞭、纳顿节、轮子秋、於菟舞等体育项目的起源都带有特殊的功能性，土族在生产生活中，在求神祭祀时，根据土族社会的需要，这些项目应运而生，不断地被赋予新的风俗功能，不断地传承土族人的精神。

五、艺术性与观赏性

土族传统体育的另一文化魅力就是它极具艺术性与观赏性，观赏其表演能带给人视觉上的享受、心理上的追求和精神上的满足。

安昭是土族独有的舞蹈形式，其舞蹈动作舒展大方，音乐虽然没有乐器伴奏，但曲调丰富，旋律优美，歌词生动、质朴，是音乐和舞蹈的完美统一；它所蕴含的土族文化内涵丰富，是反映土族人民生活习俗和精神风貌的一种艺术形式，充分展现了土族音乐舞蹈的艺术特点，是土族民间音乐舞蹈艺术的载体，所以说安昭是研究土族音乐舞蹈艺术的重要素材,具有很强的艺术性。

作为土族的民间体育项目,轮子秋具有"惊、险、悬、奇"的特点。轮子秋飞旋时,参与表演的土族阿哥和阿姑离地面足有两米多高,轮子秋旋转越快,离心力越强。有些动作直接脱开手,双脚作为支撑,且没有任何保护措施,说它是土族的"空中芭蕾"一点都不为过。勇敢的阿哥和阿姑在轮子秋上摆出各种惊险的造型,时而下,时而上,灵活穿梭于两根铁链之间,小小的踏板就是舞台,不仅有趣,而且非常惊险,具有很强的感染力、影响力和观赏性。

六、依附性

传统体育文化不是一种单一的文化,而是各种文化综合体中不可分割的一部分。依附于土族传统文化中的土族传统体育文化不能脱离其单独存在,失去了土族传统文化这个文化主体,其也就失去了存在的形式和文化意义,它们相互融合、相互影响、相互依赖。每逢岁时节日、祭祀庆典等,土族都要举行传统文化活动,而蕴含其中的传统体育以其特有的方式显现出鲜明的文化特色。

在青海藏传佛教寺院佑宁寺每年定期举办两场观经的仪式,这种仪式土族称为"蓝迦",第一场是正月十四日举行,第二场是六月初八日举行。在仪式进行时,参加仪式的人身穿法衣,诵经祈愿,舞者跳法王、金刚等舞蹈,仪式还有点酥油灯、布施等过程。这种传统仪式除了祭祀祈福的功能外,同时还提供了民众交换物资的舞台,提供了土族传统体育项目比赛的平台。每年农历二月初二日互助威远镇举行擂台会为群众提供唱花儿的平台,除此之外也提供交易场所,举办唱戏、转轮子秋、跳安昭舞、赛马、摔跤、武术表演等活动。再如纳顿节是民和县土族人民喜庆丰收而每年举行的独有的传统节日,活动也是以舞蹈和戏剧表演为主。

七、生产劳动性

土族人民在生产劳动中，为欢庆劳动丰收或预祝来年丰收要举办各种活动，如"青苗会""鸡蛋会"等，在活动期间要唱花儿、跳安昭舞，同时要开展赛马、耍武术、射箭等体育活动。

"青苗会"是生活在互助的土族特有的传统节日，由土族的巫师在每年农历三月至六月挑选吉日举行。节日当天，一大早在土族的广福寺院门前会聚集很多群众排队等着敬香祷告，求神明赐福；拜神仪式结束之后，人们请出法器龙神轿杆以及法器神箭，按照特定的序列组成仪仗队伍，威武肃穆，演奏各种宗教乐器，打起锣鼓、吹起号角，挥舞手中的柳枝，队伍行进至大东岭会稍事休息，拿出美食相互分享，唱花儿，跳安昭舞，然后踏青，察看庄稼长势。

"鸡蛋会"顾名思义就是和鸡蛋有关的盛会，青海省的大通县以及互助县每年农历的三月三日和十九日、四月八日随机举办。这个盛会历史悠久，第一次举办是在400多年前。关于这个盛会还有一个美丽的传说：在明朝时，某一年开春时节，天上突然下起鸡蛋大小的冰雹，给许多群众造成了损失，也砸伤了人和家畜。有人提议说是鸡蛋能消除天灾，于是大家聚集在庙会上一起打破鸡蛋。这种方法被流传了下来，成为风俗。举行"鸡蛋会"时，参会者会携带大量煮熟的鸡蛋，在庙会会场上进行比赛，参赛者敲击鸡蛋，打破鸡蛋者会被惩罚把自己的鸡蛋送给比赛获胜者。大片鸡蛋壳层层堆积在庙会会场，远处看似一个个雪白的冰雹，寓意着已经天降冰雹，今年不会再有冰雹之灾。届时会场上以敲鸡蛋比赛为主角，其余时间唱花儿，跳安昭舞，赛马，摔跤，场面很热闹。这种盛会与人们的日常生产生活密不可分。

婚俗篇

第五章
撒拉族土族婚礼的主要仪式

第一节 撒拉族婚礼的主要仪式

撒拉族的婚姻习俗虽然受到伊斯兰教和其他民族的影响,但是,却保留着本民族的一些特色,如撒拉族婚俗当中比较典型的"骆驼舞""挤门""证婚"等习俗。这些习俗既体现了撒拉族人民千百年来遗留下来的婚俗文化,也是区别于其他民族婚礼的一种表现。随着时代的发展,有些习俗在撒拉族婚礼中已经简化甚至消失了,但是还有一些能体现撒拉族民族传统文化的婚礼习俗依然流传下来,成为撒拉族人民共同遵守的运行规则,这些规则或者说是仪式包括以下几个方面。

一、提媒

提媒也称"打发媒人",撒拉语叫"嫂吉打发拉"。当男方看上某家姑娘时,便请求"嫂吉"(也称媒人)带上茶叶、冰糖等礼物去女方家求婚,这时候女方家会和女方的舅姑叔伯等人商议女儿的婚事,若商量的结果大家都同意,就告诉媒人,若是不同意,则会婉言谢绝。在撒拉族地区,人人都觉得做媒是一件光荣的事情。撒拉族的宗教观念认为,介绍成一件大媒,成全了一桩姻缘,就等于做了善事、积了功德,所以人人都乐意为青年男女的婚事奔波。

二、送定茶

若是女方答应了这门亲事,男方便会筹备定茶。送定茶在撒拉语中又称"定茶恩的日"。男方择定吉日,一般为"主麻日"(星期五)为佳,由媒人征得女方家同意之后,男方派媒人向女方送"订婚茶"。一般是送茯茶一包、衣服两套、化妆品一套、耳环一对、头绳一条、照镜一个以及一些首饰等。女方家收到订婚茶之后与本家亲属一起协商。这时女方舅舅的意见会起决定性的作用,因为撒拉族人认为,对外甥女的支配权属于阿舅,必须阿舅赞同,亲事才可以定下来。若女方阿舅表示同意,则女方就会接受物品,到时女方家会以"油搅团"款待,以示团结和睦,永不反悔。媒人又带一份"油搅团"送男方家,表示女方同意。如果女方家退回送去的订婚茶,则表示这门亲事不成。

三、送彩礼

送彩礼也称送聘礼,送聘礼在撒拉语中称之为"麻勒",是牲畜之意。聘礼的多少一般由当地的经济水平和男方的经济实力决定。送礼当天,男方家的"孔木散"(亲属)的男子们,由媒人带领前往女方家送聘礼。早先的时候,聘礼主要是送牲畜。富贵的人家可送马两匹或马骡各一匹,一般人家可送四头小牛,贫苦人家送一只或两只羊。到后来,随着社会的发展和人民生活水平的提高,送牲畜的习俗发生了改变。现在的聘礼主要是衣服、首饰、化妆品、现金等。送聘礼的人到女方家之后,女方家要设宴款待男方,宴席之后,媒人会带着男方家的代表对所带的聘礼逐一进行清点。

四、迎亲

撒拉族人迎亲的日子一般都会选在冬季,因为在冬季办婚礼有这样几个好处:第一,冬季是农闲时节,大家的时间比较充裕;第二,冬季正好赶上春节,外出务工人员都会回到家里;第三,冬季有足够的资金储备,有充足的肉类食品且冬季肉的保鲜时间比较长。

撒拉族人非常重视他们的婚礼,觉得整个婚礼体现了对婚姻习俗的认可和关切。婚礼从开始到结束一般要7天,有的大户人家甚至用十几天的时间来举办婚礼。男方迎亲的这个环节是最为热闹的,参与的人也非常多,包括新郎、媒人、新郎的父亲在内一共要二三十人。新郎的母亲一般不会去迎亲。和其他民族迎亲方式不同的是,撒拉族人的新郎迎亲的时候要带上聘礼,新娘一方需为男方的舅舅、媒人等准备10—20双鞋子。新郎、新娘同时还要给众人散些钱。男方一般散两三元不等,女方散一两元不等,给阿訇一般是5—10元不等①。散钱的习俗既表示男女双方希望众人给予他们祝福,也表示一种喜庆。

五、证婚

证婚也是撒拉族婚俗中重要的环节,证婚词主要是念尼卡哈。撒拉族人认为只有通过阿訇念过尼卡哈,婚姻才是成立的,撒拉族

---

① 高永久:《对撒拉族婚礼的民族社会学研究》,《中央民族大学学报(哲学社会科学版)》2002年第1期。

的这一习俗已经延续了很多年。新郎要跪在地上,面朝土炕正中坐着的阿訇,新娘要坐在另一个房间里仔细地聆听证婚词。所有的准备工作就绪之后,阿訇会问新郎:"你愿意娶××为妻吗?"新郎答:"愿意。"然后阿訇才念尼卡哈,并送一些祝福给新郎新娘。这时,新娘在闺房中由其亲人给其梳头,同时要放声大哭,以表示对女方家的依依不舍之情。念完尼卡哈之后,阿訇把放在炕桌上的核桃、红枣等撒向院子里,在场的人开始哄抢一番,以示新郎新娘早得贵子,这时婚礼达到了高潮。等男方携自己的亲友离开女方家之后,整个证婚仪式才算结束。

六、挤门

当送亲队伍来到男方家大门口时,男方守门的众人一拥而上,把住大门,不让新娘骑马进门,送亲人也毫不示弱,狠狠地用脚跟磕打那娶亲马的肋骨,企图叫新娘连马撞进大门。撒拉族人认为如果新娘骑着马进了男方的门,则会视为有损于男方家的地位和面子。而恰恰相反,女方家认为新娘入男方家门的日子是新娘一辈子当中最重要的日子,此时,新娘应该不沾尘土为好。在这样两种不同观念的作用下,双方你拉我推,你挤我搡,喊声不断,笑声不断,鞭炮声不断。有趣的是,在挤门期间,新郎必须穿过人群,接近娶亲马,用拳头在新娘的身上击三搥,撒拉族传统观念认为,这样以后媳妇就会孝敬公婆、关心丈夫。双方的争执渐渐达到高潮,这时候,新娘的哥哥把新娘从马背上拉下来,搭在肩上,快速推开前面的阻挡者,跨进大门,直奔洞房。新娘全程脚不能沾地。现在这个习俗已经慢慢消失了,只在极个别地方出现。随着社会的进步,人们的生活慢慢富裕了,新娘出嫁骑马的习俗已经逐渐被小轿车代替。现在新娘出嫁时,迎娶的小轿车越多越高档,就越能说明新郎家的家境好,新娘家就会越有面子。

七、对委奥依纳

"对委奥依纳"即骆驼舞。开场时,由两个人反穿皮袄装扮骆驼,骆驼背上搭上褡裢,里面装上水、土等。其中一人头戴"达斯达尔"(白头巾),身穿白色长袍,脚穿短靴。一手拿拐杖,一手拿《古兰经》,扮演撒拉族祖先尕勒莽出场。另一个穿着白色绣花圆领衫,外套紧身武士青夹夹,腰系深红色绣花三角巾腰带,腿穿短靴,腰挂短刀,外披斗篷,一手拿着提壶,一手牵着骆驼,扮演撒拉族祖先阿合莽出场。整个表演当中没有音乐,只有驼铃声和简单的动作,语言是通俗易懂的撒拉语[①]。演出快要结束的时候,那个手牵骆驼的人会把准备好的核桃向人群中撒去,大家开始拾抢,场面非常喜庆热闹。从骆驼戏中,我们可以看到撒拉族人虔诚的宗教信仰、高尚的伦理道德和团结和睦的行为规范。也可以这样说,该戏是对撒拉族后裔们进行宗教教育、民族历史教育和审美教育的一种最好的方式。"对委奥依纳"和热烈的婚礼结合起来,使婚礼变成了一堂民族历史教育课。所以,至今撒拉族仍把结婚叫作"对委"。

第二节 土族婚礼的主要仪式

土族婚礼作为青海省特有民族重要的民俗文化礼仪于 2006 年被列入第一批国家级非物质文化遗产名录中,这为土族婚礼文化的传承与发展带来了新的契机,使其成为非物质文化遗产而备受世人瞩目。土族婚礼是土族千百年来遗留下来的宝贵精神财富,是土族民族习俗中特有的组成部分。土族的婚礼形式多样,结

---

① 马建新:《简明撒拉族文化》,青海新华印刷厂 2009 年版,第 90 页。

婚的程序纷繁复杂,包括提亲、议彩礼、定婚、娶亲、迎亲、回门。这些程序是每个步入婚姻的土族人都要遵循的,体现了土族的民族特色和独有的精神文化内涵。

一、提亲

提亲,俗称说媒。当男方家根据自家家境状态和选偶标准选定了配偶对象之后,便聘请一位善于辞令的媒人(土语叫哇日瓦)到女方家去说亲。媒人答应后,男方家根据传统礼仪,让他带上求婚礼物到女方家提亲。当媒人详细介绍了男方家家世、家境等情况后,女方家父母若同意这门亲事,就将男方家拿来的酒喝掉,若不同意则将礼物全部退还给男方家①。另外,男女双方事先还要测八字,测八字是指阴阳算命先生根据人的出生年、月、日时辰所属的八字推算其一生的命运祸福的一种旧俗。土族人受道教文化的影响,相信民间"辰子申忌蛇鸡牛,己酉丑忌虎马狗,寅午戌忌猪兔羊,亥卯未忌龙鼠猴"等属相生克的说法。

二、议彩礼

合议完男女双方的八字之后,最重要的就是商量彩礼的事情。彩礼是双方共同关注的一件大事,对于彩礼能不能达成一致,是婚礼能否顺利进行的关键因素。男女双方对彩礼的多少也不是一下子就能确定下来的,往往要经过多次争论,找媒人从中进行协商才能确定下来。作为女方在这个过程中往往希望收取更高的彩礼,男方则恰恰相反,尽量压低彩礼的数目,以减轻男方的负担。当然,在当地,女方不可能漫天要价,一般彩礼的数目大致有一个约

---

① 李钟霖、李敏:《土族婚姻嫁娶礼仪全程扫视》,《柴达木开发研究》2013年第1期。

定俗成的数额。当双方对彩礼的数目达成一致以后,这桩婚事基本上就能定了。之后,女方家会做很多菜招待男方家的客人,直到他们尽兴而去。

三、定婚

定婚也是土族婚礼程序中很重要的一个环节,男方的父亲、媒人以及男方家的亲戚会带上双方事先商议好的彩礼、烟酒、衣服等礼物到女方家定婚。到了女方家后,男方会把彩礼、拿的礼物摆到女方家的桌子上,让女方过目。这也叫送彩礼,送彩礼时的规矩跟议彩礼时的规矩一样,只不过这次是在女方家①。等清点完彩礼数目之后,接下来就是选定结婚的日子,在当地也叫"合日子"。土族人对结婚的日子非常重视,认为选一个大吉大利的好日子结婚,关系到男女双方以后的生活是否美满、事业是否顺利。因此,具体结婚的日子要由老师傅进行合算。等日子确定好了之后,双方会通知各自的亲朋好友。

四、娶亲

娶亲是整个婚礼过程中最热闹的环节,娶亲之前,男方家要好好准备给女方家的礼物,这些礼物包括新娘穿的红色衣服、肉方子、酒、烟等。在土族的婚礼中,娶亲人是非常重要的,娶亲人也称为"娶官",是女方对男方娶亲人的尊称。娶亲人既要会唱"道拉",也得懂婚礼中的礼节,到女方家后要给所有的亲朋好友抓盅敬酒、作揖叩首,还得挨阿姑们的戏弄和笑骂。新郎、媒人、娶亲人等带着礼物到女方家之后,女方家的家人要出来迎接,女方的值伕(东家请来帮忙的人,即专门在婚宴上招待客人的人)请下男方的娶亲

---

① 祁桂芳:《大通土族婚嫁习俗文化意蕴初探》,《青海民族研究》2005年第1期。

人后,娶亲人要唱《娶亲人答歌》。娶亲人还要受到女方家妇女的戏谑,女方家的妇女会用纯土语演唱的《啊喜庆嘶果》骂娶亲人。在唱骂娶亲人的时候,娶亲人不能生气,待人家骂完之后,还要给针线等礼物。如果不给或给少了,则会被骂得更厉害。唱完歌之后,女方会设宴款待男方,首先要给男方客人倒茶,茶一般是熬好的茯茶加上两颗红枣,之后女方会炒一桌子可口的饭菜招待客人。等客人吃完饭之后,女方家就会清点男方给新娘带来的东西包括头饰、衣服、洗护用品等,并且这些东西不能是单数的,否则女方家的人会不高兴。等逐一清点完这些东西之后,正式的宴席才开始。

宴席结束之后,大家会在院子里载歌载舞,直到尽兴了才散场。有些客人酒足饭饱、心满意足,离席动身时还会唱着答谢"道拉"出门。第二天,新娘出门前还有收头仪式,即女方的送亲人将新娘的头发聚拢到一起,用发髻固定住。收完头后新娘和母亲背对背坐在柜前的桌子上,新娘手拿一把筷子,走时将其反手扔在柜上,表示不带走娘家的财物。母亲抱一升麦子,上盖红布,叫"坐银斗"。此时,新娘的哥哥将新娘抱出家门,上马出发,新娘则必须用哭来感谢父母的养育之恩[①]。

五、迎亲

新娘的送亲队伍是比较庞大的,主要有新娘的哥哥、媒人以及其他众多亲戚等,他们边走边唱,气氛很活跃。当送亲队伍快到新郎家时,男方会派人前来迎接,双方互相问好之后,会一起跳舞唱歌,此举表示歌唱幸福、迎接吉祥。新娘在男方家门口下马后,要作短暂的停留,举行梳头仪式。此时,由男方家选出一位儿女双全的妇女,手持新木梳,在新娘的头上象征性地梳三下,然后由男方

[①] 祁桂芳:《大通土族婚嫁习俗文化意蕴初探》,《青海民族研究》2005年第1期。

家的妇女们唱《梳头歌》。梳头结束后，还有抢木梳的习俗，给新娘梳头的木梳一般要由娘家人抢到。女方送亲的人在抬着陪送柜子进入男方大门时要唱《抬财进门歌》，当男方唱到"门神老爷两离分，阿舅们进门，请进门"，女方则回应："小的们进门空不进，你的大户某家中，先进人口后进财，十二大财带进来。"这个过程叫"收财"，表示对女方家而言，意味着女儿出嫁后希望不要把娘家的财带走，而是要收回去。对于男方家而言，意味着先进人口后进财。新娘进门之后首先要进行拜堂仪式，拜堂仪式是在中堂择吉时进行。中堂供有"天地日月君亲师"之位，敬献水果、核桃、红枣、糖果等供品。仪式结束之后，众人要抢供品。接着新娘被搀进厨房，新郎在厨房门外相候，新娘对灶神行跪拜礼，再被挽出来与新郎同入洞房。在新人行进中，男方家的亲戚朋友们会不断地向他们身上撒粮食、红枣、钱币等以示祝贺。进入洞房后新郎才能为新娘揭下盖头布，摘下头饰，两人坐在炕上相互行礼对拜。

在土族婚礼中，答谢媒人是很重要的仪式，俗话说"天上无云不下雨，地上无媒不成婚"，新娘和新郎的拜堂仪式结束后，紧接着就进入答谢媒人的环节。这时，双方要给媒人敬酒、搭红，高唱《谢媒公》，表达对媒人辛苦的感激之情。谢完媒人之后，接下来还有展嫁妆、冠带新郎、抬针线等仪式。展嫁妆是指男方家会将新娘的嫁妆逐一摆出来给众人看，还要将这些嫁妆装到箱子里。装箱子的人必须是男方家的长者，众人会往箱子里放钱，最后箱子会抬到新郎的房间。然后女方家的亲属就要冠带新郎，即由新娘的母亲拿出一套事先准备好的新衣服、新鞋子让新郎穿上。所谓抬针线是指女方向新郎的亲属赠送礼物，包括赠送衣服、鞋袜、枕头、毛巾等，男方家的人不分已婚未婚，人人都有份。抬什么样的针线视女方家的经济水平而定。这些程序都完成之后，众人开始入席。整个席宴是在此起彼伏的歌与舞的气氛中进行的，一直进行到日落黄昏,人们不尽兴则不归。

六、回门

土族婚礼的最后一个仪式就是回门,回门是指结婚后的第三天,新郎和新娘要回娘家叩拜父母、爷爷奶奶、叔叔婶婶等家人。回门时要带一定的礼品过去,比如烟酒之类的,家人们也会回送新郎新娘一些东西。至此,整个婚礼才算正式谢幕。

回门,是新婚夫妇必须要遵循的一个礼节。如果新郎新娘因为有事耽搁了没有完成回门仪式,其他亲戚则会耻笑其没礼貌、没家教。

第六章
撒拉族土族婚俗中体现的文化意蕴

第一节 撒拉族婚俗中体现的文化意蕴

撒拉族婚礼中蕴含着丰富而深厚的历史文化底蕴,2006年被确定为第一批国家级非物质文化遗产。撒拉族的婚礼在经过数代人的传承和保护后,得到了很好的稳固。撒拉族婚礼不仅在社会群体和社会组织方面发挥着积极的作用,而且体现着独特的文化价值。

一、宗教文化

我国各民族的婚姻习俗丰富多样,不同地区、不同民族表现出不同的文化形态和心理样式。撒拉族的婚礼也如此,特定的仪式及程序,既有对民族历史的高度浓缩,也处处表现出伊斯兰文化的特质及相邻民族文化间的相互影响①。撒拉族婚礼中有一个很重要的仪式,就是表演"骆驼戏"。"骆驼戏"中的骆驼在伊斯兰文化中有着高贵的象征意义,又因为骆驼中的白色很少见,就显得非常珍贵。据说伊斯兰教的创始人穆罕默德在战场上所骑的就是白骆驼,白骆驼驮来了千年手抄本《古兰经》,换句话说,驮来了伊斯兰教。因此白骆驼成为撒拉族人宗教信仰的象征符号,撒拉族人在婚礼中表演隆重的"骆驼戏",从而加深了后代们虔诚的宗教信仰。

二、伦理道德文化

撒拉族人非常推崇伦理道德,很久以来,撒拉族社会就是依靠伦理道德来维系和发展的。最典型的就是撒拉族的婚礼的祝婚词中处处体现着伦理教育。如在撒拉族婚宴上,女方家一般会邀请当地能说会道、语言表达能力强的长辈,或者找一位有知识、有文化的民间艺人向参加婚礼宴席的人诵读婚礼祝福词,祝福词的内容大多是伦理道德方面的,主要是教导人们热爱生活、热爱家庭以及对新婚夫妇的祝福等。祝婚人首先会赞美撒拉族社会中的一些要人,诸如学识渊博的阿訇学者、德高望重的老人、"骨头的主人"阿舅和劳苦功高的媒人以及辛辛苦苦为民办事的人,赞美他们为婚礼付出的辛勤劳动、赞美他们高尚的品德。其次,祝婚人会讲到父母养育子女的不易,教导新婚夫妇要孝敬父母,儿媳要孝敬公婆,并祝愿两家生活和睦。最后,祝福新郎新娘新婚快乐、生活幸福、早生贵子,并嘱托男方家的人要好好照顾新娘。撒拉族人的这些祝婚词内容丰富,或长或短,词意深邃,既有民歌的韵味,又有诗

---

① 李荣,《河湟撒拉族族群文化及特征探析》,《青海师范大学学报(哲学社会科学版)》2008年第5期。

歌的特点①。其语言恳切,措词优美,涉及面很广。

三、舅舅文化

在撒拉族的婚俗中,舅舅的地位是很高的,当男方看上某家女子后,便会邀请媒人去说媒,女方父母如果同意这门亲事,最终还要征求舅舅的意见,舅舅不同意这门亲事,那么这桩婚事也成不了。舅舅如果同意了,这门亲事就算定下来了。在撒拉族的祝婚词中就有很多体现舅舅地位的词语,如:"那一个是我们最尊重的人,是阿舅。俗话说'铁炉子炼出好铁',心肠好是看阿舅。娘家人养育了好几辈,看人看心肠,找水找出头。大树长得再高必有根子,阿舅是骨头的主人,这个原因者我们要尊重阿舅哩。"在撒拉族中,舅舅有着至关重要的地位,无论是准备婚礼,还是举行婚礼,都必须有舅舅到场。

在撒拉族婚宴上,有食用"羊背子"的习俗。制作羊背子时,先要请阿訇宰羊,然后剥皮,取下两只后腿,沿羊臀部的自然肌纹至向下两根肋骨带上割取,念"太思米"下锅。如果掌锅者未净身或妇女来了例假,则忌讳进入厨房,煮的"羊背子"要摆平,为防收缩,则用木签卡住肉边,肉捞出待凉下来,等到舅舅入席吃饱喝足之后,主人会把完整无缺的"羊背子"放在盘里,用双手献给舅舅。从撒拉族人在婚宴上食"羊背子"的习俗可以看出,撒拉族人对舅舅是非常尊重的,这也体现了撒拉族祖先母系氏族的遗风。另外,在婚宴结束后,撒拉族人会把最好的羊肉、茶叶送给舅舅,舅舅虽不是家庭成员,但撒拉族人认为舅舅是"骨头的主人",诸事要听舅舅的话。因此舅舅和外甥或外甥女的关系十分密切,外甥或外甥女无论遇到什么重大事件,如婚丧嫁娶、参军上学、生子取名等活动,

---

① 马伟:《撒拉族婚礼的文化特征、功能及价值》,《青海民族学院学报(社会科学版)》2008年第1期。

一般都要请舅舅出席。撒拉族人认为没有舅舅出席的活动是没有好运气的①。

四、媒妁文化

媒人在撒拉族婚礼中发挥着桥梁的作用,在撒拉族地区,每个人都将做媒视为一件非常荣幸的事情,撒拉族人认为介绍成功一桩婚事,就等于积了一件大德。因此,撒拉族人都喜欢给人做媒,不要任何报酬,只图给自己积功德。早期"父母之命,媒妁之言"封建包办婚姻在撒拉族地区有较大的影响,撒拉族青年男女的婚姻完全是由"嫂吉"做媒、父母做主的包办婚姻。虽然依据伊斯兰教法的规定,成年的自由女子可以自己择配定亲,但法定监护人可借家族的名誉为由,反对不符合"门当户对"的婚姻。直到今天这种习俗仍然存在,这是文化的传承。撒拉族人非常尊重媒人,撒拉族的祝婚词就有很多赞美媒人的内容,例如:"哪一个是我们最尊敬的人,是媒人。人们为什么把他们尊重,俗话说'天上无云不下雨,地上无媒不成亲',他们是高山上立碑的人,他们是河滩里开地的人,他们是'墩亚'上搭桥的人,他们把两条绳子给结上,把破烂衣服给补上,他们好比是鸽子颈上的串铃铛,好比引路的领头人。心肠好的媒人啊,你们好像修了一座'米拉罗'。这个原因者,我们要尊重媒人哩。"可见,在撒拉族婚姻当中,媒人起着关键性的作用。

第二节 土族婚俗中体现的文化意蕴

由婚姻所产生的习俗,人们称之为婚俗;一切关于婚俗的思

---

① 高永久:《论撒拉族的婚姻选择》,《西北民族学院学报(哲学社会科学版)》2001年第2期。

想、理念、行为、风俗、习惯及由此所辐射出来的活动就称为婚俗文化。婚俗文化对于家庭的和谐、社会的稳定、国家的安康都有着非常重要的意义。土族的婚俗文化展现了土族特有的物质和精神生活风貌,为研究土族历史发展和社会变迁提供了素材和视角。任何文化都不是孤立的,它的存在必然会与其他文化、理念、事物相联系。土族的婚俗文化也是这样,在朝代更迭、生产发展、风俗承袭中,已经深深地融合在土族社会生活和文化传统之中,携带着中华民风的基因世代传递。

一、媒妁文化

中国人的男女婚嫁非常讲究"明媒正娶"。古人认为只有通过媒人说合而结成的姻缘,才算是合乎道德标准的,否则会受到社会道德和舆论的谴责。在土族婚姻中,媒人是必不可少的。媒人在整个婚礼的程序当中发挥着重要的桥梁作用,男女双方之间出现彩礼争议、订婚习俗等方面的矛盾时,媒人会从中进行劝说、调解,从而化解矛盾,促成一对姻缘。有的媒人已经很职业化了,男女双方也愿意听从媒人的建议,因此媒妁之言有利于婚恋的促成、家庭的和睦。

土族婚礼中还有答谢媒人的环节,在婚礼宴席上,人们纷纷举杯敬酒酬谢媒人,感谢媒人从中牵线促成了一段美好姻缘。媒人还会得到应有的报酬。在土族的"谢媒公"仪式中,酬谢媒人的礼品有:男方一般是送茯茶、衣物、钱等;女方一般是一对枕套、一双鞋袜;双方还要给媒人搭红。土族的婚礼歌中也有很多答谢媒人的歌词,如土族的婚礼歌《感恩歌》中就唱到:"我们第四声感念,四声父母的养育恩。再感念上一声,媒公大人牵线恩。"在土族婚礼说词《谢媒公》中也有感谢媒人的话,如:"媒公大人是太上老君下凡,手牵了一根红线,连接了五百年的人缘,金童玉女结了姻缘。

媒公大人跑了东头跑西头,跑了西头跑东头,白日里歇不了脚,夜晚里睡不成觉,磨破了嘴皮磨穿了鞋。粗布的一对枕巾,实不成敬意薄礼相谢,可望我的媒公大人您呐,增光喜舍者收取。"从这些答谢媒人的习俗来看,媒人确实在土族婚姻的促成中起到了很好的作用,媒人在整个婚礼中的地位也是举足轻重的。另外,在土族婚俗中出现了一种与"谢媒"性质完全相反的风俗——"骂媒"。骂媒是青海土族婚姻中的一种特殊风俗[①]。骂媒并不是真正意义上的"骂人",而是当男方派媒人和娶亲人到女方家迎亲时,女方家中的妇女用戏谑的方式戏弄媒人,如土族的《骂媒歌》中就唱道:"两个阿爸吃的看是饿狼哈像哩,喝的哈看是水牛哈像哩,嘴哈看是簸箕哈像哩。"媒人对这种"骂媒"也不能生气,而是要用机智的优美的歌声回应她们。

二、艺术审美文化

土族的婚礼讲究仪式,注重歌舞。毫不夸张地讲,土族的婚礼自始至终都是在歌舞中进行的,婚礼中的歌舞形式以歌为主,伴有简单的舞蹈动作,而且土族的婚礼歌词、曲调表现手法独特。其曲调优美动听、婉转悠扬,既有喜庆祥和的气氛,又有粗犷奔放的豪情。对于歌词和舞步,可以即兴发挥,也可以按照特定的套路进行表演。土族的婚礼歌词大部分结构是非常严谨的,内容也比较丰富,富有知识性和趣味性,又有寓教娱人的特点。特别是土族的舞蹈有自己的审美文化特征,如土族的舞蹈一般是女柔男刚,动时表现文雅,收时略显粗犷,不论男女,都将土族特有的审美文化表现得淋漓尽致。土族的婚礼将情感和歌舞结合在一起,表达了土族

---

① 蒲生华:《青海婚俗中的媒妁文化浅析》,《青海民族学院学报(社会科学版)》2001年第2期。

人民对婚姻的美好祝愿,表现出土族婚俗以礼为美、以美成礼的特点。

土族姑娘在出嫁的时候有哭嫁的习俗。用哭声迎接自己喜庆的日子,说是哭其实是在唱,以歌代哭,哭中有唱,曲调都比较悲伤。通常人们会以新娘能不能哭、哭得有多伤心作为对她们进行审美评价的依据,因此,新娘在出嫁之前就要学会如何唱哭嫁歌。这种现象说明土族新娘以哭为美、善哭为美的观念不但根深蒂固,而且深入人心[①]。同时,新娘以哭唱的方式表达对父母的养育之恩、哥嫂的疼爱之情的感激,达到以情动人、以情感人的艺术感染效果。

土族婚礼当中还有戏谑类的歌曲。女方在出嫁的白天和晚上,男方家要派媒人去致礼,这是媒人完成联络双方的最后一次任务,晚上要派娶亲人去娶亲。他们到女方家之后,女方的亲友骂媒、骂娶亲人,还要表演一些戏弄媒人和娶亲人的歌舞。这些歌舞内容丰富、风趣幽默,曲调悠扬悦耳,既活跃了气氛,又生动地体现了土族婚礼中的传统习俗。而且戏谑歌中所唱的纯为戏弄娶亲人,歌、舞、骂穿插进行,其中"骂"是以小快板的节奏进行的,风趣幽默。土族人以歌舞来编织婚礼始末,以歌舞来表现喜怒哀乐之情,以歌舞来替代具体的仪式,几乎是言必歌、行必舞,婚礼因舞之蹈之的情怀而愈发美好。

三、汉民俗文化

土族受到汉民俗文化的影响是比较深的,因为土族长期和汉族杂居相处,土族居住的地方常常有汉族的算命先生替他们算卦。

[①] 吕霞:《土族婚礼的艺术意蕴》,《青海民族学院学报(社会科学版)》2004年第3期。

在汉族地区有这样的说法:"自古白马犯青牛,羊鼠相逢一时休。猛虎见蛇如刀斩,青龙遇兔不到头。鸡犬不能成婚配,猪儿生来怕猿猴。"土族因受汉民俗文化影响,他们也特别注重这种属相生克的禁忌。土族人在结婚的时候,新郎、新娘还有娶亲人、迎亲人、媒人的属相都要考虑进去。如果有人和新郎或新娘的属相相冲或犯忌,此人就不能出现在婚礼现场,尤其是新娘上下轿的时候,绝对要避免和新娘撞见。而且,土族跟汉族一样也有忌单日嫁娶的习俗[①]。在青海汉族地区的婚嫁中,新娘在出嫁时要佩戴红色的日月宝镜,日月宝镜是用红色的绸子绑在新娘的胸前,一直要等到到了男方家拜堂成亲之后,才将日月宝镜取下。据说日月宝镜能降妖驱魔,这也和松赞干布迎娶文成公主时文成公主所佩戴的日月宝镜有关。土族的婚礼中也有这样的习俗,不过在土族婚礼中,新娘所佩戴的日月宝镜叫护心镜,也有辟邪的目的。土族的新娘和汉族的一样,也是由其哥哥抱上或背上轿车的,此外,轿车也不能在半道停车,以免给新娘带来灾难;还有,服丧期的人不能走近新娘。这些不成文的禁忌使土族婚礼平添了几分神秘。在土族有些地区的婚礼中,送嫁妆箱的人要由新娘的一个侄子充当(都是小孩),他们到达男方家后,男方家不给足够的辛苦钱,他是不会从箱子上下来的,这样一来,嫁妆箱就无法抬进男方家院门了。

当送亲队伍到达后,跟汉族一样,在吃正席之前,要专门预备一个桌子把新娘的嫁妆都摆上去,青海方言称其为"抬针线",这时男方会依次按照辈分大小馈赠给女方家亲戚一些礼品,如毛巾、枕套、被套等。女方家的亲戚会一一上前领取并表示感谢。最后一个仪式是装箱,即把钱币、核桃、大枣等塞到新娘的衣服口袋、柜子里,意味着财源滚滚、衣食无忧。土族的这些婚俗也是受了汉民俗

---

① 祁桂芳:《大通土族婚嫁习俗文化意蕴初探》,《青海民族研究》2005年第1期。

文化的影响。

凡事讲究对称、双数是土族婚俗的一大特征,如土族人在装饰婚房、购买结婚用品方面都是双数,在选定婚期的时候都选双数,但一般忌讳选择"四""八"这样的数字,因为它们与汉语"死""罢"谐音。土族在婚礼仪程中讲究双数,依照相似律原则,以好事成双、婚姻使人成双成对、有了终生相依的伴侣等意义为准则,形成了一种数字讲究,这与汉族是一致的。

四、伦理道德文化

婚姻是一个民族在长期的社会实践中形成的习惯,属于社会的集体行为,具有约定俗成性。婚姻习俗一经形成,便制约着人们的婚姻行为,并且作为一种人人遵守的伦理准则代代相传。

土族人尊老爱幼、讲究礼仪,这种思想在土族婚俗中得到了很好的体现。土族自古以来有对"天格热"的崇拜,即男女成亲的第一个仪式就是拜天,拜天之后就要拜父母了。土族婚礼中除了体现对父母养育之恩的感谢外,还有对亲朋好友的祝福、对娘舅和媒人的感激,如土族的婚宴上专门有《谢媒公》《至亲翁》等歌舞曲,以表达对他们的祝福和尊敬,体现了土族人民礼让三分、孝老尊亲的良好美德。

在土族婚礼中不同身份的人会在不同时间、不同地点演唱与之相符的婚礼歌,每一个婚礼细节处都有特定的演唱曲调、风格和内容。从土族阿姑们的"纳什金斯果"到庭院安昭舞,歌舞无处不在,整个过程充满了亲情与和谐[①]。另外,土族人常以年龄、亲疏、通例为待人接物的伦理规范,讲求人与人之间论资排辈、长幼有

---

① 王大钊:《传统与现代的嫁接——土族传统婚俗的现实价值观探讨》,《青海民族研究》2014年第3期。

序、男女有别,这在互助土族婚礼上也有所体现。婚礼上,阿舅是备受尊敬的人物,是喜宴上、送喜客中的贵宾,婚礼歌中自然就有许多赞美阿舅的歌,如《赞送亲喜客》中唱道:"首先要把阿舅赞,您是姑娘的根源,不赞颂您还赞颂谁?"在《谢娘舅》中唱道:"树有根,水有源,人有娘舅百年亲,山珍海味相招待。"这些都表达了对阿舅的尊敬之情。

第七章
撒拉族土族的婚礼歌

第一节 撒拉族的哭嫁歌

撒拉族长期与汉族、回族、藏族等民族杂居相处，创造了绚丽多姿的民族文化。其中，撒拉族的歌舞形式多样、独具特色，反映了撒拉族人民丰富的精神文化。歌曲中哭嫁歌是一种具有代表性的民间音乐。其哭嫁歌种类丰富，有自己的一套唱词，是撒拉族人千百年来流传下来的古老习俗，展现了撒拉族人独特的文化审美观。

一、表现形式

撒拉族的姑娘在出嫁时，头戴绿盖头，并用绿色的面罩蒙住面庞，身穿羔皮缎面大襟长衣，腰系绣花围肚，胸前佩戴绣花荷包，脚穿绣花的钩鞋，一边哭唱《撒伊赫稀》（哭嫁歌），一边由亲属搀扶，放声嚎哭退出大门,同时将手里的麦子撒在地上退到大门口。绕马三圈后,在哭诉中被舅舅和兄弟们扶上娶亲马,在伴娘和亲属们的护送下前往男方家。在途中,骑在马背上的新娘不间断地放声哭唱《撒伊赫稀》①:

> 撒伊撒伊干!
> 好心肠的叔叔们啊,
> 我今天盘上长发戴上了盖头,
> 这好像是小马驹戴上了笼头,
> 拉到人家的家里。
> 尽管你们帮不了钱财,
> 但只求你们说句好话,
> 这比千金万银也强多了。
>
> 撒伊撒伊干!
> 长像好看的婶婶们啊,
> 我今天穿上了长袍和绣花鞋,
> 这好像是马备上了漂亮的鞍子要出门。
> 尽管你们帮不了钱财,
> 但只求你们迈开脚步背两桶清水,
> 这个恩情总比黄河水清。
>
> 撒伊撒伊干!
> 哥哥嫂子你们听,
> 金子银子堆成山,

---

① 马建新:《简明撒拉族文化》,青海新华印刷厂2009年版,第82页。

它是身上的垢污。
儿女多了,
它才是家中的宝物。
我的身材还没有长高,
我的头发还短短的,
可你们把我出嫁了。

撒伊撒伊干!
亲戚们听呀,邻居们听,
今天我戴的是遮面纱,
翠绿的盖头,金银的首饰,
引不起我的眼热,
它不如我用棉花搓的耳环。
今天我浑身上下,
穿的是绸子缎子,
我不稀罕,不舒服,
不如我打了补丁的毛蓝布裤。

撒伊撒伊干!
嫂吉保呀,讨厌的嫂吉保,
没有良心的嫂吉保呀,
你实话像枯树上的百灵鸟呀,
为啥搅得我心神不定?
狠心的嫂吉保呀,
你实话是人间的"恶魔"吗?
为啥逼得我跳火坑?
没有良心的嫂吉保,

> 你是晒开的生羊皮,
> 你是枯皱的破络踢,
> 这就是你的好下场。
> ……

新娘的歌声悲伤凄婉,在场的人无不受到影响而掩面哭泣。从感人肺腑、催人泪下的《撒伊赫稀》中我们可以看到,新娘借哭嫁歌表达对父母的不满,痛骂媒人,以寻求精神上的安慰,发泄心中的委屈。另外,很多哭嫁歌表达了对当时的买卖婚姻、包办婚姻的不满,尤其表达了对父母的怨恨之情。在婚礼中,即使新娘抱怨得多厉害,父母和亲人们也不能加以指责,而是都要认可。

二、民俗文化内涵

撒拉族作为青海特有的少数民族,很好地继承和发扬了本民族文化,因为他们大多集中居住在交通、生活都不太便利的偏僻地区,这就为保护撒拉族民族文化提供了一定的客观条件。而且撒拉族人往往习惯和自己血缘关系近的人居住在一起,喜欢聚族而居,这种长期形成的稳定的社会结构也为本民族文化的传承起到了很好的作用。撒拉族人在历史上是没有自己的文字的,他们都是以口口相传的方式将本民族的历史、文化、宗教、艺术等一代一代地传承下来。撒拉族的婚礼歌很多歌词内容就是反映本民族生活习俗的,由于撒拉族人信仰伊斯兰教,很多歌词也体现出浓厚的宗教色彩。可以说,作为传承民俗文化的重要载体的撒拉族婚礼歌在其仪式中有着许多特定意义,蕴涵了丰富的物质和精神文化[①]。

---

① 王海龙:《青海撒拉族哭嫁歌研究》,《青海民族学院学报(社会科学版)》2009年第3期。

撒拉族人将新娘能不能哭、哭得是否伤心作为评价新娘是否贤良的道德标准，新娘哭诉的内容也是对父母养育之恩的感谢、对亲情的不舍和对自己命运的感叹。另外，撒拉族女子的社会地位也是非常低的，她们对婚姻没有自主权，因此，她们也将这种对婚姻不满的情绪表现在哭诉当中。可见欲使哭嫁达到"悲戚且不乏礼仪，哭诉且不失风雅"绝非易事。撒拉族女子并非天生就会唱哭嫁歌，在出嫁之前，她们要向自己的母亲或者女方亲属学唱哭嫁歌。哭嫁歌一方面反映了撒拉族的婚姻状况，另一方面也涵盖了撒拉族人民的审美文化。撒拉族的哭嫁歌具有鲜明的民族特色，其音乐形式多样，艺术风格独特。遗憾的是，随着社会的发展，撒拉族的婚俗仪式慢慢在简化，哭嫁的习俗在撒拉族的有些地区已经逐渐消失了，但是哭嫁歌作为很重要的一项非物质文化遗产，对了解撒拉族婚俗文化、开发撒拉族民间音乐，仍然具有很重要的意义。

第二节 土族婚礼歌

一、概述

土族是一个能歌善舞的民族，特别是土族的婚礼全程几乎是在歌舞中进行的，土族的婚礼歌优美而奔放，土族的婚礼歌可以说是土族的"百科全书"。土族的婚礼歌按照内容可以分为《哭嫁歌》《典仪歌》《敬酒歌》《喜庆歌》《神话百问歌》等。其中《典仪歌》是在婚礼仪式上所用的歌，此类歌曲以舞少歌多为特点，说中有唱、唱中有说，歌则循规，舞则有序，随意性较少。而《喜庆歌》是男女老少都可以参加表演，歌词大多是赞颂父母、亲戚朋友的。这类歌曲渲染了婚礼的喜庆气氛，起到了助兴、敬酒的作用。《神话百问歌》

中有很多神话传说,包括天地的形成、人类的起源、宗教的形成等方面的内容,主要是以神秘、严肃来烘托婚礼的气氛,这在其他民族的婚礼当中是少有的。土族婚礼歌词内容丰富,涉及历史、地理、饮食、服饰、宗教等方方面面,这些婚礼歌词不仅展现了土族绚烂的文化风采,也体现了它在青海民族民间音乐中的重要地位,也是中华民族文化宝库的重要组成部分。

二、体现的民俗文化

土族的婚俗是随着土族政治、经济的发展变化而改变的,土族的婚姻制度经历了从群婚制到对偶婚制再到一夫一妻制的很长的演变历程。随着和周边不同民族之间文化的交流融合,土族婚俗也在慢慢地发生着变化,但土族婚俗依然保留着土族特有的宗教观念、价值判断、伦理思维等民俗文化。最主要的是这些民俗文化大都体现在土族的婚礼歌中,婚礼歌中的很多歌词就是土族民俗文化的真实写照。土族的婚礼歌歌词结构严谨、内容丰富多样,其中贯穿了历史、宗教、服饰、饮食、建筑、道德、伦理知识等,既有传统特定的歌曲,也有即兴创作的。曲调悦耳动听,既有本民族传统的曲调,又吸收了周边民族民歌的声调。这些不同形式的婚礼歌来源于土族的日常生活,更多地是源于土族婚礼仪式中的民俗活动,因此,土族婚礼歌蕴涵着土族丰富的物质民俗文化和精神民俗文化。

(一) 婚礼歌中体现的物质民俗文化

1. 饮食民俗文化

互助土族人保持着吃肉食、面食的习俗,这种习俗在土族的婚礼歌中体现出来,如《玫瑰酒》中就唱道:"阿舅们想吃尕凉面,棋子面认得了阿舅的心,什么生得俊,面叶子生得俊。擀面杖的转身上,打一个金鼓银鼓了请。阿舅们想吃个羯羊肉,肥猪肉认得了阿舅的心,什么生得俊,羊背子生得俊。刀尖子的转身上,打一个打一个金鼓银鼓了请。"这些都反映了土族日常的饮食习俗。在互助土族地区的婚宴上,酒成为人与人之间沟通交流的重要载体。俗语说"互助的麻雀都能喝二两",可见酒在当地非常地盛行。在土族婚礼歌中也有很多敬酒助兴的歌曲如土族有名的《敬酒歌》《十杯酒》等。土族人喝得比较多的是酩馏酒,土族婚礼歌《玫瑰酒》中就唱道:"阿舅们想吃玫瑰酒,酩馏酒认得了阿舅的心。"酒是土族人婚礼上必不可少的饮品,给客人敬酒是互助土族人表达热情的最好方式。另外茶是除酒之外又一重要饮品。土族人平日爱喝茯茶,茶不仅是平日自家的饮品,还用来招待客人。这在婚礼歌中也多有反映,如上马启程时唱道:"一撮清香的茯茶表象征,手拿茯茶着叫上你一声,当你返回到娘家的时候,百封茯茶的头封你享受。"[①]在这里茯茶不仅作为一种饮食,更作为一种寄情物表达了娘家人对新娘的不舍与关爱。

2. 服饰民俗文化

土族的婚礼歌中也有描述土族服饰的大量歌词,表现了土族绚丽多姿的服饰民俗文化。土族女子婚嫁的服饰制作工艺复杂,做工精致,选料、裁剪、缝制、绣花要好几道工序,土族姑娘很小的时候就要跟着父母学针线活。制作好的嫁衣要放在漂亮的衣箱里,到了婚嫁那天,才拿出来穿戴。土族婚礼歌中就有这样的唱词:"阿姑阿姑你要哭,给你花花箱子多陪些。"因此,土族女子在出嫁时要陪送一对花箱子来保存衣物。另外,土族的婚礼歌中还有关于服饰的描写,如《夸妈妈》中就写道:"阿娜(意为妈妈)的首帕

---

① 王文韬:《土族婚礼歌研究——以青海互助方言区为例》,《音乐探索》2004年第4期。

古(意为女子的头饰)怎么样？阿娜的首帕古真漂亮！金花银花拥凤凰,凤凰点头降吉祥。阿娜的裙子怎么样？阿娜的裙子红花开,孔雀展开七彩尾。阿娜的花衫怎么样？莲花、牡丹衫上绣。阿娜的彩绣怎么样？花花彩袖彩虹飞。"这些歌词都形象地表达了土族妇女的美丽装扮,展现了土族服饰的迷人魅力。

3. 建筑民俗文化

土族住的房屋大多是土木建筑的平顶房,四面是用土夯打的庄廓。土族的大门很有特色,土族的婚礼歌中就有描述大门的歌词,如《赞财门》中有这样的歌词:"这一座财门修得好,桑木的柱子桫椤木的梁,檀香木压在平方上;松木的椽子两溜放,玻璃瓦扣在屋面上;金狮子蹲在门头上,金狮子张口降吉祥,吉祥如意富贵长。"从中可以看到,土族人对木门是非常讲究的,用的一般都是好木头,门的两边会用石狮子进行装饰。而且在木头上还会雕刻很多表示吉祥如意的花纹。土族的大门上还供有门神,《抬财进门歌》中就唱道:"小的们抬财往前行,你的门神老爷把得紧,告禀门神老爷两离分,抬财的小的们要进门。"有的土族人家在大门前还修了照壁。如土族婚礼歌中就唱道:"两面的巷道两条龙,卧龙照壁虎坐门。"婚礼歌中对于门面的唱词虽有些夸大,但却生动地反映出互助土族比较重视装饰居住门面的建筑风格。

(二) 婚礼歌中体现的精神民俗文化

土族的婚俗是一种文化的展现,婚礼的整个过程充满了生活的情趣,婚礼歌作为土族婚俗的重要组成部分,分别反映着不同的生活内容,表达了不同的思想情绪。通过独特有趣的婚礼歌,多方位、多层次地体现了土族特有的精神民俗文化。

1. 伦理道德文化

土族人民历来重人情、好宾客。由于土族受汉族儒家文化的影响较深,是个非常推崇仁、义、礼、孝的民族,他们的婚礼歌中有不少关于孔孟的唱词,他们在日常生活中把仁、义、礼、孝视为行为准则,提倡孝敬父母、尊老爱幼、互帮互助。他们的整个婚礼过程充满着浓浓的人情味,充斥着繁琐的待客习俗,由此也反映出了一系列鲜明的伦理道德观念[①]。例如土族婚礼歌《谢娘恩》中就这样唱道:"说起天恩好报,香烟明烛顶礼崇拜。说起皇恩好报,上粮纳草精忠报国。说起娘恩实实难报,十月怀胎受尽甘苦,三年哺育不离娘怀,寒天怕冻烈日怕晒,白日里不得歇心,夜晚里不得安睡,炕热了怕烫,炕冷了怕凉,好吃好穿尽为儿想,剩饭粗衣留给娘穿。辛辛苦苦受尽了煎熬,把孝的抚养成人,把单的拉扯成双。"还有比较典型的婚礼歌《五劝人心》中唱道:"一劝人心父母听,父母们的心在儿女上。二劝人心哥兄们听,哥兄们和睦土变金。三劝人心先后们(妯娌)听,先后们和睦家不分。四劝人心姑娘们听,姑娘们绣花坐绣楼。五劝人心党家(亲戚)们听,党家们和睦连人心。本家门别忘了一条根,亲亲热热的一家人。劝人劝表劝不了心,待人处事要真心。你对别人好一成,别人对你好十成。"《谢娘恩》和《五劝人心》充分表现了一种团结互助、和谐礼让、互爱互敬、积极向上的伦理道德观。

2. 宗教信仰文化

土族是在漫长的社会历史变迁中逐步吸纳多种民族成分而形成的一个民族,因此土族文化也是多民族文化相融而成的多元文化。由于土族复杂的周边环境、独特的历史文化,形成了以萨满教为基础,藏传佛教、汉族民间宗教三教结合的传统宗教文化。

传统的"萨满教"遗风在土族中还保留了很多,最典型的如对

---

① 胡芳:《土族婚礼歌探析》,《中国土族》2001年第1期。

"天格热"的崇拜,在土族的宗教信仰中,天是至高无上的,土族人认为婚丧嫁娶、富贵贫寒都是"天格热"安排的①。土族的许多婚礼歌中首句唱词都提到天,如《安席敬酒歌》中的"天开一宇壬为之,地开黄道良辰日",《感恩歌》中的"天黄道,地万通",《五色莲花表歌》中的"天逢黄道地逢喜",《抬财进门歌》中的"天逢黄道万事通",等等。《观练天地歌》是土族婚礼中必须演唱的一首歌,也是婚礼歌中的代表作之一。它是在女方家中由女方歌手与男方娶亲人对唱的歌。歌词中也有大量对"天"的描述,如"东八天,南八天,西八天,北八天,四八三十零二天,虚空内里差一天,女娲炼下黄金天,才有三十并三天,三十三天的玉皇大帝迎喜着道啦吆"。这些反映了土族人民对"天格热"的重视和信仰。

"知识百问歌"是被土族人民视为"根本"的歌。《周末混沌歌》是"百问歌"中的代表,其歌词严谨、押韵,是土族婚礼歌中古老而又重要的叙事歌。其传唱了世界万物的起源,佛、道、儒三教合一。如《周末混沌歌》中唱道:"周天一气转洪君,洪君老祖是混沌,混沌初生产石卵,红仁石蛋一点青。天皇圣人出世后,吩咐风水掌天地,旋风柱子海水梁,风掌天来水掌地,从此天地才安定,天地平定到如今。地皇圣人出世后,他把石子撒一把,撒到江中生莲花,莲花顶上生祥云,祥云结子成了珠,灵珠转世一男相。有了男相没女相,人皇圣人江边来,扎出草人三名来,请来三宝活罗汉,每天江边口授言,未授三朝草成人,才有男女两相人。"还有《三教明主歌》中唱道:"道教明主李老君,摩耶夫人生老君。老君本来不姓李,李子树下定姓名。老君他有道门法,遗留金木水火土。老君出世定乾坤,留下罗盘定五方。佛教明主如来佛,娥耶夫人抬头看,眼见一颗飞鸟蛋,梦吞仙鸟蛋一颗。福地四方生俄佛,修仙盘道在灵山,

---

① 徐秀福:《土族民俗文化大观》,青海民族出版社2014年版,第19页。

西天雷音成佛主。俄佛出世当师长,传下佛经治天下,慈悲慈度人身有,一还一报是前身。儒教明主孔圣人,颜氏夫人碰头迎,对面遇了玉麒麟,麟吐玉书在面前。东鲁地方生孔子,盼儒成教鲁国城。七十二贤随后跟,三千徒弟诵《诗经》。孔子他有儒门法,遗留仁义礼智信。孔子出世留礼义,男有纲常女从德,金丹舍利并仁义,三教原本是一家。"《三教明主歌》传唱了道教、佛教、儒教的由来以及基本的教义,体现了道教、佛教、儒教三教结合的宗教文化。

3. 审美文化

土族人民将自己的大门看得非常地重要,大门可开在东、南、西面,忌开北门。土族的大门还讲究门的照山,开门的方向要对着比较圆满、囫囵的山,若无则在大门前修一座照壁。在土族的婚礼歌中有很多赞美大门的歌词,如:"这一座大门修得好,象牙照壁虎坐门,左面把的左青龙,右面把的右白虎,檀木的柱子椿木的门,门头上蹲的金狮子,狮子张口保太平。"另外,土族婚礼歌中还有女方送亲人到男方村庄时唱的赞歌,即《赞村庄》,歌词这样唱道:"远看村庄祥云罩,近看村庄好风光。两条巷道两条龙,宅子修在宝山跟。家家门上双经杆,经杆头上金龙盘。金龙张口吐金银,金龙摆尾出贵人。"还有《赞宅子》的歌词中唱道:"这一个宅子修得好,砖包城来一颗印。前面照的凤凰山,凤凰展翅报平安。后面靠的八宝山,山跟里涌出金银泉。"土族婚礼中这些赞大门、赞村庄、赞宅子的歌词充分体现了土族人民向往美、热爱美的审美文化情趣。

土族婚礼歌还给人一种独特的美感,那就是土族的"戏谑歌"。"戏谑歌"是土族新娘出嫁之日的晚上,男方派媒人和娶亲人到女方家迎亲时,女方家中妇女们边歌边舞,用戏谑的方式戏弄媒人和娶亲人。媒人和娶亲人不能生气,要"忍气吞声",开怀大度,还要机智地用优美的歌声来回应。如戏谑歌《四大四小歌》中女方家问:"席中什么大来什么小?什么多来什么少?什么引着什么来?

什么出来等着他呀？等着他来便不饶。"男方这边答："席中里两厢阿舅大来娶官小，贵客多来跑窜值伕少。媒公引着娶官来，女厢阿姑出来等着他，等着他了便不饶。"整个歌唱与问答之间充满着欢笑轻松的愉快氛围，使本来就很热闹喜气的婚礼增添了欢快幽默的喜剧美感。另外，土族婚礼中的《五色歌》也是用来戏谑亲人的歌，演唱时由一组妇女扮赶鸟人，一组妇女扮五色鸟，以对唱的形式表演。这些婚礼中的戏谑歌诙谐风趣，曲调优美随心，歌词唱中夹骂，骂中夹唱，场面热烈有趣，使人沉浸在歌舞的审美愉悦中，享受美感的洗礼。

土族婚礼歌的很多歌词都是押韵的，这种歌词读起来朗朗上口，和旋律相结合产生一种天然的韵律之美，如《五方财曲》中唱道："东方里观者财来了，棉布丝索抱进来。南方里观者财来了，珍珠玛瑙拥进来。西方里观者财来了，驼羊牦牛赶进来。北方里观者财来了，金银财宝滚进来。中方里观者财来了，五谷粮食齐进来。"这些歌词是经过反复推敲、反复提炼的，所以有一种朴素、单纯的美。虽然歌词运用的语言比较普通常见，但人们不会觉得它是单调的、乏味的，相反认为它是丰富的、简洁的、有趣味的，具有使人叹服的艺术魅力和感染力，令人沉醉在美的遐想中。

三、哭嫁歌

（一）概述

哭嫁歌是土族婚礼歌中一个重要的类型，土族女子在出嫁之前，都有一个老一辈遗留下来的传统，那就是提前向自己的母亲或者婶婶学唱哭嫁歌。在婚礼中，新娘的哭诉是非常受人注目的，新娘如果不会哭或者是哭得不伤心，则会被人耻笑甚至会受到众人的指责。哭嫁歌的内容大多是感恩父母的养育之恩，表达对哥嫂的感激之情，以及对亲情的依依不舍。说是哭，其实是连哭带唱，她们用哭声表达对婚姻的不满、对家庭的依恋。姑娘出嫁的前一天称作"玛泽",是女方家的贺喜之日①。女方会准备丰盛的宴席招待客人,当新娘的亲戚朋友来看望新娘的时候,新娘在母亲或婶婶的陪同下唱起哭嫁歌,前来庆贺和陪伴的亲朋好友中的妇女,特别是少女,也会用唱歌的方式来安慰即将出嫁的姑娘。将要出嫁的女子在临动身前,会先到堂屋向自己的父母、其他家庭成员和亲朋好友告别,然后由女方家的亲戚扶着新娘,边走边唱哭嫁歌。哭嫁歌总的来说,表达的是对亲情的难舍之情,曲调往往催人泪下。它反映了土族特有的审美文化和古风遗俗。

(二) 文化内涵

哭嫁是抢婚制的产物,抢婚又称为掠夺婚,是男子以暴力的方法抢夺女子为妻的婚姻,它是在对偶婚制向个体婚制转变的过程中产生的。人类的婚姻家庭制度经历了群婚制、对偶婚制、一夫一妻制三个阶段。这三个婚姻形态是随着社会的不断发展而渐进的。群婚制基本上是血缘婚配,是最落后的一种婚姻形态,到后来,随着生产的发展和严格的婚姻禁例,对偶婚逐渐发展起来。为了实行没有血亲关系的对偶婚,人们就必须到别的部落去抢劫女人。正如恩格斯说的:"随着对偶婚的发生,便开始出现抢劫和购买妇女的现象。"对偶婚在婚姻史上是一大进步,但这种抢婚制却成了让妇女开始哭嫁的源头②。

第一,土族的哭嫁文化反映了土族妇女对待婚姻的态度,是对自己出嫁时思想感情的一种特殊表达。

土族的哭嫁歌边唱边哭,一唱三和,反反复复。哭嫁歌的歌词

---

① 郭德慧:《土族哭嫁歌浅谈》,《青海民族学院学报(社会科学版)》2004年第1期。
② 彭谊:《隐藏在民间哭嫁与哭嫁歌中的女性意识》,《广西师范学院学报(哲学社会科学版)》2006年第2期。

大多是表达对父母养育之恩以及对兄嫂、弟妹等亲人的眷恋之情。体现了土族女子在出嫁时对亲情的恋恋不舍,如唱:"阿爸阿妈不要伤心,女儿定为你们争口气,绝不会给你们丢脸面。女儿从今天走后,愿你们的日子像火一样红,祝你们二老身体安康,像松柏一样万年长青。"从哭嫁歌中可以看出土族女子对婚姻的态度。

土族的哭嫁歌表现了新娘对亲情的不舍和深深的依恋,在她们未出嫁之前,她们可以随心所欲,可以不干家务、不懂农事,尽情享受父母、兄长对她们的疼爱。现在这些都将成为奢望,她们要走向一个未知的家庭,要转变家庭角色,她们对未来未知的生活充满了担忧和恐惧。但是对于她们来说,这些担忧都是无济于事的,她们必须适应这种身份和角色的转换。即使她们不愿意这门婚事,也无法改变她们既定的命运。她们用哭诉的方式将自己的伤感情绪表达得淋漓尽致,在场听的人无不觉得凄凉。哭嫁歌透露出她们对自己生命的回顾和反思,是一种内心深处情感的表达。当然哭嫁歌不是土族妇女生来就会的,它是土族妇女在出嫁前从母亲、祖母那慢慢学会的。在土族人看来,新娘哭得越伤心,表明与家人的感情越深厚。对生活的体味是土族妇女歌唱的内容,土族妇女对自己生活的深切体味,通过土族妇女的口耳相传,形成了流传至今的内容广泛的哭嫁歌[①]。可以说,它是整个土族妇女集体的创作,是她们一次集体的理性回眸。

第二,新娘通过哭嫁歌回忆自己的身世、展现婚姻的不自主,表达了土族妇女向往婚姻自由、打破封建家长制和封建伦理思想双重枷锁的愿望。

在旧社会,土族妇女社会地位都比较低下,在配偶的选择上,

[①] 祁延梅:《浅析土族"哭嫁歌"的文化内涵》,《辽宁行政学院学报》2007年第9期。

她们毫无婚姻自由,任由他人摆布。新娘在出嫁之后,在夫家要听从婆婆和丈夫的安排,在婆家也没有地位可言。因此,她们通过哭嫁歌一方面表达对家庭亲情的不舍,另一方面则是控诉对婚姻的不满和对婚后生活的担忧。在新娘唱哭嫁歌的时候,会有她的好姐妹陪哭,据说,这些陪哭的妇女当中哭得最厉害的就是已经出嫁的并且在婆家生活不幸福、夫妻关系不和睦的妇女。从中我们可以看到,无论是陪哭的妇女还是新娘,哭嫁歌不仅仅是作为一种民族习俗的需要而进行的演唱,也是广大妇女对男权社会和对自己生存状态不满的一种情感宣泄。土族妇女们经过多个环节的哭答程序,对封建的家长专制进行深刻的批判,控诉男权制度下妇女所受到的性别歧视。如《卡日卡吉盖》中就唱道:"我的亲爷爷的心像棉花一样温暖,婆家爷爷的心像黑刺一样扎,我的亲哥哥的心像棉花一样温暖,婆家哥哥的心像黑刺一样扎,我的泪水像泉一样涌出,像河水一样流淌。像海眼里流出的眼泪呀,淌成大河,漫成大海。"

第八章
撒拉族土族婚姻习俗与现行《婚姻法》的关系

第一节 撒拉族土族婚姻习俗的特征

婚姻是维系人类自身繁衍和社会延续的最基本的制度和活动,每一个民族的婚姻缔结都伴随着该民族特定的宗教仪式或权威的法律公证仪式,其意义主要是新婚夫妇得到社会的承认和帮助新婚夫妇适应新的社会角色,承担特定的社会责任。

一、注重仪式,早婚现象比较严重

婚礼是属于生命礼仪的一种,每一个民族都有自己独特的婚礼仪式,在大部分的文化里通常会发展出一些结婚上的传统与习俗。在中国传统文化中纳采、问名、纳吉、纳征、请期、亲迎为婚礼的六礼,此六礼规范了婚姻的基本程序。每一个民族的婚礼都是其婚俗的主线,是一系列的男女双方家庭沟通、互动的过程。土族

的婚礼也不例外,而且土族的婚礼严格按照提亲、定亲、送礼、娶亲等程序进行。这些程序、规则代代相传,规范着人们的婚姻行为,只有遵守这些行为准则的婚姻,才能被居住在当地的民众所接受和认可。一个土族人结婚的时候按照上述程序完成婚礼,就意味着结婚行为的完成,即使没有去当地的民政部门登记,也不影响两个人结婚事实的成立。所以,在土族人心中,往往认为这种结婚的仪式比登记还要重要,登记于他们而言,是可有可无的事情。

撒拉族人结婚的时候,将证婚仪式作为婚姻是否合法的依据。撒拉族的证婚主要是由阿訇念尼卡哈(即"证婚词",或称为"合婚经"),这是撒拉族婚礼当中最关键的一个环节。撒拉族人认为,凡是经阿訇念过尼卡哈的婚姻就是"合法"的。

土族的婚姻基本上都是"父母之命,媒妁之言",土族妇女对自己的婚姻没有自主权,早婚现象也非常严重,很多土族女子到了十二三岁,父母就会替她们考虑婚事。土族女子生来就被教育她们的婚姻并不是个人的事情,而是涉及两个家族的大事。她们很少能顾及自己的感受,更多的是听从家长的安排。"为了两个家族或家庭的联合,个人所要做的就是按部就班地按照家长为他们设计的角色去扮演,在这个婚姻中,个体的人似乎不十分重要,他的感受、他的想法、他的利益要服从家族的最高利益,家族的利益就是他的利益。"[①]可以这么说,在整个缔结婚姻的过程中,土族妇女往往委曲求全,她们的命运是由其父母和整个家族来决定的。

和土族一样,撒拉族的早婚现象也是非常普遍的,很多撒拉族人结婚的时候法定婚龄都没有达到。由于撒拉族信仰伊斯兰教,按照规定,男子12岁、女子9岁的时候就要承担嫁娶的"非日则"

[①] 李克郁、李美玲、李永翎:《土族婚丧文化》,青海人民出版社2003年版,第26—27页。

(意为神圣的天命)。撒拉族人之所以这么早结婚,是因为撒拉族人口比较少,想用这种早结婚的方式促进人口的快速增长。但是,早婚会产生很多弊端,尤其是会造成整个民族人口素质的下降。随着社会的日益进步,撒拉族人也慢慢地意识到了早婚带给他们的危害,很多人也不那么早结婚了,现在一般男子到了20岁、女子到了18岁才结婚。但在撒拉族的农村地区,早婚的现象依然普遍,很多父母认为女孩到了16岁就已经成大龄了,便着急着让其成婚。在现阶段,早婚现象的上升还和撒拉族务实的民族性格有关。一方面在撒拉族的传统观念中,重男轻女的观念根深蒂固[①]。另一方面撒拉族人认为将女儿早早嫁出去,也可以减轻家庭的负担。

二、近亲结婚的现象普遍存在

在土族,人们习惯于和自己有着姻亲关系的亲属缔结婚姻,常见的一种现象就是姑姑出嫁之后如果生了儿子,等姑姑的儿子到了适婚年龄,首先要考虑的结婚对象就是她自己的侄女。在互助土族地区有句谚语:"金子上贴金越明了,亲戚上加亲越亲了。"土族人认为的这种理想婚配形式有着深厚的历史根源:"历史上各势力集团的政治、军事联盟往往是以缔结世代婚约关系来实现的,成吉思汗和白达勒达弘吉剌部之间的世代婚约,成吉思汗与白达勒达汪古部之间的世代婚约就充分证明了这一点。"[②]在土族地区,舅舅的儿子要娶亲首先考虑的配偶是姑姑的女儿,如果找不到合适的对象,舅舅也会从下一代中进行介绍,可见在土族地区舅权和

---

① 马晓花、吴兰翔、俞英超:《撒拉族婚姻习惯法与我国〈婚姻法〉的冲突和调适——以青海省循化撒拉族自治县街子镇为例》,《原生态民族文化学刊》2010年第2期。

② 李克郁、李美玲、李永翎:《土族婚丧文化》,青海人民出版社2003年版,第31页。

姑权相互而生。曾有学者提出:"舅家将女儿嫁给姑家的儿子,那么姑家也必须将自己的女儿嫁给舅家做儿媳。如果姑家无女儿,则要从下一代的姑娘中补还。若是舅家这一代没有或没有相匹配的儿子,姑家的姑娘可以转嫁他人,但必须将所得聘礼全部交给舅家作为补偿。反之,也是如此。"①

撒拉族实行"族内婚""教内婚",即撒拉族人在选择配偶的时候,必须从自己所属的某个群体之内进行选择,严禁从自己所信仰的宗教团体之外寻找配偶。撒拉族是全民信仰伊斯兰教的民族,一般不容许女子外嫁其他民族的男子,撒拉族男子若娶其他民族的女子,则该女子必须信仰伊斯兰教。撒拉族本是一个小民族,再加上撒拉族人婚配的时候往往有自己所属的圈子,因此在早期也出现过大量近亲结婚的现象。

三、妇女地位依然低下,买卖婚姻、包办婚姻依然存在

就传统而言,土族的婚姻方式普遍是经过媒妁的买卖婚姻、包办婚姻,很少有自主婚姻的情况。以前的婚姻都是长辈决定,自己在结婚之前都没有见过对方的,父母一旦决定就不再更改,是完全的包办。也有的包办婚姻是男方父母看上了一家的女孩子之后双方父母会询问一下子女的意见,但是大体而言都是由父母决定的,青年很少有自由恋爱的机会。就算是自己喜欢的,那也得是双方家长都满意的才有可能得到支持。在很多情况下,如果一方父母对于另一方不满意,那么这场婚事是没法如愿的。此外,土族中存在的聘娶婚某种程度上就是买卖婚,妇女被当作商品来买卖。且若男方的年龄越大,女方要的聘礼就越多;女方家如果贫穷,聘礼也索要得多。

---

① 杨堃:《民族与民族学》,四川民族出版社1983年版,第357—358页。

撒拉族的婚姻更多的也是包办婚姻,撒拉族人结婚的时候,决定权在于父母。另外,舅舅的意见是起决定性作用的。因为撒拉族人认为,对外甥女的支配权属于阿舅,必须阿舅赞同,亲事才可以定下来。父母在考虑子女婚事时往往以聘礼的多少作为是否同意婚事的标准,从这个角度来看,撒拉族的"聘礼"相当于普通意义上的"彩礼",有一定的买卖婚姻的意味。出现这种情况的主要原因是当地经济发展水平低,小农经济思想严重,"成家立业""传宗接代""养儿防老""多子多福"等传统观念根深蒂固。家长担心女儿大了不出嫁造成心理压力;同时,女儿出嫁早可以很快为家里带来聘礼等经济利益,而且很多生养儿子的家庭将之转化为娶媳妇的聘金,加快了资金的周转,减轻了经济负担,这通常出现在贫穷而多子女的家庭。

四、用独特的民族习惯来解除婚姻关系

土族特别讲究婚姻的天作之合,认为只有经"父母之命,媒妁之言"的婚姻才合乎人伦,才是符合民族人生准则的。土族敬酒道拉中这样说:"自古婚姻媒公连,喜堂花烛父母恩。"因此,土族婚礼程序中非常在意媒人这个角色。在土族婚姻中,信奉"天上无云不下雨,地上无媒不成亲"。媒人肩负着纳采、问名、纳吉、纳征、请期、亲迎全过程中说和、议事、协调的使命,同时还要和双方家长商议具体婚礼程序中的细节事项,就是婚礼中的谢媒仪式完成以后,媒人还要坐入首席中直至喜宴结束。媒人始终是婚礼中不可缺少的重要角色,同时也是一桩婚姻的见证人。在土族婚姻中,媒人普遍受到人们的尊敬,特别是婚嫁双方,对其更是感恩戴德。男方感谢媒人为自己找到了一个相伴终生的贤惠妻子,女方则感谢媒人为自己找到了一个可厮守相从的如意郎君。由于媒人的这种特殊地位,土族人往往在发生离婚纠纷的时候会找媒人从中调解,经过

媒人的劝解，很多接近破裂的婚姻得到了挽救。土族人离婚的时候除了要找媒人从中帮助之外，很多人会找当地比较有威望的老者从中调解进而达成离婚协议。

在离婚方面，撒拉族有自己的风俗习惯，即以"口唤"的形式解除婚姻关系，当然是否离婚，完全由男方一方说了算。撒拉族男女结婚之后，如果男方对女方不满意，只要在众人面前说三声"我不要你了"，就意味着和女方离婚了。但是，如果撒拉族女子想要和男方离婚，就没那么容易了，必须要得到男方的"口唤"才可以。没有男方的"口唤"，就不能解除婚姻关系，并且即使男方去世了，女方也不能改嫁给别人。在撒拉族地区，一般通过诉讼的方式离婚的情形是非常少见的，都是以"口唤"的方式离婚。这使得离婚现象在撒拉族地区非常普遍，一方面是因为以"口唤"的形式离婚成本低，离婚的主动权掌握在男方手中，男方想离就离，没有任何约束。另一方面，撒拉族的妇女地位低下，妇女毫无婚姻自由，基本上是包办婚姻，婚姻关系一开始就不稳定，男方和女方感情基础不牢固，很多未达到法定婚龄的年轻男女结婚之后，在面对抚养老人、照料小孩以及家庭负担的重重压力之下，无法适应婚后的角色转换而选择离婚。

第二节 撒拉族土族婚姻习俗与现行《婚姻法》的冲突

在土族和撒拉族的乡村地区，实际上存在着两套不同的社会控制机制：一是由国家统一法制和民族区域自治法规维系的现代法治机制；二是由乡土村落维持的传统的自治型习惯机制。也就是说，在法律运行和功能的发挥层面上，两种机制导致了法律的二元化状态。

一、冲突的内容

土族的部分婚姻习惯内容与国家法有不一致的地方,有些内容还存在着明显的冲突,甚至与我们提倡的现代法治精神格格不入,大致表现在以下几个方面。

(一) 婚龄限制方面的冲突

由于结婚行为不仅对个人,而且对家庭和社会也会产生重大影响,古今中外,世界各国均从当事人和子女后代及社会利益和需要出发,对公民的结婚作出必要的限制。在我们国家,婚姻的成立必须要满足一定的实质要件和形式要件。婚姻的实质要件之一,是结婚的时候男女必须达到法定的婚龄。法定婚龄也称为适婚年龄,是指法律规定的最低结婚年龄。我国《婚姻法》第六条规定:"结婚年龄,男不得早于二十二周岁,女不得早于二十周岁。"但由于少数民族地区婚姻习惯的特殊情况,我国法律又规定民族自治地方的人民代表大会及其常务委员会可以依据该法的原则,结合当地民族婚姻家庭的具体情况,制定某些变通或补充的规定。例如1986年6月22日民和县第九届人民代表大会第二次会议通过的民和县关于施行《中华人民共和国婚姻法》的变通规定的第二项就规定:"结婚年龄,男不得早于二十周岁,女不得早于十八周岁。"1987年7月发布的大通县关于施行《中华人民共和国婚姻法》结婚年龄的变通规定中的第二项也规定:"结婚年龄,男不得早于二十周岁,女不得早于十八周岁。"1982年1月8日青海省第五届人民代表大会常务委员会第十五次会议批准的《循化撒拉族自治县关于施行〈中华人民共和国婚姻法〉的补充规定》的第二条也规定:"结婚年龄,男不得早于二十周岁,女不得早于十八周岁。"因此循化撒拉族的婚龄、青海民和与大通的土族的婚龄不再按照国家《婚姻法》的规定,而是适用本自治县的变通规定。虽然国家对土族和撒拉族的法定结婚年龄作了变通规定,但是土族和撒拉族的早婚现象依然非常严重,早婚不但不利于人口素质的提高,也有损于当事人的身心健康。

(二)在禁止一定范围内的血亲结婚方面的冲突

土族和撒拉族的近亲结婚的行为是与我国《婚姻法》相违背的,我国《婚姻法》第七条规定"直系血亲和三代以内的旁系血亲"禁止结婚。直系血亲是指具有直接血缘联系的最亲近的亲属。三代以内的旁系血亲是指同出于祖父母、外祖父母的三代以内的亲属。土族结婚的时候,父母给子女选择的对象往往是自己的侄子或侄女、外甥或外甥女。他们在法律上是属于三代以内的旁系血亲的范围,是不容许结婚的。即使结婚了,这种婚姻在法律上也是无效的。在我国,禁止一定范围内的血亲结婚,是有一定根据的。首先,伦理道德的要求,近亲结婚,有碍风化。各国禁止结婚的血亲,范围不同,往往与其伦理道德特别是风俗习惯有关。其次,基于优生学、遗传学原理。血缘关系近的男女结婚,易将生理上和精神上的疾病或缺陷遗传给子女后代,有害于整个民族的健康和人类的发展。

(三)在婚姻自由方面的冲突

我国《婚姻法》第五条规定:"结婚必须男女双方完全自愿,不许任何一方对他方加以强迫或任何第三者加以干涉。"这是婚姻自由原则在结婚制度中的具体体现,也是结婚的首要实质要件。这一规定的核心在于,在符合其他条件的情况下,是否结婚、与谁结婚的决定权属于当事人本人。婚姻自由是婚姻当事人按照法律的规定决定自己婚姻大事的自由,任何人不得强制或干涉。婚姻自由也是法律赋予公民的一种权利。《循化撒拉族自治县关于施行〈中华人民共和国婚姻法〉的补充规定》第四条也规定:"结婚必须男女双方完全自愿,任何人不得强迫包办或干涉。"而在撒拉族和土族的乡村地区,包办婚姻、买卖婚姻很普遍。父母对子女的婚事享有人身特权,缔结婚姻时要遵从"父母之命,媒妁之言"。至于当事人双方是否愿意,有无爱情,是根本不予以考虑的。因此,撒拉族和土族的这种包办婚姻、买卖婚姻与我国法律所提倡的婚姻自由原则是相冲突的,凡违背当事人意愿的婚姻均不符合结婚的必备要件,是可以申请撤销。结婚必须由男女双方完全自愿,是由婚姻的本质决定的。婚姻是男女双方的结合,这种结合将对当事人产生一系列的法律后果,甚至可能影响其终身幸福与否,因而,与谁结合、是否结合,只能由当事人自己决定,任何包办强迫、横加干涉的行为都会造成悲剧。

(四)在离婚程序方面的冲突

在我国,离婚分为行政离婚和诉讼离婚。行政离婚是男女双方自愿离婚的,须到婚姻登记机关进行离婚登记,经婚姻登记机关确认批准,发给离婚证,婚姻关系即为合法有效地解除[①]。《婚姻法》第三十一条规定:"男女双方自愿离婚的,准予离婚。双方必须到婚姻登记机关申请离婚。婚姻登记机关查明双方确实是自愿并对子女财产问题已有适当处理时,发给离婚证。如果夫妻有一方要求离婚,或者是双方对子女抚养、财产分割及离婚救济有争议,那么就要通过人民法院的判决才能解除婚姻。"《婚姻法》第三十二条规定:"男女一方要求离婚的,可由有关部门进行调解或直接向人民法院提出离婚诉讼。人民法院审理离婚案件,应当进行调节;

---

① 巫昌祯主编:《婚姻法学》,中央广播电视大学出版社2006年版,第188页。

如感情确已破裂,调解无效,应准予离婚。"可见,在我们国家,男女双方离婚必须要经过法定的程序,由民政部门发给离婚证或者是法院判决的方式才能解除婚姻关系,除此之外的任何离婚形式法律是不予认可的。《循化撒拉族自治县关于施行〈中华人民共和国婚姻法〉的补充规定》第五条规定:"严禁宗教干涉婚姻自由,不准以宗教仪式代替法定的婚姻手续。"像撒拉族和土族这样经媒人或当地有威望的老者调解达成离婚协议的形式,在法律上是不承认的,不会产生任何法律效力。

二、冲突的表现形式

由于撒拉族和土族在地区文化、生产生活、宗教信仰、经济政治等方面的特殊性,他们的民族婚姻习惯和现行的《婚姻法》的冲突是无法避免的。虽然两者之间有冲突,但是这种冲突不是极端的,也不是不可调和的。这种冲突不是指"与民族因素有密切关系、由某个或某些民族从事的、以非法和平手段或暴力手段进行的、旨在破坏或改变现有政治体制或现有政治体系之一部分的活动",也不是"针对具体政策的冲突、针对基本政策和基本秩序的冲突、针对国家执政当局、国家基本原则和国家共同体的冲突"[①]。

(一) 撒拉族土族婚姻习惯法体现的等级差异和国家制定法所体现的公平性之间的冲突

撒拉族和土族的婚姻更多的是买卖婚姻、包办婚姻。在这些婚姻状态中,妇女没有任何自主选择婚姻的权利,在以男性为本位的宗法集体主义思想的主导地位下,重男轻女思想成为家族统治

---

① 杨仁厚:《我国民族冲突研究的现状及其存在的问题》,《贵州民族研究》1997年第1期。

秩序的主流。女性为了表示对这种婚姻的反抗,往往在"哭嫁"中以哭诉的方式表达对婚姻的不满,这种非自由的婚姻剥夺了妇女自主选择配偶的权利。女性往往选择默默地承受来自男权社会的压迫。

新中国成立后,在党中央的领导下进行了一系列的社会改革,其中就包括婚姻家庭制度的改革。广大妇女摆脱了帝国主义、封建主义和官僚资本主义这三座大山,要求在政治上、经济上、社会生活的方方面面获得与男性平等的权利。在这个背景下,1950年5月1日,我国颁布了《中华人民共和国婚姻法》,共分八章二十七条,这也是中华人民共和国颁布的第一部重要法律。此法律的第一条就明确规定:"废除包办强迫、男尊女卑的封建主义婚姻家庭制度,实行男女婚姻自由,男女权利平等,保护妇女合法利益的新民主主义婚姻制度。"整部法律的精神就是"废旧立新"。从此以后,妇女逐步享有更多的婚姻自主权。2001年我国在前几次《婚姻法》修改的基础上,颁布了新的《婚姻法》,赋予了妇女更多的人身自由权、财产权。因此,撒拉族、土族将妇女当作财产进行买卖的行为,完全漠视了妇女的权利,与现代婚姻法治所要求的平等、公平、自由、正义等观念格格不入,这种冲突将会在一定的历史时期内继续存在下去。

(二)撒拉族土族婚姻习惯法所体现的任意性、无序性和国家制定法所体现的规则性、程序性之间的冲突

新中国成立以后,我们国家的法治日益健全,法治环境也发生了重大的改变,这些都给撒拉族和土族的传统婚姻习惯法带来很大的冲击和挑战,这些婚姻习惯法渐渐地失去了良性、合理发展的环境,并慢慢显现出一些弊端。撒拉族和土族的婚姻习惯法往往内容比较简单、忽视程序或者说根本没有程序性可言,在执行方面的任意性也比较大,一些规定往往因情而定、因人而定的情况比较常见,有的内容甚至是落后的、不合理的、不科学的。如撒拉族和

土族在离婚方面,夫妻双方是否应该离婚、离婚之后财产分配的多寡、小孩的抚养问题等,这些完全是由一些权威的人士说了算,完全不顾当事人的感受。正是由于撒拉族和土族婚姻习惯法所显露出的种种弊端,导致其走到今天,仍然是举步维艰,进而在一定程度上阻碍了这些少数民族地区经济、社会的发展。这也反映了撒拉族和土族地区与国家社会出现了脱节。我们知道国家《婚姻法》的制定是有严格程序的,如我们国家的《立法法》对法律的制定程序、解释程序、修改程序和法定的权限都作出了严格的规定。实现当事人的程序正义是保障公民基本权利的前提之一,只有实现了程序正义,公民在实体法上的权益才能得到更好的保障。因此,撒拉族和土族婚姻习惯法和国家《婚姻法》在制定的程序、诉讼程序上存在明显的冲突。

(三)撒拉族土族婚姻习惯法所体现的对习惯的内心认同性与现行《婚姻法》所维护的强制性之间的冲突

国家法律不是凭空产生的,而是在积累民众的生活实践经验的基础上,经过整合、规范逐渐形成的。法律来源于生活,如萨维尼说:"一切法律本来是从风俗与舆论,而不是从法理学而形成的;也就是说,从不知不觉的活动力量而不是从立法者的武断意志形成。"①卢梭也曾说过,非正式制度"既不是铭刻在大理石上,也不是铭刻在铜表上,而是铭刻在公民们的内心里,它形成了国家的真正宪法"②。法律和道德、习惯的区别之一就是法律具有强制力,法律的权威也必须要以强制力来保证,除了强制力之外,法律的尊严还来自公民对其的认可和信仰。伯尔曼曾说过:"法律必须被信

---

① [德]萨维尼:《论当代立法和法理学的使命》,《西方法律思想史资料选编》,北京大学出版社1983年版,第526—542页。
② [法]卢梭:《社会契约论》,何兆武译,商务印书馆1980年版,第73页。

仰,否则它将形同虚设。"这个判断即使不合于中国古时的情形,却至少是可以针对今日的。我们的现代法律制度包括宪法、行政法、民法、诉讼法等许多门类,它们被设计来调整社会生活的各个领域,为构建一个现代社会奠定基础,同时,它们也代表了一种精神价值,一种在久远的历史中逐渐形成的传统。问题在于,这恰好不是我们的传统。这里不但没有融入我们的历史、我们的经验,反倒常常与我们"固有的"文化价值相悖①。这就意味着,法律仅仅依靠国家强制力来保证实施是远远不够的,公民对法律的信仰才是我们追求的终极价值。如果公民对法律在内心深处不认可、不尊重、不服从,法律将会变成一纸空文。

反观撒拉族和土族的婚姻习惯法,之所以能长期留存下来,原因之一是当地民众对他们千百年保留下来的民族习惯的内心认同。这种内心的认同是长期的、确定的、自愿的,并不需要任何组织采取强制的措施来予以实现。而且这种对习惯的内心确认和其信仰的宗教是密不可分的,如撒拉族信仰伊斯兰教,其婚俗当中的证婚仪式、对配偶的选择以及离婚方面的习俗,无不掺杂着浓厚的宗教意味。宗教不只是一套信条和仪式,它是人们表明对终极意义和生活目的的一种集体关切——它是一种对于超验价值的共同直觉和献身。宗教有助于给予社会它面对未来所需要的信仰②。

(四)撒拉族土族婚姻习惯法所体现的特殊正义与现行《婚姻法》所体现的普遍正义之间的冲突

撒拉族和土族人民由于生活在一个固定的、封闭的特殊环境

---

① [美]伯尔曼:《法律与宗教》,梁治平译,中国政法大学出版社2010年版,第12页。
② 同上,第11页。

中,他们之间发生纠纷或者是处理日常生活中的事务,都是按照当地的风俗习惯。这些风俗习惯往往更注重伦理道德,更讲求人与人之间的"情分",一般认为合情的即是合法的,也是合乎正义的。不合情的即是不合理的,也是违背正义的。虽然执行这种"法律"有可能违反成文的国家制定法,但是此行为已经得到了民众普遍的支持和信任,那么就具有某种正义性、合法性。这种正义观是建立在人们将民族习惯作为维持秩序的唯一准则的基础上的。因此它是一种特殊的、只存在于特定范围内的正义观,而不是一种普遍的正义。而国家制定法体现的是一种普遍的正义,法律主要的特点之一是具有普遍性。"法律不只是一整套规则,它是人们进行立法、裁判、执法和谈判的活动。它是分配权利与义务,并据以解决纷争、创造合作关系的活生生的程序。法律有助于为社会提供维持其内部团结所需要的结构和完型,法律以无政府状态为敌。"① 因此,法律维护的是大多数人的利益,法律不分民族、种族、宗教等对中华人民共和国境内的人都适用。任何人在法律面前一律平等,触犯法律,都要承担相应的法律责任。根据法律作出的审判都要符合普遍的正义这个价值观。撒拉族和土族的婚姻习惯法和我国现行《婚姻法》的冲突其实从一方面来看是特殊正义和普遍正义的冲突,体现了两种不同价值观的碰撞。

(五)撒拉族土族的婚姻习惯法所体现的"自上而下"与现行《婚姻法》所体现的"自上而下"之间的冲突

民族习惯作为"独立于国家制定法之外,依据少数民族或民族地区的社会组织的权威而俗成(自然形成)或约定的,主要调整该

---

① [美]伯尔曼:《法律与宗教》,梁治平译,中国政法大学出版社2010年版,第11页。

少数民族内部社会关系,具有强制性和习惯性的行为规则的总和"①。撒拉族和土族的婚姻习惯具有地方性的特征,这些婚姻习惯在当地产生了深远的影响。撒拉族和土族的乡村地区仍以农耕生产为主,其社会形态仍然是传统的"乡土社会"。随着社会生活的日益变化,这种传统的"乡土社会"正在逐步重构,而现代完整的法治秩序在当地还未建立起来。在这种情形下,由于国家制定法和民族婚姻习惯都需要信息的传入、各方面权力的支持,民众的信仰、财力的投入等资源,而这些资源往往是有限的,这就使得两者的冲突具有必然性。另外,撒拉族和土族的婚姻习惯的实施完全不需要外在力量的任何强制,而在于千百年来人们对其的内心的认可。这种内心认可以道德评判和宗教信仰为后盾。因此,婚姻习惯更多地体现一种自发性,它的实行是"自下而上"的。

国家法因其强制性、规范性、正式性、普适性,被国家所倚重,成为法治建设的主导力量。随着西部大开发的层层推进,国家运用强制力以"法制统一"为目标更多和更快地移植经济发达地区的现代化法律制度,西部地区的法治建设俨然具有了"国家推进型"的特质②。因此国家制定法的实行是以强制性为基础的"自上而下"的方式。作为国家制定法的婚姻法也是不例外的。

国家婚姻法"自上而下"地在撒拉族和土族地区推进的过程中,这些民族地区的人们仍旧会按照其以往思维"自下而上"地审视国家婚姻法。这种审视是一个不断相互适应、相互磨合的过程,少数民族习惯法与国家法这两种社会控制规则在此过程中必然会发生冲突。

---

① 邹渊:《习惯法与少数民族习惯法》,《贵州民族研究》1997年第4期。
② 高晋康、何真:《习惯与法制的冲突及整合——以西部地区的调查分析为进路》,法律出版社2010年版,第58页。

第三节　撒拉族土族婚姻习惯法与现行《婚姻法》的调适

我国各少数民族有着不尽相同的文化、经济和社会基础，因此在现代化进程中，"要特别注重少数民族现代化的特殊性，注重他们对民族生活方式的选择，这将有利于协助各民族选择合适本民族特点的发展道路，从而有利于全面促进多民族国家现代化进程的实现"[①]。撒拉族和土族地区的现代婚姻法治建设也是如此，我们要认真分析民族婚姻习惯法的特殊性、长期性，国家不可能依靠强制力一蹴而就地完成对民族婚姻习惯法的"替换"。如前所述，撒拉族和土族的婚姻习惯法与我国现行《婚姻法》有很多冲突的方面，这些冲突会给少数民族地区法治的发展造成一些不利的影响。对于这些冲突我们也不能搞一刀切，全面否定民族婚姻习惯法的价值，而是要循序渐进地逐步实现撒拉族和土族的婚姻习惯法与国家婚姻法之间的对接。苏力就曾提出："在中国社会转型时的法制建设中，从总体上看，国家制定法和民间法之间必须尽力沟通、理解，在此基础上相互妥协、合作，这样可以避免更大的伤害，获得更大的收益；而不能按照一种思辨的理想型法制模式（无论是强调国家制定法还是民间法模式）来构建当代中国的法制。"[②]

一、完善撒拉族土族地区民族地方立法

我国《立法法》规定："民族自治地方的人民代表大会有权依照当地民族的政治、经济和文化的特点，制定自治条例和单行条例。"

[①] 吴大华、潘志成、王飞：《中国少数民族习惯法通论》，知识产权出版社2015年版，第185页。

[②] 苏力：《法治及其本土资源》，北京大学出版社2015年版，第67页。

"自治条例和单行条例依法对法律、行政法规、地方性法规作变通规定的,在本自治地方适用自治条例和单行条例的规定。"由此可见,对于国家法律,民族地方的自治条例可以变通执行。撒拉族和土族在婚姻法律方面已经有了变通和补充的规定,但是我们可以看到《大通回族土族自治县关于施行〈中华人民共和国婚姻法〉结婚年龄的变通规定》和《循化撒拉族自治县关于施行〈中华人民共和国婚姻法〉的补充规定》都是颁布施行于20世纪80年代,变通和补充规定中的一些内容已经不适合当地的需求和发展了,如法定婚龄的规定,撒拉族和土族的法定婚龄都是男方不能早于20周岁,女方不能早于18周岁。此婚龄规定得过高了,没有考虑到民族地区的实际情况。我国的《婚姻法》规定的法定婚龄是男方不能早于22周岁,女方不能早于20周岁。对此,很多专家学者认为此规定也不甚合理,因为此规定在某种程度上造成了我们国家的大龄剩男剩女、晚婚晚育、高龄产妇、畸形儿等现象增多,不利于整个社会的长久发展。因此在撒拉族和土族的婚姻的变通规定中,应当考虑对法定婚龄作出适当的修改。总之,要不断顺应时代的潮流,逐步完善民族自治立法,进而制定出符合民族自治地方实际情况的自治条例和单行条例,以便最终实现与国家婚姻法的良好互动和对接。

二、注重对撒拉族土族地区的普法教育,尤其是现行《婚姻法》的普及工作

虽然国家近几年都在不断加大普法力度,但是整体的效果不是非常明显,尤其是在僻远的撒拉族和土族地区触及很少。撒拉族和土族由于受传统的封闭落后思想的束缚,很少有机会接受先进的教育,文化素质普遍较低,很多妇女早早嫁人,承担起了照料家庭、传宗接代的重任;对早婚早育、近亲婚姻等的危害认识不足,在离婚方面自己的人身权利和财产权利得不到很好的保障。因

此,要加大对撒拉族和土族这些民族地区的普法宣传,使得当地的民众知法、懂法进而做到守法,运用法律的武器维护自己的权益。另外,普法工作也不能停留在表面上,要结合当地的实际情况。如撒拉族民众普遍信仰伊斯兰教,我们可以先要求有威望的宗教人士知法守法,在其引导下带领广大信教的民众一起维护法律的权威。国家对宗教事务要合理地进行管理,使宗教事务在法律可控的轨道上运行。这将会使撒拉族和土族地区的法制发展和国家法治构建达到双赢的结果。

三、将撒拉族土族的婚姻习惯合理运用到民间调解当中

民间调解在撒拉族和土族的婚姻纠纷解决方面发挥着很大的作用,它是在民间的第三方的参与和斡旋下,达成调解协议的纠纷解决机制,这种民间调解不同于婚姻的诉讼调解。民间调解的第三方包括村落的长辈、家族中有威望的人、宗教首领等。这些民间调解人士之所以有较高的权威,是由于这些人在当地具有良好的道德品质、出色的办事能力。在某种意义上说,这也是由民族婚姻习惯所赋予的。这样由民族习惯赋予调解人的"教化权力"以及其自身所具有的道德品质,从制度和个人素质两个方面确保了调解人拥有足够的权威资源去从事纠纷调解工作[1]。这种按照民族婚姻习惯达成民间调解的方式,在很大程度上解决了当地婚姻家庭方面的纠纷,使得双方当事人都能得到满意的结果。但是撒拉族和土族的婚姻习惯在当地发挥作用的同时,带来了一些负面的影响。如撒拉族和土族地区在适用民族婚姻习惯法时,常常以传统的家庭主义为本位,以宗法思想为依据,这就导致在离婚纠纷的赔

---

[1] 麻鸣:《乡村社会结构的变迁对民间调解功能实现的影响》,《浙江社会科学》2002年第5期。

偿方面,男方在共同财产的分配和小孩的抚养权问题上往往获得更大的利益,女方的财产权和人身权被漠视,最后达成的调解协议也是显失公平的。因此,在民间婚姻调解中,要正确运用民族习惯法,不能违背当事人的意思自治,最后双方达成的调解结果也不能和国家法律、行政法规相冲突。否则,国家婚姻法在撒拉族和土族地区将毫无"尊严",由此带来的社会危害性也是不能小觑的。

第四节　撒拉族土族婚姻习惯法与现行《婚姻法》之间的关系重构

随着国家法治化进程的日益深入,国家制定法已经融入我们生活的方方面面。虽然从表面上看是统一法治的"一元化"情形,但是,由于民族婚姻习惯法的根深蒂固,像撒拉族和土族聚居的乡村地区,仍然存在着两种不一样的社会调控体系:一种是由国家强制力保证实施的国家婚姻法;另外一种是由本土自发形成的不具有强制力的民族婚姻习惯法。如前所述,撒拉族和土族的一些婚俗习惯是与我国《婚姻法》的规定相违背的,尤其在婚姻的构成要件上,存在着实质性的冲突。撒拉族和土族这种遗留的婚俗习惯相对于整个法治环境来说,是一种"不合法"的行为。我们国家一向是以成文法为主导的法治国家,法律调整着生活的方方面面,即使是偏远的少数民族乡村地区,法律包括《婚姻法》也已经普及了。但是由于这些少数民族地处偏远地区、比较封闭,加之国家的司法资源的有限性,对这些民族婚姻习惯只能熟视无睹。《婚姻法》作为国家制定法,在法律位阶上是高于民族习惯法的,法律主要的功能之一是解决各类纠纷,维护广大人民群众的权益以及正常的社会秩序。但是,现行的《婚姻法》在功能上存在缺位,而且也没有相应的文化基础的支撑,导致《婚姻法》在撒拉族和土族地区面临实施上的重重困境。如果《婚姻法》能有效地满足当地少数民族的需求或者说是供给,能够满足他们的情感、权益、秩序、宗教等方面的需要,人们便会作出趋利的选择适用国家婚姻法,而不是冒着违反制定法的风险以民族习惯法来解决问题。

从另一方面看,对待民族婚姻习惯问题,我们不能搞"一刀切",认为民族婚姻习惯就是倒退的、不合理的,就要将其"清除",我们要具体问题具体分析。任何事物都有其发展变化的历史,婚俗习惯也不例外。撒拉族和土族的婚俗习惯经历了千百年的历史积淀,具有自发性、地域性、乡土性的特征。它的存在代表了一些人的利益需求,有其存在下去的空间和理由。在初期,法律不是很完善的情况下,允许民族婚姻习惯法发挥相关的作用,有其一定的合理性。但是随着国家法治环境的逐步改善,那些有悖于国家的禁止性规定且明显和国家制定法相冲突的民族婚姻习惯法应该在形式上完全废止,如早婚、近亲结婚等。

撒拉族和土族的婚姻习惯法与国家制定法的相异性是客观存在的,如撒拉族信仰伊斯兰教,一些宗教的教义已经根深蒂固地存在于他们的内心深处,并且落实到了他们日常的行为活动中。由此,使得他们更愿意相信或者是认可民族习惯法,而对国家制定法认可度就低一些。而对待这种相冲突的二元法律秩序,国家制定法不能强势介入民族婚姻各类纠纷,以"消灭"民族习惯法的方式实现法治的统一,而是要从民族习惯形成的背景、原因、环境、宗教等方面综合考量,找出两者冲突的原因。国家婚姻制定法在民族地区推行的同时,也需要用诚恳的态度审视自己,积极与民族婚姻习惯法进行沟通,只有这样,才能尽快实现我国法治化的道路。

总之,虽然撒拉族和土族的民族婚姻习惯也给当地造成了一些不利的影响,但达成民族婚姻习惯法和国家婚姻法之间的调适,也不是一蹴而就的,而是要循序渐进,按一定步骤分阶段地完成对接。

刺绣篇

第九章
土族刺绣的发展及分类

土族刺绣是青海最具特色的民间手工艺品之一,其独特的图案、色彩、构图、纹样和技法体现出典型的民族性和地域性。在土族民间刺绣中最著名、最独特的刺绣方法是盘绣,2006年土族盘绣已被列入第一批国家级非物质文化遗产名录。土族刺绣做工精细,图案色彩丰富,针针见功底,线线出效果。在绣品的运用及颜色的搭配上,都有着显著的民族性和地域性,形成了独特的绚丽多彩的土族刺绣,充分显现出青海刺绣艺术的形式美、色彩美、情感美、意韵美。

第一节　土族刺绣的起源

对于土族刺绣产生的具体渊源,由于土族原本无文字,所以无记载,也就无法考证。据现在互助、民和等地土族村落老人所言,她们也不知道究竟起于何时何地何事,只知道从小就要学习刺绣,都是母亲、母亲的母亲一针一线地教授她们的。我们也只能从一些文献的片言只语中去推知一二而已。

刺绣是针线在织物上绣制的各种装饰图案的总称,古代称"黹""针黹",就是用针将丝线或其他纤维、纱线以一定图案和色彩在绣料上穿刺,以绣迹构成花纹的装饰织物。刺绣是中国民间传统手工艺之一,在中国已经有2 000多年历史了。

青海刺绣是青海民间手工艺术之一,具有悠久的历史。据记载,早在汉代刺绣艺术就在霍去病、赵充国屯田戍边之际传入了青海河湟地区,并在这里生根发芽,开出了绚丽的刺绣之花。生活在这里的汉族、藏族、回族、土族、撒拉族等各族人民十分喜爱刺绣艺术,各族女子用勤劳的双手绣出了一件件坚固实用、美妙绚丽的绣品,尤其是河湟土族刺绣,可谓民间手工艺术的奇葩。

土族刺绣的起源、发展是与土族的形成、衍生相伴的。对于土族的族源虽无定论,但是比较公认的观点是:土族作为一个民族共同体,是以鲜卑吐谷浑人为源的。因此,其刺绣艺术可以远溯至鲜卑人的历史。据载:两汉时期,装饰着刺绣的中原民间服装的款式就已经在鲜卑族中有所流传。隋唐时期即有关于土族人服饰的记载:男子衣服几乎与同时期的汉人一样"着小袖袍,小口袴,头戴长裙帽",女子则"衣织成裙,披锦大袍……束发,以多为贵",男女服饰皆有刺绣装饰。此外,刺绣还出现在吐谷浑军人的战袍上。由此,我们可以说土族刺绣的源起可以远溯至两汉之时。

时代的变迁承载着一个民族的发展历程,千百年来土族群众的生活方式依旧保留着吐谷浑的古朴遗风,而土族刺绣中的盘绣正是这种遗风最为显著的体现。近年来,在青海省柴达木盆地出土的吐谷浑时期的丝织品上的几何图案,和今天土族盘绣常见的几何图案如出一辙(图9-1、图9-2)。这既是吐谷浑和土族血脉相承的一个物证,也是土族刺绣发轫可以远溯到 4 世纪之久的佐证。

图 9-1 出图刺绣残片

图 9-2 出图刺绣残片

关于土族的刺绣艺术,有一则优美的神话充分展示了土族人民的奇思巧匠:从前有个害人的怪物,住在魔窟里,谁也无法降服它。当时有位土族妇女,组织村里的姑娘们头戴刺绣的"扭达"(图 9-3),身穿刺绣的五彩花绣衫,腰系绣花腰带,内藏匕首、菜刀,提着青稞酒,来到魔窟前,唱歌,跳舞,引诱怪物。怪物听到歌声便爬出洞外,被美丽

图 9-3 扭达(王存辉摄)

的刺绣服装迷住,大碗喝青稞酒,酒醉不醒,最后被土族妇女们杀死。从此,刺绣成为土族人民生活非常重要的一部分[①]。这则神话虽然是传说,却包含了土族人民的原始思维,暗藏的精神内涵相当丰富。从中可以看出,在土族生活中,刺绣具有宗教祈福纳祥、避灾驱邪式符号辅助甚至代替神明护佑的功能。土族还有许多富有神奇色彩和浪漫主义的神话传说,如"天地的形成""黑马张三哥""日食和月食的传说""三岁娃娃种庄稼"等,想象大胆神奇,富有浓郁的浪漫主义色彩,为土族纹样创作提供了取之不尽的素材。土族妇女善于借助想象、联想、幻想和虚构来创造新的视觉形象,在刺绣创作中把不在一个空间和时间里的东西合为一体,显示了浪漫主义的创作方式,形成了独特的刺绣艺术。

第二节 土族刺绣艺术的类型

土族民间刺绣绣品花样繁多,应用十分广泛,大体可以分为生活绣品、装饰绣品、宗教绣品、礼仪绣品等。

一、生活绣品

土族实用类刺绣见于土族人民日常生活之中,门帘、被面、服饰、床围子、枕头等,随处可见。

土族人不论男女老幼,其服饰穿戴都离不开刺绣,所绣图案十分讲究。服饰中的刺绣重点装饰衣领、袖口和衣服下边、前胸、腰、腹、胯、脚等部位。土族服饰刺绣最为称道的是绣花大腰带、围肚、辫筒、绣花鞋、鞋垫等。土族妇女的服饰继承传统,以美丽的彩虹

[①] 马光星:《土族文学史》,青海人民出版社1999年版。

为意象,用红、黄、绿、蓝、紫、黑、白七色丝线,做成活套袖缉缝在长袍或短上衣的袖子上,土语称为"秀苏"。

"腰带"是土族服饰中的重要饰品(图9-4、图9-5、图9-6),土语叫"普斯尔"。之所以重要是因为土族妇女日常服装为花袖长衫,而土族男子常穿大襟短衫。长衫上下宽度一样,呈直桶型,既不能凸显女子的婀娜曲线,也不利于高原御寒。男子短衣如不系腰带,既进风也显懒散。所以土族男子、女子在衣衫外面常常系上一条美丽的腰带,既美观又能抵御高原的寒风。土族人的腰带不是普通的布带,他们很讲究装饰腰带,一般要在上面绣上精致的图案来进行点缀。土族姑娘们结婚或喜庆用的"达博腰带"是土族腰带中的精品,它是土族刺绣中比较大的服饰刺绣,有一丈二尺长,一般为墨绿棉布。带子两头都绣花,一头最小的为三个眼子,大的有四个或五个眼子的。各个眼子由不同的图案组成,有太极图、八卦图、喜鹊登梅、孔雀栖牡丹等,色彩缤纷,层次丰富,而且带子两头的图案要对称、和谐。

图9-4 腰带

图 9-5 腰带

图 9-6 腰带

图 9-7 成人围肚

"围肚"又称"兜肚"或"裹肚",是土族生活中常见的生活用品。它是一种贴身穿的内衣,用来遮护胸部、腹部以避风寒,常见的用于儿童,成人也可穿用,多呈菱形,围肚上部有系口,两侧有系绳(图 9-7)。围肚纹饰以刺绣为主,也有贴布的。土族刺绣围肚一般在中央部分绣一朵大花,周围再绣一些小碎花或植物,这些绣花使得围肚厚实、耐磨,美观而耐用。所绣纹饰并不统一,儿童围肚的刺绣纹样多用"五毒""鱼龙""麒麟送子"等题材;成人围肚都是恋人、妻子送给心上人的礼物,在围肚上常绣有交颈鸟、连理枝、鱼戏莲、双鱼、鸳鸯戏水等图案,以此表达爱人之间的浓情蜜意,表达夫妻相爱、白头偕老的美好愿望。

土族绣花鞋有男士绣花鞋和女士绣花鞋。男式绣花鞋可分为双楞子鞋、福盖地鞋和拉云子布鞋。双楞子鞋是在缝制鞋帮前部的两片合口处加有约1厘米宽的夹条,形成两个高楞,高楞要用针线均匀地错缝。福盖地鞋是用祥云图案装饰,图案以鞋面中心分为两侧配饰,祥云图案左右对称,在鞋帮绣有花卉点缀。土族女子绣花鞋款式较多(图9-8、图9-9、图9-10、图9-11),有勒鞋、其吉得花鞋、厌子花鞋、翘尖绣花鞋及花云子鞋等,统称"绣花腰鞋"。制作时以黑布为原料,剪好鞋样后垫上几层过浆的布料,鞋面、鞋帮上用彩色丝线绣上吉祥的图案,常见的有花卉图案、几何图案、自然纹样等,鞋底用麻线密纳,穿起来结实、美观、舒适。

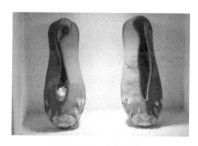

图9-8 女绣花鞋

图9-9 女绣花鞋

鞋垫是农村妇女在闲暇时候信手做的针线活,绣好的鞋垫一般是给亲朋好友家出嫁姑娘"添箱",或者走亲访友作为礼品。鞋垫上的图案有娇艳欲滴的牡丹、栩栩如生的梅花、喜庆祥瑞的藕生莲花等,无论是牡丹、梅花还是莲花,花瓣从里到外至少呈现出

图 9-10　拉绣鞋边绣花鞋　　图 9-11　平绣图案绣花鞋
　　　（王存辉摄）　　　　　　　（王存辉摄）

三四种不同的色彩,针脚要细腻,手感要平滑(图 9-12)。一双精心绣制的鞋垫,给予婉转的情感表白,倾注了姑娘对情人、妻子对丈夫、母亲对儿女的爱,赋予了深刻的内涵,祈愿亲人平安、健康。

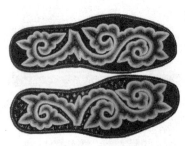

图 9-12　盘绣鞋垫

生活在北方的土族、汉族、回族、撒拉族等民族在生活中使用的枕头多为布枕。在土族刺绣中,枕顶刺绣是在土族人民生活中出现频率最多的刺绣之一。制作时用深蓝色或黑色布缝制一个长柱形的口袋,为了装饰这种布枕,绣娘在两端的正方形堵头上刺绣各种图画,这就是所说的"枕顶绣"(图 9-13)。枕顶面料为质地柔软的缎子、棉布或网格素纱,缎子有各种颜色的素缎或带花纹的织锦缎；棉布主要用蓝色、黑色、红色布料。衬料用旧布或零散的布头，用糨糊一层一层粘合成硬挺的袼褙，将袼褙与面料黏合，做成较硬的枕顶绣板后就可以在上面描样刺绣了。土族枕顶绣多用平绣、盘扣绣、捻金银盘绣、打子绣、挑绣等绣法。枕顶绣在布枕两侧都是成对的，图形对称、内容对应。在布料与色彩的搭配

图9-13　枕顶

上选用的底布大都色彩鲜艳、形态逼真、图样饱满、装饰性较强，有较高的实用价值和观赏价值。

虎气生生的"虎头鞋""虎头帽"是土族刺绣中常见的绣品。"虎头鞋"鞋头呈虎头模样，在鞋前脸儿和鞋帮上绣制虎或虎头图案，是希望孩子们长得虎头虎脑，用形象逼真的虎头图案驱鬼辟邪，保护孩子没病没灾。虎头帽以老虎为形象，帽子的两侧和后面刺绣上各种艺术表现力和想象力非常丰富的图案，有凤凰、梅花、荷花、喜鹊、蝴蝶等各种图案（图9-14），表现了土族纯真的思想感

图9-14　童帽

情和希望孩子健康成长的美好心愿。用于辟邪和护生的还有端午节时小孩戴的"五毒帽",上面绣着蝎子、蜈蚣、蜘蛛、蛇、蟾蜍等"五毒"图案,寓意辟邪,寄托了父母对孩子的祝福。

从土族刺绣的实用性来说,刺绣的主体体现在服饰中的衣袖、衣领、绣花口袋、兜肚、围裙、大博腰带、袜跟、绣花鞋、绣花鞋垫、枕顶等方面,这些都是生活中不仅具有实用性,而且具观赏性的绣品。

二、装饰绣品

土族刺绣中的装饰绣品有荷包、前褡、辫筒、针扎、烟袋、扇套、首饰袋、帕袋等一些可以随身携带的配饰挂件,以荷包为典型代表。

"荷包"又叫香包、香袋、香囊(图9-15),有的是用五色线缠绕而成的,有的是用碎布缝合的,有的是用一色布缝合后外绣其他图案的,后者即为精致绣品。无论是五色线缠绕的,还是碎布缝合的,里面都会装满香料,佩在身上,挂在室内,香气四溢。在土族日常生活中就有佩戴香包的习惯,有的挂在钱褡上,有的挂在家中的炕柜上,也有人把香包挂在寺院内祈福。土族人在过端午节的时候,专门为孩子们缝制佩戴香包,目的是祈福辟邪。土族荷包刺绣图案有菊花、荷花、梅花等。荷包上刺绣的图案,色彩鲜艳,造型精美。绣荷包经常使用的是平针绣,多用一种挑花的针法,用"小十字"组织边缘,再用十字填充,富有浓郁的装饰意味和浪漫的气息,作为定情信物送给心上人或给孩子,以此表达纯真的爱情或对孩子美好的祝愿。

图9-15 荷包

"前裙""后裙"是挂在土族男女腰间的口袋。"前裙"也写作"钱裙",最初是男士的专用品,长约60厘米,宽约15厘米,作用是装钱,相当于今天的钱包。它也曾是姑娘们传达爱恋之意的信物,当男女确立恋爱关系后,女孩子会亲手绣制前裙送给心爱的人。随着社会的发展变化,前裙也不再是男子的专用品,妇女们也会佩用前裙,但不是用来装钱,而是用作饰物,且腰前腰后均有,尺寸大小要比男子的小。男子前裙多以黑色布料作为底布,然后根据绣花者的喜好在上面绣上各种图案;女士前裙一般以白色布料为底布,正面以刺绣装饰(图9-16)。

图9-16 前裙

"辫筒"是土族妇女用来装辫子的布袋子,也叫"辫套"。过去姑娘们出嫁前在母亲的指导下都要为自己准备嫁妆,辫筒是其中重要的一件佩饰物品。等到姑娘出嫁时的梳妆仪式中,女孩在亲人的帮助下将秀发梳成辫子,装入精心绣制的辫筒,所以戴辫筒是已婚妇女的标志。

辫筒是用黑色棉布做成长约80厘米、宽约10厘米的布袋子,辫筒正面贴上三寸见方的绣片三至六片,按规矩依次并列在辫筒上,再配上其他装饰物就完成了。辫筒贴片上的刺绣图案主要有"太阳花""盘长""云纹""富贵不断头"等图案(图9-17)。

图9-17 辫筒

"针扎"是土族女子用来存放绣花针和少

量绣线的物件,也可称作针线包(图9-18)。在过去物质相对匮乏的年代,一枚绣针都是省吃俭用,用鸡蛋等物品换来的,它是土族妇女用来刺绣的重要工具。为了保护收纳好绣花针,聪明的土族妇女发明了"针扎"。针扎的结构分为内外两层:外层用几层布粘贴在一起做成一个口袋型,上方留一个小孔方便内层系线穿过,外侧正反两面绣上各种精细的花纹图案;内层结合外侧形状定制,其内填充碎布棉花方便绣花针插在上面。针扎的形状有喇叭形、菱形、圆形、葫芦形、几何形、动物形等,针扎的作用一来方便收纳绣花针,二来防止绣花针伤到人。随着社会的发展,针扎的作用又演变为妇女身上佩戴的装饰品之一,在节日期间,有的妇女腰间戴几个甚至十几个,走起路来摇曳不停,如蝴蝶飞舞,别具一番情趣。

图9-18 针扎

"烟袋"是土族男子用来存放旱烟叶的布袋子,上面绣有精美的纹饰(图9-19)。过去土族男子有抽旱烟的习惯,烟袋是男人之间炫耀自己女人是否心灵手巧的重要物件,所以女人对烟袋的制作往往是倾尽心力,插在腰间的烟袋不仅是土族男子的必要装备,还是男女之间感情的凝聚和象征物,这使土族男子的旱烟袋超越了一般实用之物的范畴,更具装饰性。

在土族刺绣的配饰品中佩戴在身上的荷包、前襟、针扎、烟袋,都离不开土族女子的精心制作,浸透着她们浓浓的情谊,表达其内心最强烈的感情和思想。

三、宗教绣品

神秘的青藏高原,很多民族笃信宗教,这与青藏高原独特的地

图 9-19 烟袋

理环境是分不开的。这里生产力水平较低,人们生活艰难时往往从宗教信仰中寻求支撑活下去的精神力量,因而愈是条件艰苦的地区,宗教信仰愈是盛行,藏族、蒙古族、土族曾经信仰过的萨满教,后来的佛教、伊斯兰教、基督教、天主教等外来宗教,都在这里拥有了各自的信仰群体和传播区域。生活在这里的土族大部分信仰藏传佛教,他们的艺术创造和艺术审美心理深受佛教的影响。刺绣艺术也不例外,可以说宗教影响着刺绣,刺绣也服务于宗教。佑宁寺是互助土族的宗教活动中心,寺内珍藏的"十八罗汉""四大金刚"等大型绣像和殿堂内的柱衣、幔帐等,都有刺绣作品。寺院内的幔帐刺绣形体巨大,内容丰富。绣底多为红色或黄色,上绣佛像、亭台楼阁、祥云花鸟等图案;绣品外面围有米黄色绸缎制成的褶皱裙摆式围帘,围帘下端镶饰流苏,端庄而华丽。这些寺院内的宗教用品体现了土族妇女高超的刺绣技艺,一些土族人家中供奉的活佛像也是用土族刺绣技艺完成的。同仁县五屯地区的刺绣唐

图9-20 刺绣唐卡

卡更是藏传佛教艺术的代表作之一。"唐卡"又名"唐喀""唐嘎",是藏语音译词,它是刺绣或者绘制在绸布和纸上的卷轴画。刺绣唐卡是用各色丝线绣成的卷轴画,内容涉及山水、人物、亭台楼阁等(图9-20)。同仁地区的刺绣唐卡主要用于绣制佛、菩萨、度母等宗教形象,其艺人既有藏族艺人,也有土族艺人。这里的刺绣唐卡是著名的热贡艺术品类之一,是人类珍贵的非物质文化遗产。

同时,土族妇女绣制的其他绣品图案也多与宗教有着密切的联系,如土族五色花衬衫与五色扭达的五种色彩、太阳花图案、莲花图案(图9-21、图9-22)、太极图、盘长、八宝和吉祥如意图案等都烙着浓浓的宗教印记,表达出他们对宗教的虔诚信仰,对生命的崇拜和对神的敬仰。

图9-21 莲花

图9-22 莲花

四、礼仪绣品

礼仪类的土族刺绣主要是用于红白喜事中的饰物,如用于祝贺老人寿礼的寿帐和老人寿终后的挽帐,婚庆礼仪中的挂饰等用品。寿帐主要是表达祝愿老人长寿、儿孙满堂的美好愿望。土族妇女将心中的愿望通过她们擅长的刺绣来寄托、表达,常用的图案纹样有仙鹤图、双凤朝阳、鲤鱼跃龙门、十字聚宝盆、金玉满堂等。为了图吉利,营造喜庆氛围,人们会在新婚夫妇的枕套和被面上绣上鸳鸯、荷花等象征爱情的吉祥图案,祝愿夫妻恩爱一生。还有一些绣品因年龄的增长不再适合佩戴,如土族少女出嫁时的嫁妆,在其成为母亲后有些刺绣饰品就不再佩戴,压在箱底留作一生美好的记忆。这也是我们今天还能看到那些古老的刺绣遗产的原因之一。挽帐是老人过世后用于灵堂布置和陪葬用的枕头等。

为了便于归类,我们根据绣品的用途将土族刺绣分成了四类,实际上土族刺绣既是实用品,又是配饰品和礼仪用品,很难严格地把某个绣品归入某个类型中去,这些绣品既常见于土族人的日常生活之中,有着具体的用途,同时又很美观,具有装饰性和观赏性,而装饰又反过来加固了物品,增加了绣品的厚度,使其在使用过程中更加耐磨,不易损坏,达到了实用性与审美性的高度统一。

第十章
土族刺绣的造型艺术

造型是运用艺术手段依赖的规律,给予处于变化运动中的事物以具体的形态,是将处于变化运动中的事物予以概括、综合、凝练、固定的物化与升华的过程。创作过程中对形象的提炼、加工以至必要的夸张、变形,都是为了更有效地突出形象本身的审美特点。造型不是创作的最终目的,而是揭示艺术基本主题的手段。

第一节 土族刺绣艺术的工艺技法

一、工具及布料

(一) 绣针和绣线

各地、各民族都有自己不同的刺绣技法、刺绣绣品,但任何一种刺绣必不可少的工具就是绣针和绣线。土族刺绣绣针有普通绣针和特殊绣针之分。特殊绣针是剁绣绣针,与其他绣针不同,这种针比一般的针要粗,中间是空的,手握处有一个直径约1厘米粗的手柄,距针尖1厘米处还会用胶布或碎布裹缠,以使绣出来的花纹不致高低不平。

土族刺绣的绣线主要是丝线,有红、黄、蓝、绿、青、白、紫七色(图10-1),土族盘绣绣的时候七色俱全,色彩鲜艳夺目。

图10-1 刺绣丝线

(二) 布料

土族刺绣布料一般为棉布,现在也有用丝绸的。在过去物质相对匮乏的年代里,充满智慧的土族妇女选用晾晒干胡麻茎细心锤制(图10-2),用油菜籽、胡麻等种子榨油后剩下的油渣调成浆糊用来粘贴布料。将麻渣做成浆糊是土族人民劳动生活的经验成果,充满智慧且具有原生态的意味:将麻渣磨成粉,加入中草药(起到防止虫蛀的作用)放入锅内,再加入适当的水,开火后搅拌30分钟左右,熬成浆糊,冷却待用(图10-3)。然后把布料铺在平整的木板上,用手把打好的浆糊均匀地抹在布料上,再将同样大小

图10-2 捶胡麻草(王存辉供图)

图10-3 制作胡麻浆糊(王存辉供图)

的布料铺上去,用擀面杖擀平压实,重复三至四层。把糊好的绣底放在阳光下晾晒两天。面布背面同样糊一层浆糊,晾干。待其干透后,将所有布料裁剪成同等大小,沿边缘将面布与底布缝合,这样裱糊工作就完成了。

然后在底布上用粉笔画出各种花样,再摆在布料上用复写纸在图案正面着力描绘,花纹就会在布上显出来;而黑色底布则直接用粉笔描绘,也有用纸花做绣模的,先在绣布上选定好粘花的位置,将纸花用糨糊或轻缝几针将其固定在预定部位上,然后按照此样开始绣花(图 10-4)。

图 10-4 刺绣图案底纹

绣品绣好后,单幅将绣花布边向里折,用针线锁边,使布不易脱线,最终在画布边缘呈现锯齿状或 X 交叉状,起到保护作用和绣品装饰效果(图 10-5)。若几块绣品拼接成一体,则注意拼接部分需平直无皱褶。

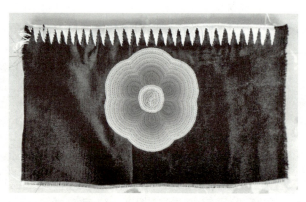

图 10-5 盘绣绣品锁边未完成图

二、技法

土族刺绣层次多,厚实,立体感很强,这主要得益于刺绣的技法。土族刺绣的主要技法有盘绣、平绣、锁绣、切针绣、挑绣、拉绣、剁绣、堆绣以及其他绣法。其中,盘绣技法是土族特有的绣法。

(一)盘绣

盘绣是土族刺绣中最主要的绣法,也是土族人独有的绣法,汇集了土族古老文化的深刻内涵。土族女子针线活做得怎么样,主要是通过盘绣技艺进行考量的。盘绣主要流传在互助县东沟、东山、五十、松多、丹麻等乡镇,以及民和县官亭镇,黄南热贡地区的土族中不流行这种绣法。

盘绣一般以黑色纯棉布作底,再裱一层布料,形成挺拔厚实的绣布;绣花线选用上等丝线,要求红、黄、绿、蓝、青、紫、白七色俱全。盘绣的针法不同于其他的绣类针法。绣女操针时,用一根绣花针,两根色彩相同的丝线,其中的一根线作盘线,另一根作缝线。盘绣也不用绷架,而是直接用双手操作——左手拿布料,右手拿针,作盘线的一根挂在右胸衣服上,作缝线的一根线穿在针眼上。走针时,把盘线盘在针上,用左手大拇指压住线,用右手压针缝(图10-6)。上针盘,下针缝,一针二线,使2毫米大小的圆圈均匀排列在缝线上,像无数的葡萄串,展现在布料上。盘线要求严密平整,缝线端正结实。盘线似

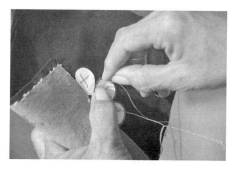

图 10-6 盘绣绣法

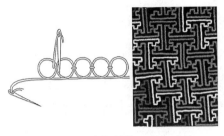

图 10-7 盘绣结构示意及成品

一般刺绣技法中的豆针绣,缝线似一般刺绣技法中的直针绣,但它又是由密集的豆针绣组成。完成整个图案,似一般刺绣技法中的三重或五重豆针密绣(图10-7)。盘绣虽然费工费料,但成品是一块厚实华丽、经久耐用的刺绣珍品,可以几年甚至几十年不褪色、不松线,极富装饰性,深受土族群众喜爱。

(二) 平绣

平绣绣法是青海土族民间刺绣中最常见的绣法,多用于日常装饰品和日用品,它是在做好的底料上运用齐针、套针、抢针、施针等针法进行的一种绣法。其第一道工序是在白纸或牛皮纸上设计图案,设计好的图案用剪刀裁剪后固定在绣布上,根据图案样式进行绣制(图10-8)。平绣是用直线组成的绣法,讲求

图 10-8 平绣半成品

"匀、平、齐、顺",要求用针线平着以图案样式走向运针,绣面细致入微,图案轮廓边缘整齐,线条排列紧凑,不露针迹。平绣应用广泛,既能绣出小巧精细的绣品,也能绣出大面积的绣件,像围兜、枕头、鞋袜等(图10-9)。可用多种颜色的线,绣出图案细致入微,绣品富有层次感、浮雕感、体积感。具有高超技艺的绣女一般不用剪图案样式,即可在绣布上起针绣花,因为她们把民间刺绣的图案样式和表现规律印在脑海里,凭着对现实生活的感受和心境,如同国画创作中的写意,往往能取得生动活泼的效果。

图10-9 官厅土族平绣遗产

(三) 锁绣

锁绣是我国古老的一种绣法,在青海土族、汉族、回族、撒拉族等民族刺绣中也有分布,是用绣线在绣布上依照图案一圈圈锁套而成,在视觉上形成锁的效果,主要用于绣件的边缘,锁链起到加固和醒目的花边装饰作用。锁绣图案有锯齿形、"品"字形、网状锯齿形等,绣法细密规整,边缘清晰、均匀、严密,给人以别样的视觉美感(图10-10、图10-11)。

(四) 切针绣

切针绣俗称"切子""针切"。绣一针,隔一针,每针的长度根据图案大小和规格确定,在绣面上针法始终保持同等距离,绣出的效

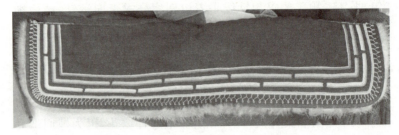

图 10-10　衣领边缘为锁绣针法

图 10-11　图案边缘锁绣针法

果就像一条虚线,常用作较细的叶脉和花瓣上的装饰。这种绣法在官亭镇土族妇女刺绣中比较常见(图 10-12、图 10-13、图 10-14、图 10-15)。

图 10-12　切针绣图案样式

 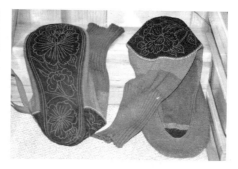

图 10-13 切针绣鞋垫　　　图 10-14 切针绣袜子

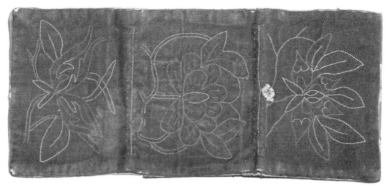

图 10-15 切针绣钱包

（五）挑绣

挑绣又叫网绣，运用网状组织方法绣制，用横、直、斜三种不同方向的线条，搭成三角形、菱形、六角形等连续几何形格，然后用相扣的方法，在几何格中结成网状面，组成美丽的图案。挑绣主要用于土族的绣花鞋上，也用于前襟、腰带、钱包上，这类绣法一般用于绣面的装饰图案花纹，其针法细腻，图案清晰规整（图 10-16、图 10-17、图 10-18）。

图 10 - 16　挑绣绣花鞋

图 10 - 17　挑绣菱形图案样式

图 10 - 18　挑绣动物花卉

(六) 拉绣

拉绣法在互助五十镇较为常见。这种绣法主要用于土族姑娘绣花鞋上,将彩色丝线并列排在一起,再一根一根固定于鞋面上。这种绣法有较强的凹凸感,鞋子经久耐穿,融装饰性和实用性为一体,体现了土族妇女高超的绣法和技艺(图 10-19)。

图 10-19　拉绣花鞋

(七) 剁绣

剁绣也叫剁针绣,是我国民间刺绣的一种技法,20 世纪七八十年代流行于东北和西北地区。绣前要准备剁绣针、绘制图案和用于固定绣布的撑子。剁绣针不好买,人们一般找医用注射器的针头来做,在针头针尖处用锐器穿个孔,并在针的中间部位用医用胶带缠上,方便握针。接下来就是绘制图样,把选好的花样,用复写纸拓在绣布上,拓好的绣布图案用撑子撑好,拿有韧性的铜丝牵引绣线穿过剁绣针和针尖的小孔。准备工作做好后,就可以绣制了,绣时扎布深度要一致,针尖抬起不能太高。剁绣绣出的作品正面和反面的图案花纹一样,正面的绣线凸出布面,给人以厚实、毛绒绒的感觉。剁绣常用来绣门帘、枕套、沙发垫、被罩等物件上的装饰图案,也做寺庙唐卡的绘制,这种绣法在河湟地区各民族间都有流传。但是随着工业化进程的加速,当下剁绣作品已很少,面临着失传的危险(图 10-20、图 10-21)。

图 10-20　剁绣门帘

图 10-21 剁绣唐卡

（八）堆绣

堆绣是青藏高原地区比较常见的一种绣法，其画面主题多与宗教有关，也是唐卡艺术的一种。制作工序是选用各种颜色的棉布、绸缎，剪成事先设计好的图案形状，在布面上堆贴成一个完整的画面，最后用彩线绣制而成。堆绣以堆贴为主，绣制为辅，有平剪堆绣和立体堆绣之分。平剪堆绣是将剪裁成的各色布料图案堆贴在设计好的白布上，再用彩线绣边而成。立体堆绣是在剪好的图像内垫上棉花或羊毛，使图形凸起，然后粘绣在对称的布幔上，再将堆绣好的不同形状的图像用绣缎连成一张巨幅画卷，构成一组完整的画面，悬挂于殿堂之上，所堆绣的形象富有立体感和真实感（图10-22）。

图 10-22 堆绣

第二节 土族刺绣的纹饰解读

随着南丝绸之路的开通,刺绣作为青海少数民族日常生活的重要装饰品被广泛运用开来。这与各民族热爱生活、崇尚美、追求美的性格是分不开的,也与他们在漫长的历史发展过程中形成的种种风俗礼仪有着密切的联系,间接地体现了各民族特有的精神气质和审美意识。

青海土族刺绣图案想象力极其丰富,以太阳为图腾,服饰上装饰各式各样的太阳花,一个个"刀戟恺甲"组成的精美图案,造型流畅夸张,重复而对称,色彩相间醒目张扬,有着明显的图腾崇拜的印记,体现出独有的民族元素。土族妇女将日常生活中意象景物所见所想所愿,进行综合整理、加工,将情感和意境通过刺绣这一独特的艺术载体,或抽象或具象地展现在日常生活之中。抽象图案大都以规矩的圆形和直线方格形构成,逻辑严谨,富有理智。具象图案以自然流畅的线条构成,情感奔放,抒发自然。土族刺绣在色彩搭配上多用纯色,很少用灰色,因而色相明快,色度纯厚,对比鲜明,色彩强烈,许多绣品在黑色上直接用大红大绿绣成,反差大,对比强,表现出一种无拘无束、开朗奔放的民族气质,散发着特殊的审美情趣。

一、纹饰类型

土族刺绣在世世代代的生产实践中,经历过不同的演变与发展,从而形成了今天各种丰富的图案元素。土族刺绣图案样式含有本民族的寓意与象征意义,描述出土族人的特殊心理状态。自然纹饰、几何纹饰、器物纹饰、文字纹饰是土族刺绣图案中最常见的图案样式。土族刺绣作为民俗活动、人生礼仪、宗教信仰和表现人类自身的艺术行为,在民间不同的使用范围内,表现出相应的程式化倾向。通过不同题材的造型表现出富贵、辟邪、生命繁衍的意愿。表现方法或写实或写意;表现形式多样化,繁简结合;图案构思大胆巧妙,折射出土族人民夸张而神秘的审美特征。

(一) 自然纹饰

自然纹饰主要来自对自然环境中物象的模仿,主要有植物图案、动物图案、人物和器物纹样等,有写实图案和抽象图案。写实图案遵循自然规律,结合表现主旨和艺术的客观规律进行创作,追求惟妙惟肖的同时,表达内心的审美感情。抽象图案在造型上不受自然形象细节的约束,而是做了大胆的变化和夸张的艺术处理。抽象图案是对植物、动物、人物等为素材的自然状态的抽象表现,以点、线、面和肌理效果为主要表现的对象形式,在构图上运用对称、散点、连续、均衡等构图样式。抽象图案的设计样式,既有抽象形式的简洁,又融合了具象形态的亲切感。这种变化和夸张既准确地传达了物象的特征,又具有相当高的艺术概括能力。

1. 植物图案

"人类所有意识的主动行为,其原始动机以至最终目的,都可以归结于维护和追求生命存在自然形式的完满性、自由性和永恒性。"[①]自然生命的价值不仅影响生命存在,而且影响生命存在的状态和人的文化心理状态。在这种复杂的自然生命价值的影响下,大量动植物图案在土族刺绣中广泛出现。土族喜欢牡丹、月季等花卉,庭院种植的是牡丹、月季,栋梁上雕刻的是牡丹,在土族的刺绣作品中也少不了牡丹、月季等植物图案。在土族民间有一句谚语"头枕着牡丹脚踩着莲,上来着后人不受难",这是对亡者枕头和鞋子及所绣图案给出的标准和规范。桃是福寿的象征,土族年长者过寿时所穿的寿衣、枕头等衣物用品多为桃形、佛手植物刺绣图案,与汉族老人寿辰拜寿用"桃"有同样的祝福意愿——多子、多寿、多福。给未出嫁的女孩则以"佛手莲花""牡丹蝴蝶"等为祝福内容。结婚前的馈赠物一般取双双对对、万字不断头,祝福情深意长、和美幸福为主;婚后则是以葡萄、石榴、莲子、苹果等以祝福多子多孙、平平安安为主(图 10-23 至图 10-28)。

图 10-23 葡萄

图 10-24 牡丹

[①] 吕品田:《中国民间美术观念》,湖南美术出版社 2007 年版,第 42 页。

图 10-25 榴开百子图

图 10-26 佛手

图 10-27 佛手抱桃

图 10-28 富贵平安

2. 动物图案

河湟地区土族居住地处于黄土高原与青藏高原的接壤之地,是农耕文化与游牧文化的交错过渡地带,牛羊猪马等动物与他们的生活息息相关。以前,生产力相对低下,这些动物是他们非常重要的财产,衣食住行无不依赖,在土族的绣品中自然缺少不了这些有深厚感情的动物,于是便创作出了八骏图、牧羊图、牛耕图、十二生肖图等相关动物图案的绣品。同时,土族受中原文化和游牧文化的影响,绣品中多出现代表吉祥的龙凤、喜鹊、老鼠、金鱼等传统吉祥图案,这些动物吉祥图案普遍运用了象征性的表达方法,通过谐音、会意、借代、比喻等方法,通过抽象、具象的动物图案变化,来表达祈福纳祥、驱恶避邪的思想(图10-29至图10-34)。

常见的动物题材纹样有"鱼戏莲""孔雀戏牡丹""寒雀探梅""狮子滚绣球""鸳鸯戏水""丹凤朝阳"等。为长辈祝寿或孩子过生日,就绣制出表示祝福的图案,如"鹿鹤同春""鱼龙变化"。这些民间图案都是有文化内蕴的,以"鹿"取"陆"之音,"鹤"取"合"之音。土族喜爱鱼纹,表现在绣品上赋予它一定的人情味,把夫妻恩爱叫"如鱼得水",把盼望书信交流的美好情感称作"鱼雁传书"。"鱼"与"余"同音,表现在刺绣绣品中被视为吉祥物,常用来比喻富余、吉庆和幸运。土族妇女在孩子的围兜上绣上"鱼龙变化"吉祥纹样,寓意鱼化为龙,期望孩子长大后努力上进,有待来日一跃龙门而飞腾成龙。在土族刺绣中,常常会出现蝴蝶围绕花朵的吉祥图案,这些图案称为"蝶恋花",比喻婚姻和爱情的美满和谐,因为蝴蝶是中国民间喜爱的吉祥装饰物,亦是美好、吉祥的象征。

龙凤纹样是中华民族纹饰中具有代表性的形象符号,"龙为鳞虫之长,凤为百鸟之王",在土族刺绣中龙的形象憨厚可爱,造型概括简练。土族刺绣中对凤的造型图案运用比较广泛,图案中凤与花同时出现花凤、花枝卷曲形状与凤尾羽毛卷曲,线条相呼应,使花凤浑然一体,造型淳朴,拙中见巧。

3. 人物

土族刺绣中人物图案主要以神话传说、宗教故事中的人物形象等为主。

神话传说、宗教故事、刺绣唐卡佛像、装饰人物等题材的人物造型设计,想象大胆、神奇,人物刻画惟妙惟肖,借助想象、联想、幻想和虚构来创造新的视觉形象,富有浓郁的浪漫主义色彩和装饰效果。随着社会的发展变化,土族艺人也创作出当今人物形象的刺绣作品来装点生活(图10-35、图10-36)。

图 10-29 鱼龙变化

图 10-30 狮子滚绣球

图 10-31 孔雀戏牡丹

图 10-32 喜上眉梢

图 10-33 龙纹装饰

图 10-34 金龙戏珠

图 10-35 莲生贵子　　图 10-36 土族阿姑

(二) 几何纹饰

刺绣作为一种手工艺,与地域文化息息相关,由于土族信仰藏传佛教等,所绣图案具有宗教信仰的痕迹。土族刺绣图案中多运用"卍""盘长""太极"等几何图案。

1. 富贵不断头

土语称"雅让",图案为十字形四方连续变化纹样,层层延伸,不断变化。其借物托意,用绣针绣出不断连续的图案,寓意单纯而朴实,是一种理想化的生活寄语,意为富贵长寿连绵不断。在土族文化中,它代表着吉祥,成为普通人的吉祥装饰纹样。"富贵不断头"纹样中,既渗透着宗教文化寓意,也凸显了土族儿女的审美情趣(图 10-37、图 10-38)。

2. 盘长

土语称"华勒维",盘长以肠形回环贯彻连锁,肠形的"肠"与"长"同音双关,寓意回贯一切,是长寿、无穷尽的象征。由此引申出对家族兴旺、子孙延续、富贵吉祥世代相传的美好祈愿。该图案在藏传佛教中是佛教法器之一,盘长为八宝中的第八品,又称"吉祥结"(图 10-39、图 10-40)。

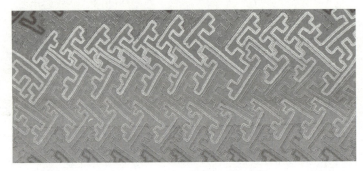

图 10-37 富贵不断头（王存辉摄）

图 10-38 衣领上的富贵不断头图案

图 10-39 盘长　　　　　图 10-40 盘长

盘长图案在土族盘绣中一般一正一反相连成对，以二方连续或四方连续最常见，图案主要绣在男人的烟袋和妇女的腰带及辫筒上，既装饰了服饰又寓意着美好的意愿。

3. 祥云

祥云是中国图案上的重要装饰形象，"云"的文化概念在中国具有上千年的时间跨度,是具有代表性的中国文化符号。云纹在装饰上有行云、多云、层云、团云、片云,还有云海、云气等。土族刺绣中祥云的图案主要表现在衣领、腰带、云鞋等服饰上,传达热情喜庆、祥和内在的文化内涵和对美好生活的向往(图 10-41、图 10-42、图 10-43、图 10-44)。

图 10-41 祥云纹

图 10-42 祥云纹

图 10-43 云字鞋(王存辉摄)

图 10-44 衣领上的云纹图案

4. 太极

太极图是以黑白两条大头小尾的鱼形纹组成的圆形图案,俗称阴阳鱼。土族刺绣中的太极图案有丰富的色彩和图形变化,常见的有双鱼,也有三鱼、四鱼、五鱼图案。图案以同一轴心旋转,运用各种色线,像是在布面上盛开的花朵,又像一波涟漪荡漾在花心。二方连续图案的连续出现,既有视觉上的动感、韵律感,又有静中有动、动中有静的审美意境(图10-45、图10-46)。

图10-45 太极

图10-46 太极

太极与花卉、云纹、如意纹、方胜、回纹等几何纹样复合构图,在土族人的大博腰带、围裙、辫筒等配饰品中应用广泛。

(三) 器物纹饰

器物纹饰主要是来自藏传佛教法轮标识、唐卡艺术、螺鼓乐器等佛具上的图案(图10-47)。这些纹样与土族生活中的佛教崇拜的审美心理相关联,无论是它们的造型、色彩、纹样、声音,还是使用法器时所发挥的作用,都会对土族人的审美心理产生巨大影响。

这些既是宗教的重要法器，也是精美的艺术作品。佛教法器具有独特的艺术魅力，装饰纹样十分精美，极大地渲染了佛教的宗教氛围。它不仅使佛教信徒具有了一种信念，对土族人的审美心理也产生了深远的影响①。

例如，太阳花图案在土语中称"扩日洛"，这个图案来源于宗教法轮图案。土族刺绣深受道教、藏传佛教、萨满教等多种宗教的影响，在构图上具有多元化

图 10-47　吉祥供品

的形态与意蕴，讲究丰富的吉祥寓意和绣面充实，对图案纹样有严格的要求，太阳花图案有六瓣、七瓣、八瓣等样式，蕴含着家庭兴旺、幸福长久、地球七大洲等吉祥含义（图 10-48、图 10-49）。

图 10-48　六瓣太阳花

图 10-49　七瓣太阳花

---

①　辛丽敏：《藏传佛教法器的形式特征与审美内涵》，内蒙古大学 2013 年硕士学位论文。

(四) 文字纹饰

在土族刺绣图案样式中,有汉字"福""寿""喜"等象征吉祥寓意的符号图案,从所运用的文字纹饰结构,可以看出土族的民族文化是多民族间相互融合、共同发展形成的(图 10 - 50)。

图 10 - 50　汉字与云纹图案装饰纹样

土族刺绣纹样丰富,而且许多作品在动物图案中也有植物图案,吉祥图案中也有宗教图案,人物图案中也有动物和植物图案,各种图案融为一体,交相映衬,相映生辉。总之,勤劳智慧的土族绣娘,用手中的丝线绣出了对美好生活的希望和衷心祝福。

二、美学特征

土族刺绣艺术的创造,是土族劳动人民情感艺术的表达,这与他们的现实生活紧密相连,题材内容与生活贴近,内容质朴、率直,有表现生活原貌的特点。在长期的艺术创作中,刺绣在土族人民的传统生活中的角色仍是建立在实用基础之上的,也就是说受经济发展水平的制约,人们的审美需求只能通过对日常用品的深加工来获得满足。土族创造了既有实用价值又融合了审美功能的产品,体现了实用与装饰共融的统一性,是物质的实用性与精神的审美功利性相统一的审美创造,表现出土族人民独特的审美情趣。

各民族的刺绣都有自己独特的风格,从图案内容上看,土族刺绣图案是一种依附于其他物品而存在的装饰性艺术,是土族人民在长期的生产实践中,以各种图案装饰生活,形成的种类繁多、形式各异的图案纹样。这些看似只是起到表面装饰作用的图案,其实是土族社会生活与文化心理状态相结合的产物,散发着特殊的审美意蕴。

(一) 构图规整,均衡对称

土族民众有对事物完整、圆满的理想化审美心理定向,在土族的刺绣艺术品中,很少有残缺的形象出现。在刺绣的构图处理上,形成与外界相隔绝的小天地,使画面构成一个没有边框的边框,保持了客体的完整性,造就出集中、内向、充实、饱满的艺术效果[①]。如土族盘绣中最常见的图案"太阳花",整个纹样丰富饱满,结构严整圆满,颜色一圈一圈地渐变。再比如,土族鞋垫刺绣纹样也是左右对称,枕顶两端的图案也是互相对称,内容相映相谐,呈现出一种均衡对称之美。

(二) 色彩艳丽,对比强烈

土族在历史上是一个驰骋于马背上的民族,由于长期的迁徙

---

① 尹俊燕:《论民间美术的造型特点——以土族刺绣图案为例》,《中国土族》2008年第4期。

和征战，服饰中主要色调为黑色。黑色在征战和劳作过程中比较耐脏、保暖，再加上盘绣的特殊工艺和绣法使服饰耐磨、经穿，适合游牧和劳动生产需要，因此黑色成为土族刺绣绣布的主要底色，而底布黑色又和色彩丰富的绣线形成了良好的对比调和关系。

互助土族钟爱鲜艳明亮的色彩，在服饰装饰和刺绣作品中运用各种艳丽的颜色。土族妇女服饰最有特色的就是花袖衫，土族是一个崇尚彩虹的民族，有人说土族妇女袖子的颜色就是彩虹的颜色，故称"七彩袖"，因而最常使用的色彩是红、黄、蓝、绿、紫、橘红、白等纯度极高的绣线。这不仅充分体现了土族人独特的色彩审美取向，也是土族人一种美好的寄托，使他们的家乡获得了"彩虹的故乡"的美誉。土族人认为红色象征热情奔放的太阳；黄色象征丰收，寓意五谷丰登；蓝色象征蓝天，寓意心境清澈、纯洁；绿色象征广阔肥美的田野和希望；紫色则象征祥瑞和吉祥；黑色代表广袤深厚的大地，寓意诚实、稳重，白色则象征着牛羊和纯洁。

土族刺绣在运用色彩的时候也与土族服饰色彩一样，十分艳丽，对比强烈，常采用色彩渐变的过渡方法来减弱色彩色相、纯度，起到既对比又协调的视觉效果。土族刺绣在服饰色彩中表现出独特的个性，图案样式常采用互补色关系和对比色关系来求得颜色的和谐统一，形成不同的色彩风格，呈现出土族的审美追求和心灵奔放的寓意。这种色彩的配置方式既与土族人热情奔放、无拘无束、大胆火辣的性格有关，也与青藏高原独特的自然色彩景观对土族人审美取向的影响相关。同时土族刺绣具有浓郁的装饰色彩，在服装装饰上注重从恒常性观察中抽取出对物色的概念性认识，注重各种色相的象征性含义和不同色相组合的视觉心理效应。高纯度的色彩组合表现了平面装饰色彩的鲜明特征，刺绣中的色彩布局尤重均衡性与平面秩序感，这是对正统、稳定、端庄、平和的精神追求在外形式审美上的相应表现，极具装饰味道。

青海互助土族刺绣以其丰富的类型、考究的用料、独特的针法、精美的纹样、彩虹般的色彩表现了土族人对生活的热爱和对美的不懈追求,是土族深厚的历史和文化的凝聚,具有非常独特的审美意蕴和极高的艺术价值。

第十一章
土族刺绣艺术的传承与保护

第一节　土族刺绣艺术传承人

土族刺绣艺术的传承人在非物质文化遗产传承与保护过程中有着不可替代的作用。她们长到七八岁时就在母亲、姐姐们的启迪下,开始拿针弄线,学着绣花,经过苦练逐渐掌握了民间刺绣的基本功,从简单的针扎荷包、衣领、围兜、腰带,到大型的人物、山水、佛像等都能刺绣。千百年来,土族盘绣技艺就是在土族妇女的群体性学习、继承、相传中,不知不觉地接力传递着民族文化,代代相传。盘绣的传承方式以母传女为主,口传身教,同时姊妹、妯娌相传。

一、李发秀——国家级非物质文化遗产项目土族盘绣传承人

李发秀,女,土族,1959年生。青海省互助县丹麻镇松德村人,小学文化程度,农民。2007年6月被文化部确认为国家级非物质文化遗产项目代表性传承人。7岁时跟随母亲开始学习土族盘绣针法,14岁即学会土族刺绣的多种针法及基本构图,十七八岁便亲手绣制完成了自己的嫁妆。后嫁到互助县东沟乡黑泉村。

李发秀聪慧好学,只要看见钟意的刺绣图案,她就要尝试着绣一绣,绣坏了拆了重绣,总要研

图 11-1 李发秀近照(王存辉摄)

究出盘绣的针法和图案样式,用心记下来。在平日里,总有相邻刺绣爱好者前来与她切磋技巧,一起学习交流。在母亲的教导和自己的刻苦努力下,李发秀习得一手好手艺,远近闻名。1996—2004年期间,李发秀曾多次被聘为互助县"少数民族乡镇土族刺绣培训班"专业教师,开展培训工作,培训刺绣妇女1500人次;代表土乡积极参加对外交流和展示,在第四届世界妇女大会"中国传统工艺技术女能手操作表演"和北京奥运会期间的"中国故事"等大型活动中展示技艺。2009年,她的盘绣作品在"锦绣中华"中国织绣精品大展中获金奖。2010年,她被授予"青海省二级民间工艺师"荣誉称号。

在不断学习和交流过程中,李发秀的技艺日益成熟并尝试着创新土族盘绣,在图案设计上融入时代元素和标志性事件,为土族盘绣带来新鲜气息。她的绣品数量多,在构图、色彩搭配方面独树一帜。

二、麻宝琴——土族盘绣省级传承人

麻宝琴,女,土族,1945年生,青海省互助县东沟乡姚马村人。

图 11-2　麻宝琴近照(王存辉摄)

从小在奶奶、母亲的身边耳濡目染,对刺绣这一古老的艺术技艺产生了浓厚的兴趣。8 岁那年,麻宝琴开始学习刺绣,帮别人在枕头、袜子、门帘、鞋垫、针扎、烟袋上绣花,时间长了,渐渐绣起了土族的前裙、腰带、衣领、辫筒、围肚、头饰、鞋等服饰装饰品。15 岁那年,她出嫁到东沟乡黑泉,把这门手艺带到了婆家,那时候家里比较拮据,她把省吃俭用的钱,用来购买刺绣用的针线布料,家里人也非常支持她。几十年如一日的勤奋练习,终于有了可喜的回报,她的刺绣技艺得到村里和乡邻的认可和夸赞。她的刺绣作品运针细密均匀,图案紧凑大方,色泽鲜明流畅,平整干练,件件精美。

20 年前,麻宝琴的侄子在互助县的一家土族风情园打工,有心的侄子看着每天有很多外地游客和老外来风情园观光旅游,回家后动员麻宝琴老人做一些刺绣制品来试着出售。麻宝琴老人用心做了一些香包、鞋垫、针扎等土族刺绣绣品,由于她的绣品做工精细、花纹独特、颜色搭配新颖,很受顾客的喜爱。十多年前,一些外国专家、学者到互助县交流考察,收购了她的作品,她没想到,绣花还能挣这么多钱。时间长了,麻宝琴的刺绣闻名四方。民族非物质文化遗产的传承和保护,是每一个土族艺人肩负的责任。麻宝琴腾出家里的房子,召集村里的绣娘一起学习、交流、培训,推广土族刺绣。她还到县里刺绣加工坊,开展交流、展览、推广活动,促使土族刺绣走上快车道。2009 年她被确定为省级非物质文化遗产项目"土族盘绣"传承人。

三、马有莲——土族盘绣省级传承人

马有莲,女,土族,1950年生于互助县五十镇拉日村。7岁时,马有莲跟随母亲学习土族刺绣,认识了五彩缤纷、形状各异的图案。

马有莲的绣品色泽艳丽、色相明快、色度纯厚、色彩对比强烈,很有自己的特色。其刺绣作品《十一面观音》《土族盘大腰带》分别在第四届、第五届青海民间工艺品展中荣获三等奖、二等奖。2010年,她被确认为青海省省级非物质文化遗产项目

图11-3 马有莲近照(王存辉摄)

传统美术(土族盘绣)代表性传承人。多年来,她积极授艺带徒,传授盘绣技艺,配合当地政府和文化部门开展刺绣培训,为土族非物质文化遗产的传承作出了积极的贡献。

四、朱二奴——河湟刺绣代表性传承人

朱二奴,女,土族,1966年生,青海民和县官亭镇人。小时候,朱二奴母亲受传统观念的影响,没有让朱二奴上学,而是让朱二奴跟随自己学习刺绣。根据土族人的风俗,待到女孩出嫁的年龄时要学会做几件绣品,提亲时摆出自己得意的绣品,显示女孩子心灵手巧的一面。因为过去土族人在择偶上,衡量一个女孩是否优劣,首先看她的针线、茶饭。当时,朱二奴做的刺绣作品,花样整齐,形

图 11-4 朱二奴近照

状精致,在婆家亲戚眼中成了至宝,很快便被一件件挑走了。

近年来,国家对非物质文化遗产的保护和重视,使得人们对非物质文化遗产的保护意识得到增强。朱二奴丈夫邓西银看到国家对"非遗"的支持和重视,2008年,成立了民和县官亭镇刺绣协会,吸纳会员,朱二奴担任刺绣协会的培训老师,开展培训,通过培训班把这一门古老的手艺继续传承下去。2014年,朱二奴被确认为第三批省级非物质文化遗产项目(河湟刺绣)代表性传承人。

第二节 土族刺绣艺术的保护

20世纪以来,受西方工业文明的冲击,古老的自然经济结构逐渐削弱,中国也卷入世界性的工业浪潮之中。迅猛发展的工业生产、商品经济和全面渗透的西方文化,促使中国的都市生活向现代化发展。在这种大背景下,土族的生活方式、价值观念和审美情趣也发生了深刻的变化。所有这些新的文化因素促使土族刺绣在不同取向上变化出集约性生产、职业性创作和家庭作坊式创作生产等新的存在形式。

一、保护与利用

土族刺绣之所以能够延续至今,是因为其具有浓厚的民族特色与精湛的工艺。土族刺绣做工精细,图案色彩丰富多彩,针针见功底,线线出效果。土族民间刺绣种类比较多,在绣品的运用及颜色的搭配上,都有着显著的民族性和地域性,形成了本民族的独特风格。

土族刺绣伴随着新娘的出嫁而延续传承着。在婚礼上通过摆针线仪式来展现自己的手艺,以此为婆家获得巧媳妇好福气的好口彩。摆出来的嫁衣包含了头饰、服装、鞋袜、佩戴饰物等,以此装点整个婚礼的气氛。应该说,刺绣是青海高原上土族女孩从七八岁开始学习手艺的结晶,她们为之倾注了自己的青春和心血。

也许不少人认为,只要摆针线、摆嫁妆的传统婚俗还在,这项技艺就会代代相传。然而事实并非如此,随着现代化、城市化进程的加快,土族刺绣文化遗产受到了越来越大的冲击。目前,一些珍贵的非物质文化遗产濒临消亡,许多非物质文化遗产面临着实物和资料毁弃或流失、传承后继乏人、过度开发破坏等问题,大多数土族年轻妇女只掌握了较简单的刺绣技术,土族刺绣面临着失传的危险。

随着政府和民间合力发掘、传承、抢救土族刺绣工作不断推进,文化部门、学术界和技术人员开始着手这方面的研究和发掘,从事刺绣艺术的企业和人员有所增加,促使土族刺绣走向市场化、商品化。

近年来,随着国家、地方相关非物质文化遗产土族盘绣项目的挖掘、保护,涌现出了一批相关刺绣文化企业、作坊。互助县成立了刺绣行业协会,指导、规范全县民间工艺品生产和经营,扶持成立政府互助土族文化传播有限公司。经过几年发展,该公司已成为该县唯一的一家土族刺绣行业协会龙头企业。为了传承和保护国家级非物质文化遗产土族盘绣,该公司以土族刺绣行业协会为依托,在各土族村庄设立土族刺绣基地10个,确定刺绣经纪人10人,发展刺绣农户300多户(图11-5至图11-8)。

图 11-5 非遗传承人传授技艺(王存辉摄)

图 11-6 刺绣妇女互相交流(王存辉摄)

第十一章　土族刺绣艺术的传承与保护

图 11-7　农闲时聊天刺绣的妇女

图 11-8　家庭式作坊生产

二、政策支持

为继承和弘扬中华民族优秀传统文化,促进社会主义精神文明建设,加强非物质文化遗产保护与保存,2012年我国颁布了《中华人民共和国非物质文化遗产法》,将非物质文化遗产保护上升到法律的高度,非物质文化遗产保护工作进入有法可依的时代。青海省政府出台了《关于进一步加强青海省文化遗产保护的实施意见》,成立了青海省文化遗产保护领导小组,建立了省际非物质文化遗产保护工作联席会议制度,协调、解决保护工作中的重大问题,督促、指导各地的文化遗产保护工作。2006年土族盘绣被列入国务院公布的第一批国家级非物质文化遗产名录,刺绣归类河湟刺绣,列入第三批青海省省级非物质文化遗产名录。

此外,从2003年开始,青海省人民政府为了打造民间文化旅游品牌,相继举办了九届"青海民族民间工艺美术品展",并同时举办了人类非物质文化遗产暨中国唐卡艺术保护与发展论坛、热贡文化产业项目推介会、民间美术品鉴赏、民间艺人技艺表演等系列活动。同时各地针对性地开展了"阳光工程"培训项目,对全省青壮年民间艺人进行短期强化培训,培训内容涉及刺绣、剪纸、农民画、唐卡等品类(图11-9至图11-13)。通过培训,进一步提升了土族刺绣传承人群的传承能力,带动了土族刺绣传承人群增收致富,扩大了文化创业群体,促进了土族刺绣艺术的可持续发展。随着青海旅游业的快速发展,土族刺绣也逐步迎来了一个新的发展阶段,精美绝伦的土族刺绣开始越来越受到人们的青睐,开始走出土乡,走向世界。

图 11-9 互助开展的盘绣传承人教授盘秀技艺培训班(王存辉摄)

图 11-10 "雨露计划"刺绣培训班

图 11-11 理论授课

图 11-12 现场指导

图 11-13 学员获得结业证书

参 考 文 献

一、专业图书

［1］阿西莫夫,博斯沃思.中亚文明史：第4卷：上［M］.华涛,译.北京：中国对外翻译出版公司,2010.

［2］伯尔曼.法律与宗教［M］.梁治平,译.北京：中国政法大学出版社,2003.

［3］曹娅丽.土族文化艺术［M］.北京：中国戏剧出版社,2004.

［4］陈秉智,次多.青藏建筑与民俗［M］.天津：百花文艺出版社,2004.

［5］崔永红,张得祖,杜常顺.青海通史［M］.西宁：青海人民出版社,1999.

［6］大通回族土族自治县地方志编纂委员会.大通回族土族自治县志［M］.西宁：青海人民出版社,2010.

［7］杜尔干.宗教生活的初级形式［M］.林宗锦,彭守义,译.北京：中央民族大学出版社,1999.

［8］法学教材编辑部西方法律思想史编写组.西方法律思想史资料选编［M］.北京：北京大学出版社,1983.

［9］高晋康,何真.习惯与法制的冲突及整合：以西部地区的调查分析为进路［M］.北京：法律出版社,2010.

［10］龚景瀚.循化志［M］.西宁：青海人民出版社,1981.

［11］华智海,边世平.青海民俗文化与旅游资源开发［M］.北京：旅游教育出版社,2012.

［12］黄永林.从资源到产业的文化创意：中国文化产业发展现状评述［M］.武汉：华中师范大学出版社,2012.

［13］金开诚.土族［M］.长春：吉林文史出版社,2010.

［14］李克郁,李美玲,李永翎.土族婚丧文化［M］.西宁：青海人民出版社,2002.

［15］李克郁.土族（蒙古尔）源流考［M］.西宁：青海人民出版社,1993.

［16］李群.青海古建筑［M］.北京：中国建筑工业出版社,2015.

［17］梁琦.青海少数民族民居与环境［M］.西宁：青海人民出版社,2005.

［18］刘应军,马亚琼.安昭［M］.西宁：青海民族出版社,2015.

［19］刘应军,唐占宇.土族轮子秋［M］.西宁：青海民族出版社,2015.

［20］刘月.中西建筑美学比较论纲［M］.上海：复旦大学出版社,2008.

［21］卢梭.社会契约论［M］.何兆武,译.北京：商务印书馆,1980.

［22］陆林.人文地理学［M］.北京：高等教育出版社,2004.

［23］陆元鼎,杨谷生.中国民居建筑［M］.广州：华南理工大学出版社,2002.

［24］逯克胜.青海少数民族传统体育可持续发展研究［M］.西宁：青海人民出版社,2015.

[25] 吕建福.土族史[M].北京：中国社会科学出版社,2002.

[26] 吕品田.中国民间美术观念[M].长沙：湖南美术出版社,2007.

[27] 麻守文,闫国良.互助土族自治县国家级非物质文化遗产项目丛书[M].西宁：青海民族出版社,2014.

[28] 马成俊,鄂崇荣,韩喜玉.守望远逝的精神家园：黄河上游人口较少民族非物质文化抢救与保护研究[M].北京：民族出版社,2012.

[29] 马成俊,马伟.百年撒拉族研究文集[M].西宁：青海人民出版社,2004.

[30] 马光星.土族文化丛书[M].西宁：青海民族出版社,2014.

[31] 马光星.土族文学史[M].西宁：青海人民出版社,1999.

[32] 马建新.简明撒拉族文化[M].西宁：青海新华印刷厂,2009.

[33] 马进明,马晓红.撒拉族古建筑[M].西宁：青海民族出版社,2014.

[34] 马有义.中国撒拉族绿色家园：循化旅游文化[M].西宁：青海人民出版社,2008.

[35] 芈一之,张科.撒拉族简史[M].西宁：青海人民出版社,2014.

[36] 民和回族土族自治县地方志编纂委员会.民和回族土族自治县志[M].西宁：青海人民出版社,2014.

[37] 潘谷西.中国建筑史[M].北京：中国建筑工业出版社,2009.

[38] 彭一刚.建筑空间组合论[M].北京：中国建筑工业出版社,2008.

[39] 蒲文成.甘青藏传佛教寺院[M].西宁：青海人民出版社,1990.

[40] 青海省编辑组.青海土族社会历史调查[M].西宁：青海人民出版社,1985.

[41] 青海省统计局,国家统计局青海调查总队.青海统计年鉴2014[M].北京：中国统计出版社,2014.

[42] 青海统计局第六次人口普查办公室.青海省 2010 年人口普查资料：上册[M].北京：中国统计出版社,2012.

[43] 全国政协文史和学习委员会,青海省政协学习和文史委员.土族百年实录[M].北京：中国文史出版社,2015.

[44] 饶远,刘竹.中国少数民族体育文化通论[M].北京：人民出版社,2009.

[45] 撒拉族简史编写组.撒拉族简史[M].北京：民族出版社,2008.

[46] 苏力.法治及其本土资源[M].北京：中国政法大学出版社,1996.

[47] 孙大章.中国民居研究[M].北京：中国建筑工业出版社,2004.

[48] 同仁县志编纂委员会.同仁县志[M].西安：三秦出版社,2001.

[49] 土族简史编写组.土族简史[M].西宁：青海人民出版社,1982.

[50] 王建平,马成俊,马伟.影像记忆：20 世纪 30 年代的撒拉族社会[M].北京：民族出版社,2014.

[51] 王军.西北民居[M].北京：中国建筑工业出版社,2009.

[52] 王绍周.中国民族建筑[M].南京：江苏科学技术出版社,1999.

[53] 王文章.非物质文化遗产概论[M].北京：文化艺术出版社,2006.

[54] 王希隆.西北少数民族史研究[M].北京：民族出版社,2003.

[55] 王予波.大美青海[M].西宁：青海人民出版社,2010.

[56] 王昱.青海历史文化与旅游开发[M].西宁：青海人民出版社,2008.

[57] 巫昌祯.婚姻法学[M].北京：中央广播电视大学出版社,2006.

[58] 吴大华,潘志成,王飞.中国少数民族习惯法通论[M].北京：知识产权出版社,2014.

[59] 萧默.建筑的意境[M].北京：中华书局,2014.

[60] 徐秀福.三川土族民俗文化大观[M].西宁：青海民族出版社,2014.

[61] 循化撒拉族自治县概况编写组.循化撒拉族自治县概况[M].

北京：民族出版社,2009.
[62] 杨堃.民族学概论[M].中国社会科学出版社,1984.
[63] 杨绍猷,莫俊卿.明代民族史[M].成都：四川民族出版社,1996.
[64] 张涛.中国少数民族传统体育概览[M].北京：中央民族大学出版社,2008.
[65] 赵宗福,马成俊.青海民俗[M].兰州：甘肃人民出版社,2004.
[66] 钟敬文.民俗学概论[M].上海：上海文艺出版社,1998.

二、期刊论文

[1] 曹萍.关于青海民族民间文化保护的思考[J].青海社会科学,2005(3).
[2] 曹娅丽.试论土族服饰中蕴含的原始信仰审美观[J].青海民族研究,2001(2).
[3] 鄂崇荣.守望精神的家园：土族、非物质文化遗产保护与开发现状调查[J].中国土族,2007(4).
[4] 方协邦,李涛,方成邦,等.青海地区民族民俗体育文化与健身研究[J].体育文化导,2006(1).
[5] 方协邦.试论民族体育文化内涵与特征[J].青海师范大学学报(社会科学版),1994(2).
[6] 高永久.对撒拉族婚礼的民族社会学研究[J].中央民族大学学报(哲学社会科学版),2002(1).
[7] 高永久.论撒拉族的婚姻选择[J].西北民族学院学报(哲学社会科学版),2001(2).
[8] 郭德慧.土族哭嫁歌浅谈[J].青海民族学院学报,2004(1).
[9] 哈承清.土族刺绣艺术的审美与象征意义研究[J].攀登,2015(5).
[10] 何志芳,部建海.土族传统体育的地域文化特征[J].青海师范大学学报(自然科学版),2012(2).

[11] 胡芳.土族婚礼歌探析[J].中国土族,2001(1).

[12] 贾格年.现代化对土族传统文化资源的冲击[J].商洛学院学报,2009(5).

[13] 李宏复.枕顶绣造型理念[J].艺苑,2005(1).

[14] 李洪智.互助土族"日麻"及其文化内蕴[J].青海民族学院学报,2006(2).

[15] 李鸿斌,杨桂云.青海少数民族传统体育文化及发展路径[J].攀登,2010(3).

[16] 李景隆.略论青海审美文化的特点[J].柴达木开发研究,2013(1).

[17] 李莱.青海民间刺绣文化初探[J].青海社会科学,2005(3).

[18] 李荣.河湟撒拉族族群文化及特征探析[J].青海师范大学学报(哲学社会科学版),2008(5).

[19] 李晓燕.青海非物质文化遗产保护现状与对策研究[J].青海社会科学,2011(4).

[20] 李钟霖,李敏.土族婚姻嫁娶礼仪全程扫视[J].科教文实践,2005(6).

[21] 刘应军.互助土族服饰中的色彩文化[J].中国土族,2011(2).

[22] 吕霞.土族婚礼的艺术意蕴[J].青海民族学院学报,2004(3).

[23] 麻鸣.乡村社会结构的变迁对民间调解功能实现的影响[J].浙江社会科学,2002(5).

[24] 马成俊.关于撒拉族研究中的几个问题[J].青海民族学院学报,2005(2).

[25] 马成俊.土库曼斯坦访问纪实:兼谈撒拉族语言、族源及其他[J].青海民族研究,2001(1).

[26] 马翰龚,马生录,韩建业,等.青海伊斯兰教拱北述略[J].青海民族研究,1997(3).

[27] 马玲.撒拉族体育研究[J].体育文化导刊,2015(12).

[28] 马伟.撒拉族婚礼的文化特征、功能及价值[J].青海民族学院学报,2008(1).

[29] 马伟.撒鲁尔王朝与撒拉族[J].青海民族研究,2008(1).

[30] 马晓花,吴兰翔,俞英超.撒拉族婚姻习惯法与我国《婚姻法》的冲突和调适：以青海省循化撒拉族自治县街子镇为例[J].原生态民族文化学刊,2010(2).

[31] 马秀芬.源远流长的撒拉族刺绣[J].中国土族,2010(4).

[32] 马永平.青海循化县孟达清真寺建筑艺术[J].四川文物,2012(3).

[33] 米娜瓦尔.再论撒拉族的族源与形成问题[J].中央民族大学学报,2001(6).

[34] 芈一之.土族族源考[J].青海社会科学,1981(2).

[35] 彭谊.隐藏在民间哭嫁与哭嫁歌中的女性意识[J].广西师范学院学报(哲学社会科学版),2006(2).

[36] 蒲生华.青海婚俗中的媒妁文化浅析[J].青海民族学院学报,2001(2).

[37] 祁桂芳.大通土族婚嫁习俗文化意蕴初探[J].青海民族研究,2005(1).

[38] 祁延梅.浅析土族"哭嫁歌"的文化内涵[J].辽宁行政学院学报,2007(9).

[39] 乔兰.土族刺绣服饰的美术表象及其民族特色[J].青海师专学报(教育科学),2003(4).

[40] 秦琳娜.青海撒拉族传统体育的主要项目及特点[J].宜春学院学报,2010(4).

[41] 沈秀丽.以民间刺绣产业发展促进青海民族地区妇女进步[J].攀登,2014(1).

[42] 孙贺峰,牛耕.青海省互助县土族民间枕顶刺绣纹样研究[J].大众文艺(理论),2009(14).

[43] 涂传飞,杨华.中国传统体育文化的特征[J].辽宁体育科技,2004(2).

[44] 万国英.青海民间传统刺绣特征叙略:以青海湟中县的绣品为例[J].西北民族大学学报(哲学社会科学版),2007(3).

[45] 王大钊.传统与现代的嫁接:土族传统婚俗的现实价值观探讨[J].青海民族研究,2014(3).

[46] 王海龙.青海撒拉族哭嫁歌研究[J].青海民族学院学报,2009(3).

[47] 王军,李晓丽.青海撒拉族民居的类型、特征及其地域适应性研究[J].南方建筑,2010(6).

[48] 王青林.土族民居中的大房[J].中国土族,2007(2).

[49] 王文韬.土族婚礼歌研究:以青海互助方言区为例[J].音乐探索,2004(4).

[50] 韦仁忠.民族社会学视域中的撒拉族婚俗[J].科技信息(学术研究),2007(31).

[51] 文忠祥.土族村落的空间结构及土族的空间观[J].青海民族研究,2007(1).

[52] 席元麟.土族的尚白文化现象[J].青海民族研究,1993(2).

[53] 夏宏.论撒拉族传统体育的形成及其发展[J].西南民族大学学报(人文社科版),2007(6).

[54] 辛克靖.风格独具的庄窠式传统民居[J].长江建设,2002(1).

[55] 邢海燕,马自祥.傩文化土族形态探微[J].西北第二民族学院学报(哲学社会科学版),2006(3).

[56] 邢海燕.青海土族服饰中色彩语言的民俗符号解读[J].西北民族研究,2004(4).

[57] 徐后平.青海互助土族盘绣艺术探析[J].大舞台,2015(5).

[58] 薛艺兵.青海同仁六月会祭神乐舞的结构与意义[J].民族艺

术,2003(1).

[59] 杨仁厚.我国民族冲突研究的现状及其存在的问题[J].贵州民族研究,1997(1).

[60] 杨晓.彩虹之乡的刺绣艺术[J].甘肃高师学报,2011(2).

[61] 冶存荣.美在民间:青海民间刺绣艺术的魅力[J].美与时代,2003(4).

[62] 冶存荣.青海民间刺绣概说[J].民俗研究,2003(3).

[63] 尹俊燕.论民间美术的造型特点:以土族刺绣图案为例[J].中国土族,2008(4).

[64] 张得祖."青海骢""舞马"及马文化琐谈[J].青海社会科学,2000(1).

[65] 张君奇.青海民居庄廓院[J].古建园林技术,2005(3).

[66] 章海虹.中国北方少数民族"非遗"刺绣图案探析[J].美术大观,2015(4).

[67] 周莉.撒拉族传统体育的内容、渊源及特点[J].青海民族研究,2009(3).

[68] 宗研.伊斯兰教为什么禁止画制人物动物像[J].西北大学学报(哲学社会科学版),1993(3).

[69] 邹渊.习惯法与少数民族习惯法[J].贵州民族研究,1997(4).

三、学位论文

[1] 程世岳.我国少数民族非物质文化遗产社区教育传承研究:以青海互助土族为例[D].福州:福建农林大学,2014.

[2] 何志芳.土族传统体育文化研究[D].西宁:青海师范大学,2010.

[3] 马生福.现代化背景下农村撒拉族的宗教生活:以青海省循化撒拉族自治县积石镇伊玛目村为例[D].西安:陕西师范大学,2012.

［4］吴玉红.湖湘刺绣艺术非物质文化数字化传播研究［D］.长沙：湖南师范大学,2012.

［5］辛丽敏.藏传佛教法器的形式特征与审美内涵［D］.呼和浩特：内蒙古大学,2013.

［6］严凤玲.青海土族刺绣工艺在室内软装饰设计中的应用［D］.西宁：青海民族大学,2013.

［7］张捷丝.青海土族盘绣视觉元素及其在当代平面设计中的应用研究［D］.重庆：重庆大学,2012.

后　记

　　撒拉族和土族是青藏高原特有的人口较少的民族。千百年来,他们与周边民族和睦相处,世代友好,创造出了丰富灿烂、独具特色的民族文化。其文化遗产及其当代文化都承载着世界上独一无二的文化现象,其宗教文化、建筑文化、刺绣文化、婚俗文化、体育文化等,均是世界文化宝库中的瑰宝,在宗教学、建筑学、人类学、艺术学等方方面面都具有十分重要的价值。带着对其文化的热爱之情,近年来,我们从建筑、体育、婚俗、刺绣等角度对其文化进行了一些调研,以期为保护、传承其文化遗产尽微薄之力。《撒拉族土族民间文化研究》一书就是近几年观察其文化之所得。

　　本书各章撰写者分别是:绪论由宋瑞萍执笔;建筑篇第一章第一节、第三节由李晓云执笔,第二节由李秋梅执笔;建筑篇第二章由王存霞执笔;体育篇由郑琰执笔;婚俗篇由王生珍执笔;刺绣篇由王盛国执笔。李晓云和李秋梅负责拟定提纲、总揽全书写作进程,并审阅、修改全部书稿,辛全洲、那小红参与统稿工作。书中图片大部分为撰稿者自拍,部分出自互助县文化馆王存辉老师和循化县职业技术学校马建新老师之手,还有一部分照片为民和县政府及官厅镇文化中心、循化县职业技术学校、循化县文化馆非遗办公室等部门所赠。王存辉老师和马建新老师所拍照片均在图片下方一一注明;民和、互助、循化等相关部门所赠照片,因作者不详,故未能一一标注。

在调研撒拉族、土族文化过程中,互助县文化馆王存辉老师、循化县职业技术学校马建新老师、民和县官厅镇徐秀福老师等曾给予过我们很大的帮助,民和县政府及官厅镇文化中心、循化县职业技术学校、循化县文化馆非遗办公室等部门的有关领导、干部也曾多次帮助我们。在本书即将付梓之际,首先感谢他们的无私帮助,感谢上海大学朱恒夫教授为本书赐序,感谢青海广播电视大学人文社会科学重点研究基地资金的资助,感谢上海大学出版社刘强编辑及其他编审人员为本书的编辑出版所付出的辛勤劳动。同时,本书成书过程中从书籍、报纸杂志、网络等处借鉴过多位学界翘楚研究成果,我们尽量一一标注清楚;但是由于时间仓促或原资料不确等原因,有些参考资料未能标明出处及作者。在此,我们对所有给予帮助的单位及个人表示诚挚的谢忱,并对未能标明作品出处及署名的媒体和作者表示歉意。

因本书是多人合作的成果,体例、文字风格方面很难做到完全一致,内容上也难免存在不足,敬请广大专家学者、读者批评指正。

本书作者
2017 年 11 月